Luise Maria Ruhdorfer

Lipušs Identitätenkarussell

Eine Untersuchung über den Umgang mit Eros, Pathos und Thanatos

LUISE MARIA RUHDORFER:

LIPUŠS IDENTITÄTENKARUSSELL.

EINE UNTERSUCHUNG ÜBER DEN UMGANG MIT EROS, PATHOS UND THANATOS.

DISSERTATION ZUR ERLANGUNG DES AKADEMISCHEN GRADES: DOKTORIN DER PHILOSOPHIE.

UMGEARBEITETE FASSUNG.

Bibliografische Information der Deutschen Nationalbibliothek:
Die Deutsche Nationalbibliothek verzeichnet diese Publikation in der Deutschen Nationalbibliografie; detaillierte bibliografische Daten sind im Internet über http://dnb.ddb.de abrufbar.

ISBN 978-3-86870-173-9

Umschlagillustration: Luise Maria Ruhdorfer, im Feber 2010.

www.rediroma-verlag.de
15,50 Euro (D)

Inhaltsverzeichnis

Für alle Kärntner

1 Einleitung

Die von der Verfasserin an der Slawistik der Alpen-Adria Universität in Klagenfurt im Oktober 2007 eingereichte Dissertation wird in diesem Buch in gekürzter Fassung veröffentlicht, wobei die Kapitel 1 Vorbemerkung und 2 Einleitung in diesem Vorwort komprimiert werden. Ferner wird das Kapitel 3 Lipušs Leben und Werk auf eine Kurzbiografie und eine Chronologie der Lipušschen Publikationen als Desiderat verdichtet. Die entfallenen Texte können in der Dissertation der Universitätsbibliothek Klagenfurt eingesehen oder auf der Homepage der Verfasserin **http://ruhdorferluisemaria.npage.de** nachgelesen werden.

Zu erwähnen sind in diesem Zusammenhang für Einsteiger in die Kärntner slowenische Literatur besonders die Kapitel 3.2 Erste Veröffentlichungen des Autors und 3.3 Der Kulturkritiker Florjan Lipuš. Die Zusammenfassung des Kapitels 3 unter der Überschrift 3.4 sowie die Literaturwissenschaftliche Methodendiskussion werden hier ungekürzt übernommen. Vom Kapitel 4 werden die Unterkapitel 4.2.3 Die Skizze bei Ivan Cankar, 4.2.4 Die Skizze bei Florjan Lipuš sowie die Zusammenfassung unter 4.3 übernommen. Vom Abschnitt 5 werden die Romandefinition und die Entwicklung des slowenischen Romans hier ebenso weggelassen wie die Definition der Kurzprosa, zu der die Skizze gehört, und die Entwicklung der slowenischen Erzählung, Novelle und Kurzgeschichte. Übernommen werden die Inhaltlichen Schwerpunkte unter 5.3.4, die von der Verfasserin durchgeführte Analyse zur Raum-, Zeit- und Personen-Struktur in Lipušs Romanen und deren Zusammenfassung in 5.4 und 5.5 sowie die Unterkapitel 5.6 Von der Skizze zum Roman, 5.7 Die Bewältigung der Erinnerung und 5.8 Zusammenfassung. Das Kapitel 6 wird hier ungekürzt übernommen, weil Florjan Lipuš einen ganz eigenen Schreibstil entwickelt hat, ebenso wird das Kapitel 7 nicht gekürzt, weil die Verfasserin ganz bestimmte Identifikationsfaktoren aus den aktiven Handlungssträngen der Hauptpersonen in den Romanen herausgefiltert hat. Aus dem II. Teil der Dissertation wird, wie bereits ausgeführt, nur das Chronologische Desiderat der slowenischen Lipuš-Primärtexte übernommen, die anderen Zusatzinformationen entfallen hier, weshalb die Überschriften neu nummeriert werden.

Während des Diplomstudiums Slowenisch war die Verfasserin bereits von Lipušs Roman „Stesnitev“ (Einengung) so fasziniert, dass sie sich in ihrer Doktorarbeit für diesen Kärntner slowenischen Schriftsteller entschied. Daher sollen in dieser Arbeit u. a. folgende drei komplexe Themen besonders beleuchtet werden: „das Dorf als geschlossene Gemeinschaft“ und „der in diesem System ständig gegenwärtige Tod“ als grundlegende Elemente für „die narrative Identität in Lipušs Romanen“. Ausgehend von allgemeinen gesellschaftsrelevanten Milieustudien über die Darstellung des dörflichen Gemeinwesens und die Bewältigung des Sterbens sollen die Protagonisten in Lipušs Romanen hinsichtlich ihres Selbstverständnisses als Kärntner Slowenen untersucht werden.

Um deutschsprachigen Lesern das Verständnis dieser Arbeit zu erleichtern, werden im Text alle slowenischen Zitate in Deutsch wiedergegeben, wobei der Name des Übersetzers in runden Klammern angegeben wird. Von der Verfasserin selbst vorgenommene Übersetzungen werden in eckigen Klammern wiedergegeben und durch den Zusatz „(Übs. L. M. R.)“ gekennzeichnet.

1.1 Florjan Lipušs Bio-Bibliografie

In diesem Unterkapitel bringt die Verfasserin einen kurzen Lebenslauf des Autors, dann das hier erstmals veröffentlichte chronologische Desiderat der Lipušschen Primärliteratur sowie je einen umfassenden Ausschnitt aus den sieben Romanen, damit sich der Leser selber ein Bild über den Erzählstil machen kann.

Florjan Lipuš erblickte am vierten Mai 1937 in Lobnig/Lobnik bei (Bad) Eisenkappel/Železna Kapla als erster unehelicher Sohn der Tagelöhnerin Marija Karničar und des Forstarbeiters Franz Lipuš das Licht der Welt. (Siehe Kärnten-Skizze und Karte von Südkärnten im Anhang.) Seine Eltern pachteten ein kleines Anwesen und heirateten später. Sein Vater war Soldat im 2. Weltkrieg, seine Mutter starb 1943 im KZ Ravensbrück, wo sie vergast wurde. Nachdem in Florjans Elternhaus die Mutter seiner Mutter auch während dieses Krieges verstarb, wurde er zu Verwandten gebracht. Nach dem Krieg heiratete sein Vater ein zweites Mal. Florjan wuchs danach am Bauernhof seiner Stiefmutter auf.

Als Bub war Lipuš sehr zart, sodass er auch wegen des Krieges und der familiären Umstände mit neun Jahren in die Volksschule Leppen/Lepena eingeschult wurde. Dann besuchte er die Volksschule (Bad) Eisenkappel/Železna Kapla und ab 1950 mit Unterstützung des dortigen Pfarrherrn und späteren Prälaten Aleš Zechner das humanistische Gymnasium Tanzenberg/Plešivec, das die Funktion einer Zubringerschule für den Priesterberuf hatte, wo er im Jahre 1958 die Matura ablegte. Dann studierte er vier Jahre lang Theologie am Priesterseminar in Klagenfurt/Celovec, von wo er jedoch 1962 kurz vor seiner Weihe zum r.-k. Priester austrat. Danach übte Lipuš verschiedene Tätigkeiten aus, angefangen vom Schreiber über den Postbeamten und Redakteur der Kärntner slowenischen Wochenzeitung „Naš tednik“ (Unser Wochenblatt) bis zum Versicherungsvertreter. Lipuš studierte in Ljubljana, Jus in Graz sowie Slawistik an der Universität Wien. Schließlich holte ihn Valentin Inzko, Professor an der Lehrerbildungsanstalt in Klagenfurt/Celovec, wegen des herrschenden Lehrermangels zum Abendkurs, den Lipuš 1966 mit der Externistenmatura abschloss.

Danach war Lipuš zweisprachiger Volksschullehrer in Remschenig/Remšenik bei (Bad) Eisenkappel/Železna Kapla und ab 1971 unterrichtete er in der VS in Leppen/Lepena bei (Bad) Eisenkappel/Železna Kapla, beides Orte seiner Kindheit und Jugendzeit. In Lepen/Lepena war Lipuš auch Leiter der dortigen einklassigen VS. Ab 1985 bis zu seiner Pensionierung am ersten Feber 1998 war Florjan Lipuš Leiter der 2-sprachigen VS St. Philippen/Šentlipš. Seither lebt er als Schriftsteller in Sielach/Sele bei Miklauzhof/Miklavčevo, Gemeinde Sittersdorf/Žitara vas. Seit 1985 ist er auch korrespondierendes Mitglied der „Slovenska akademija znanosti in umetnosti“ (= Slowenische Akademie der Wissenschaften und Künste) in Ljubljana. Lipuš ist verheiratet und hat vier erwachsene Kinder.

Da es am Tanzenberger Gymnasium zu Lipušs Mittelschulzeit keinen regulären Slowenischunterricht gab, nahm er private Slowenisch-Stunden bei Professor Johann Schnabl. Die erwähnte Bildungsstätte besuchten z. B. auch Gustav Januš, Valentin Oman, Erik Prunč, Pavel Zdovc, Karel Smolle, Ernst Arbeitstein und Peter Handke, die allesamt nicht Priester wurden, als Dichter und Maler, Wissenschafter und Botschafter sowie in anderen geistigen Berufen jedoch einen wesentlichen Beitrag zur Kärntner Kultur leisten. Wie viele seiner Mitschüler publizierte auch Lipuš bereits in sehr jungen Jahren noch vor der Reifeprüfung. So schrieb er in den Jahren 1954 bis 1958 gemeinsam mit Erik Prunč und Karel Smolle schon im Schülerinternat Marianum am Tanzenberg/Plešivec für die zensurierte Schülerzeitschrift „Kres“ (Sonnwendfeuer). Er arbeitete auch am „Bratoljub“ (Bruderliebe) des Priesterseminars mit. Danach erwarb Florjan Lipuš bei der bis 1966 bei Hermagoras/Mohorjeva hergestellten Familienzeitschrift „Vera in dom“ (Glaube und Heim) erste professionelle Schreiberfahrungen. 1960 gründeten Lipuš, Prunč und Smolle die Literatur- und Kulturzeitschrift „mladje“ (Jungholz), die Florjan Lipuš bis einschließlich Heft 42 im Jahre 1981 herausgab. Er arbeitete auch in der Redaktion mit und übersetzte deutsche Gegenwartsautoren wie Wolfgang Borchert, Peter Turrini, Bernhard C. Bünker, Gerhard Ruiss und Robert Menasse. Florjan Lipuš schrieb damals unter den Pseudonymen Boro Kostanek und Slavko Slovenec. In den erwähnten Zeitschriften veröffentlichte er v. a. Skizzen, Essays und Ausschnitte aus den später in Buchform erschienenen Romanen. In der Folge schrieb er auch für die in Ljubljana erscheinende Literaturzeitschrift „sodobnost“ (Gegenwart) und für viele andere Medien. Lipuš kreiert fast ausschließlich slowenische Literatur. (Vgl. Lipuš, 2004: 48 f.; Strutz, Profile, 1998: 333; Amann/Strutz, 2000: 361; Blajs, 1982: 6 f.; Krištof, 1994: 22 ff.; Jelen, 2001: 10 f.)

Der Autor Florjan Lipuš erhielt **zahlreiche Auszeichnungen**, so z. B. den „Kulturpreis des Landes Kärnten/Koroška“, Klagenfurt/Celovec, 1995, und die höchste literarische Anerkennung der Republik Slowenien, die „Prešernova nagrada“ (den Prešeren-Preis), Ljubljana, 2004. (Vgl. Strutz, Profile, 1998: 333; Lipuš, 2004: 50 f.; Nedelja, 14.12.2003: 5; Novice, 5.12.2003: 1.)

Diesen Ausführungen folgt nun **die erstmalige Veröffentlichung des chronologischen Desiderats der slowenischen Lipušschen Primärliteratur,** wobei das Studium der Veröffentlichungen deutlich macht, dass der Autor zuerst kurze Texte, vorwiegend Skizzen verfasste, die er in Periodika veröffentlichte, dann publizierte er Romanausschnitte und erst später Romane.

Cel. = Klagenfurt/Celovec, DZS = Državna založba Slovenije, Lj. = Ljubljana, Mar. = Maribor, MK = Mladinska knjiga, R = Roman, R-A = Romanausschnitt, S = Skizze, ZTT = Založba tržaškega tiska; * = vor 1958.

Jahr Monat Tag	**Titel Kurztitel Einzeltitel**	**Gattung**	**Ort, Verlag Zeitung/Zeitschrift Seite, ...**
*	Na pragu	S	Kres
*	Najlepši dan v mojem življenju	S	Kres
*	Bojazen	S	Kres
*	Mati – mrtva	S	Kres
*	Zaspani grajski hlapci [Langprosa]		Kres
1958	Zadnje srečanje	S	Vera in dom, 123/124
1958	PREPOZNO	S	Vera in dom, 131/132

1958	Krvava zarja	S	Vera in dom, 149/150
1959	Dogodek na mostu	S	Vera in dom, 22
1959	V burji	S	Vera in dom, 34
1960	SPOMINI	S	Vera in dom, 77
1960	MATI ZEMLJA	S	Vera in dom, 97
1960	Bila je mrtva	S	Vera in dom, 122
1960	drobni utrinki	S	mladje, 7-9
1960	prva ljubezen	S	mladje, 15-17
1960	dve pesti spominov	S	mladje, 28-29
1960	veronika	S	mladje, 37/38
1961	Božič dveh	S	Vera in dom, 2/3
1961	Zelena prst	S	Vera in dom, 66
1961	črtica o kozolcu	S	Vera in dom, 106
1961	črnokruhovi	S	mladje, 12/13
1961	prazne roke	S	mladje, 15-19
1961	komaj zgodba	S	mladje, 22/23
1961	ljudje iz vlaka	S	mladje, 31/32
1962	Mrtvo oznanilo [Uraufführung]	S	Cel., Konzerthaus
1962	perspektive z ljudmi	S	mladje, 4/5
1962	ne oziraj se, lili	S	mladje, 53-57
1963	Mrtvo oznanilo	S	mladje, 6-24
1963	mimohod	S	Mohorjev koledar, 98/99
1964	Črtice mimogrede	S	Lj., DZS
1969	Merjasci (aus Tjaž)	R-A	sodobnost, 495-508
1970	Slačenje (aus Tjaž)	R-A	sodobnost, 165-170
1970	Slačenje (aus Tjaž)	R-A	sodobnost, 867-886
1972	čarovnice	S	mladje, 16-26
1972	Zmote dijaka Tjaža	R	Mar., Obzorja
1972-04-20	Navodila za kričanje	S	Dolenjski list, 55
1973	Zgodbe o čuših	S	Lj., DZS
1973	Zmote dijaka Tjaža	R	Lj., DZS
1973-09-08	Ekstremist Matija Gubec [Uraufführung]	S	Globasnica, …
1974	Ekstremist Matija Gubec	S	mladje, 68-94
1976	Škorenj (Zmote dijaka Tjaža, 9-194; Zgodbe o čuših, (Škornji, 195-203; Filip Murn dela težave, Krinke si poiščejo obraze, Navodila za kričanje), 195-242; Črtice mimogrede, (Nezakonske trave, Ples z ljubico), 243-250)	S/R	Lj., MK

1979	Izjava	S	Odsevanja, 15
1980	Pevci in pogrebci (aus Odstranitev)	R-A	Odsevanja, 12/13
1981	Zmote dijaka Tjaža	R	Cel., Drava/Trst, ZTT
1983	Odstranitev moje vasi	R	Cel., Drava/Trst, ZTT
1985	Poglavje o pepelu (aus Tjaž)	R-A	Vospernik R., 262-288
1985	Jalov pelin	R	Cel., Drava/Trst, ZTT
1987	Prošnji dan	R	Cel., Wieser
1988	Ausschnitt (aus Jalov pelin)	R-A	Fidibus, 49-52
1991	Srčne pege	R	Cel., Wieser
1992	Zmote dijaka Tjaža	R	Cel., Wieser
1995	Stesnitev. Neogibni, a sumljivi opravki z zmedo	R	Cel., Wieser
1995	Cesta, Nezakonske trave, Ples z ljubico, Poglavje o merjascih, Filip Murn dela težave, Srčne pege	S/ R-A	Cel., Drava, Monologi, 37-86
1997	Črtice mimogrede (1. Žalostinka za Lili, Poljub, Ples z ljubico, Obrazi jutra, Zemlja in vse druge zemlje, Nezakonske trave, Zimska igra s sončnicami, Zadnjih tisoč sonc, Mimo drevesa žalosti, Mavrična deklica. 2. Dan, Gozdovi vetra, Rešilni čolni, Bolnica, Mrtvi bus, Vojašnica, Razveza, Tihožitje, Obletnice, Veliki petek, Cesta, Padanja	S	Cel., Wieser
1997	Sršeni (Poklic, Navodila za kričanje, Izjava, Odkritje drevesa, Sršeni, Zdaj pa bo, Zelenjavarska balada)	S	Cel., Wieser
1997	Zmote dijaka Tjaža	R	Cel., Wieser
1997	Odstranitev moje vasi	R	Cel., Wieser
1997	Jalov pelin	R	Cel., Wieser
1997	Prošnji dan	R	Cel., Wieser
1997	Srčne pege	R	Cel., Wieser
1997	Stesnitev. Neogibni, a sumljivi opravki z zmedo	R	Cel., Wieser
2002	Ausschnitt (aus Boštjanov let)	R-A	nova revija, 84-91
2003	Boštjanov let	R	Mar., Litera (= Obzorja)
2004	Pomladne skrbi z drnuljami	S	Primorska srečanja, 1
2004/ 05	Ausschnitt (aus Boštjanov let)	R-A	Slovenski izseljenski koledar, 205-208

2005	Zelenjavarska balada, Izjava, Srčne pege, Poglavje o hoji za menoj, Bolnica, Mrtvi bus, Tihožitje, Zdaj pa bo, Poklic, Dan, Rešilni čolni	S/ R-A	Vospernik R., Celovška knjiga, 11 ff.

Darüber hinaus wurde ausgesuchte Sekundärliteratur chronologisch geordnet, um daraus induktiv einige Literaturwissenschafter zu ermitteln, deren textkritische Aussagen die Grundlage für den Diskurs der slowenischen Skizze, der Romanstruktur bei Lipuš, seines Stils und der aus den Handlungsmustern der wichtigsten Protagonisten abgeleiteten Identitätsfaktoren bilden.

Ferner wurde Lipušs Lebenswerk unter dem Gesichtspunkt der von ihm aufgestellten **Forderungen für ein avantgardistisches Schreiben** kulturkritisch betrachtet, geht doch aus seinem Manifest aus dem Jahre 1972 die Prämisse nach einer nationalpolitischen Orientierung des slowenischen Schriftstellers in Kärnten/Koroška hervor, die der Autor aber 1994 wieder fallen ließ. Bei der Bearbeitung der literarischen Veröffentlichungen wurde beobachtet, dass sich sein literarisches Werk von der expliziten alltagspolitischen Agitation in den dramatischen und novellenhaften Skizzen über die Phase der intensivierten Abstraktion von Empfindungen für Naturphänomene bzw. von Gefühlsausbrüchen für imaginäre weibliche Wesen in den Natur- bzw. erotischen Skizzen zur impliziten politischen Kodierung in den Romanen verwandelt, wobei die besondere Radikalität in dem vom Autor Ausgesparten liegt. Er forderte ganz explizit die avantgardistische Überschreitung der traditionell ausgerichteten Hermagoras/Mohorjeva-Literatur der Dorfgeschichte. Im genannten Manifest klagt er auch die kritische Beleuchtung der Kärntner slowenischen Literatur ein. Als Kulturkritiker stellt er das Vorgehen der Slowenenorganisationen in Kärnten/Koroška, die Volksgruppenpolitik der Republik Slowenien und das Selbstverständnis der römisch-katholischen Kirche in Kärnten/Koroška sehr scharf an den Pranger.

Lipušs nationalpolitische Identität, die sich v. a. aus zahlreichen literaturkritischen Schriften, Stellungnahmen und Interviews in slowenischen und deutschsprachigen Zeitungen und Zeitschriften ergibt, deckt sich mit dem von den verschiedenen Gruppierungen der Kärntner Slowenen Veröffentlichten nur hinsichtlich der Forderung nach zweisprachigen topographischen Aufschriften für Südkärnten/južna Koroška, entschied er sich doch bereits am Anfang seiner Schriftstellerkarriere ganz bewusst für die slowenische Sprache. Hier folgen Textausschnitte aus allen sieben Romanen, u. zw. in deutscher Übersetzung, damit der Leser die wissenschaftliche Diskussion hinsichtlich des Erzählstiles auch aus Eigenem perzipieren kann.

Der Zögling Tjaž

Durch meine [= Nini] Schuld gerieten wir auseinander, das bekenne ich [Tjaž], ich gab ihm alles zurück, was ich von ihm bekommen hatte, ich wollte ihn verletzen und auch bei ihm erreichen, mich zu lassen, ich hatte ihn über, ich ertrug seine Langweiligkeit und düstere Menschennatur nicht mehr, aber davon, daß er so unglückselig zugrunde gehen würde, habe ich nichts geahnt und habe es auch nicht im Sinn gehabt, überhaupt hat sein Selbstmord damit nichts zu schaffen, von Selbstmord hat er niemals geredet und nie etwas davon angedeutet, auch sein Verhalten ließ keinen derartigen Schluß zu. Am Abend vor seinem Tod hat er noch mein Fenster entglast und die Glühbirnen entzweigekratzt, diese Story kennt ihr, aber was hätte ich unternehmen und wie sein Rufen richtig verstehen sollen, ich kam zu anderen Schlüssen, er hat Glas nie vertragen, alles Gläserne war ihm zuwider, und er wollte aus dem Wege, wo immer er die Gelegenheit dazu fand, jegliche Glasmaterie war ihm verhaßt, das mußte ihm wohl aus den Kinderjahren geblieben sein, irgendein Überbleibsel aus einer zu wenig durchsäuerten Kindheit in Verbindung mit Glas oder etwas dergleichen, was weiß ein Fremder, er selber hat nicht davon gesprochen, ich stelle mir einen Schuß durchs Fenster vor, den Splitter einer Bombe oder Granate, zersplitterte Scheiben und mit Karton abgedichtete Fenster, ein Geklirre von Glas bei irgendeinem schrecklichen Ereignis, irgendetwas halt, was ihm für alle Zeiten das Grauen ins Herz pflanzte, dieser Komplex hat ihn sichtlich belastet und in ihm Haß hervorgerufen, deswegen versuchte er ihm einerseits mit Ver-, andererseits mit Entglasung zu genügen. Sehr lebhaft vor Augen ist mir der Tag, als er mir am allergeeignetsten Ort, ohne Anlaß, angesichts eines zerbrochenen Glasbechers, der zu Boden gefallen war, seine Kratzergabe offenbarte, die ersten Opfer trugen die ersten Kratzer davon, das ist euch alles bekannt, anfangs habe ich es nicht geglaubt, ein solches Unterfangen erschien mir kindisch und sinnlos, später habe ich ihn mehrmals bei seinen Kratzereien begleitet und habe sie unsagbar genossen, einige Dinge hat er mir zuliebe entzweigekratzt, es schwirrte aus ihm hervor, und er lebte auf, daß er gar nicht wiederzuerkennen war. Seit jener Zeit urteilte ich anders über ihn, es war ihm nicht nach Possenreißerei, sondern es ging ihm tatsächlich um etwas, denn mit dem Gekratze vervollständigte er sich, formte sein eigenes Leben, hielt sein Geschick im Gleichgewicht, vervollkommnete seine Persönlichkeit, kurz, ohne das Gekratze hätte er nicht leben können, leben bedeutet frei sein, zwischen Möglichkeiten wählen, ausdauern, jetzt sein und späterhin, immer sein, auch danach noch. (Lipuš, Zögling Tjaž, 1997: 267 ff. Übs. Peter Handke u. Helga Mračnikar.)

Die Beseitigung meines Dorfes

Der Chronist wehrte sich erst gegen diese Ehre, denn des Pfarrherrn Verdienste könne er trotz seines grauen Haupts nicht angemessen herausstellen und in ein gefälliges Licht rücken. Nicht die beredte Zunge entscheidet über das Gute in dieser Welt, sondern allein und ausschließlich das Gute selbst; und es gibt kein Gutes, außer man will es, bezeugt es und tut es, unterwies man ihn. Dero Verdienste um die Erneuerung der Kirche solle er doch nur in einem Nebensatz erwähnen und ihnen dort notdürftiges Obdach gewähren; wohlgesetzter Worte wegen habe noch keiner die Seligkeit errungen und werde sie auch nie erringen, man würde ja auch selbst fehlgehen, und was für ein Krämerlatein bekomme man von seinen Standesgenossen zu hören, die weder Rechtschreibfibel noch Sprachlehrfibel je in Händen gehalten, geschweige denn zu öffnen gelernt hätten. Er möge bedenken, wie verhunzt und verhutzelt die Christianisierer unserer Lande in Unkenntnis der Landessprache radebrechten, und doch säten sie mit ihren verballhornten Worten erst die wahre Glückseligkeit für uns; und an den Grafen möge er denken, der nur mit Müh und Not ein paar Wörter der Einheimischensprache kauderwelscht, und soviel Gutes und Verdienstvolles in Gang setzt. Und überhaupt begehe man ja selbst absichtlich Fehler, um sich dergestalt stufenweise zu den sündigen Gläubigen herabzulassen und sich ihnen derart versuchsweise anzugleichen, hieß es. Zuzeiten schmiede man sogar zum Hausgebrauch selbst ein paar Verse und gebe sie auch im Radio zum besten; doch die Chronik eines Ereignisses wie der Kircheninstandsetzung zu verfassen, das könne man selber nicht bewältigen, wegen der allzu großen Strapazen, wo doch die Fertigstellung näher rücke; und überhaupt fühle man sich allzu involviert und könne der eigenen Verdienste wegen sich schwer selbst zu Wort melden, da man allein die ganze Restaurierung, alle Arbeiten vorangetrieben und all das Laufen am Halse gehabt habe und überhaupt, er möge doch einwilligen und zur Feder greifen, alles festhalten und ausmalen, auf Band bannen und überhaupt, die Sache publik machen, in Presse und Funk werde man sie schon selber unterbringen, in der Rubrik Kulturschaffen, und es werde eine Freude sein, den Bericht zur besten Sendezeit zu hören, denn man habe Beziehungen auf Grund der Verse, die Sprachmängel werde man schon selbst ausmerzen und den größten Böcken Beine machen, auf losen Blättern solle er halt seine Notizen festhalten, wo er sich so spreize, man werde schon höchstselbst ein wenig hinter ihm herfegen, ein wenig auslüften, sein Geschreibe ein wenig durchseihen und durchsieben und überhaupt, ehe man es in die Pfarrchronik hineinsegnen würde. (Lipuš, Beseitigung meines Dorfes, 1997: 128 ff. Übs. Fabjan Hafner.)

Die Verweigerung der Wehmut

Von allen Begräbnissen ist ihm [= der Reisende] nur das der Großmutter unbeschadet in Erinnerung geblieben. Was von allen anderen blieb, war nur ein Verwinden, ein Verschwinden, ein Verscheuchen von Gesichtern. Verbleichen sie, weil er an ihren Begräbnissen teilgenommen hat oder, im Gegenteil, weil es jeden seiner Verwandten zu weit von den anderen verschlagen hat, in der Welt verstreut[,] jeder für sich[,] alle einzeln und anders, und es zu beschwerlich gewesen wäre, an den Begräbnissen der anderen teilzunehmen? Von dem der Großmutter hatte er alle Einzelheiten bewahrt, selbst das Trommeln der Erde war aus Kindertagen geblieben, und heute, als er nach langem wieder zu einem Begräbnis reist, hört er sie wieder hohl niederfallen auf ihren Sarg. Sein Klumpen fiel fehl: Mit der unvermeidlichen Kerze in der einen Hand, in der anderen das Schaufelchen, verklebt, beschwert mit Lehm, scharrte er herum in der harten Erde und konnte das für ihn zu schwere Gerät nicht in den Haufen vor sich rammen. Nur ein Happen Erde blieb an der Spitze haften, und selbst der plumpste weder hinab noch ertönte er, sondern schlitterte schmierig und verstimmt ins offene Grab.

An dem Tag, als die Großmutter zum Bauern in der gegenüberliegenden Leite ernten ging, stand sie früh am Morgen auf. Sie erledigte den Kleinkram an der Feuerstelle, räumte auf, putzte, stellte die Speisen auf den Tisch und ins Kühle in den Kasten für die Späteren, erledigte alles im Haus und legte die Dinge sorgsam in die Schränke; das Haus, ihr Zimmer hinterließ sie in geordnetem Zustand, als verreise sie für längere Zeit. Den Kindern legte sie am Bett ihr Gewand und frische Wäsche bereit, schön gebügelt und zusammengelegt, und die saßen mitten in der Woche im Feiertagsstaat in der Schule und verstanden freilich selber nicht, warum dieses Abweichen von der Gewohnheit und wozu diese Sonderbedienung, wo sie doch sonst Wäsche und Gewand nur am Wochenbeginn wechselten und allein. Und was sie bisher nie getan hatte, tat sie heute: Für alle ohne Vorbehalt packte sie die gleiche Jause ein. Bislang hatte sie Unterschiede zwischen den Kindern getroffen: Das Brot belegte sie nur für die Ihren und oft drückte sie ihnen eine süße Leckerei in die Faust, die anderen bekamen bloßes Brot mit auf den Weg. Und beim Tischgebet hatte sie für die Ihren größere, schönere Stücke im Sinn und drehte in der Kirche den Kopf in demütiger Bitte nach links oder rechts, sammelte ihre Kräfte und spannte den Kiefer an, um möglichst viel Verwirklichung auf die Ihren, denen sie diese Verwirklichung zugedacht hatte, zu übertragen, doch wenn sie den Kopf aufrecht hielt, sich nach den anderen Frauen umsah oder von der ersten Bank aus Interessantes in den anderen Bänken zu entdecken begann oder einer bekannten Stimme auf der Empore lauschte und vor Unwillen die Augen zukniff, wenn die Sänger sich im Ton vergriffen, dann betete sie für ihre gewöhnlichen Enkel. Auch das Gerstenkorn erntete sie nur bei den Ihren: Wenn sie den Zauber aussprach und dabei die Bewegungen einer Schnitterin nachahmte, waren sie bei den Ihren entschieden und ausgiebig; anderen, die unter einem Gerstenkorn litten, erntete sie es zwar ab, doch so undeutlich und oberflächlich, daß es nichts ausrichtete; ihre Worte wickelte sie irgendwohin, verschlampte sie zwischen den Falten im Doppelkinn und verbarg sie im Kinnbacken, so daß die Kinder lebhaft spürten, wie das Gerstenkorn sich bei den einen verkleinerte, bei den anderen vergrößerte und sich auswuchs und sich bald danach auch noch die Talgdrüsen im anderen Lid entzündeten. Oder wenn sich einer der Ihren einen Splitter oder einen Span in den Finger einstieß oder einen Dorn in die Sohle eintrat, riß sie den sofort heraus; die anderen machten ihr keine solchen Sorgen und hinkten geraume Zeit mit dem Dorn im Fleisch[,] mit den Armen um sich herumlangend[,] umher. Und wenn der Vater die Kinder zu schwerer Arbeit antrieb, wenn sie auf seinem Acker die Egge schleppten, und als sie einmal das Astwerk aus dem Trog vor dem Haus brachen, unwissend, daß es eine Rebenhecke war und kein Rutengebüsch, verteidigte sie nur die Ihren, damit ihnen der Vater nicht den bloßen Hintern versohlte. Die Großmutter nahm mit Geben und gab mit Nehmen. Ihrer Gerechtigkeit wurde schon ein marmornes Denkmal errichtet und hinein die Inschrift gemeißelt, vor Milde und Güte sei sie noch warm in den Himmel aufgefahren. An diesem Morgen hatte sie für alle im Haus und für jeden gleichermaßen gesorgt, die Schlafenden geweckt und alles Notwendige für tagsüber aufgetragen, wenn sie bis zum Abend allein sein würden, sie gehe ernten, … (Lipuš, Verweigerung der Wehmut, 1997: 7 ff. Übs. Fabjan Hafner. – Leite = Hang/sehr steiles Gelände.)

Die Regenprozession

Darum trägt der Mann stets das Kreuz vor den Prozessionen, als Kreuzträger kennen ihn alle und beginnen sich plötzlich, vom ersten Moment an, sobald sie ihn erblicken, sei es mitten auf einem Acker oder in einem Geschäft, automatisch hinter ihm aufzustellen, bis sie draufkommen, daß es keine Prozession ist, sondern die Heumahd, der Kirchtag oder eine Erfrischung bei einem Schmaus. Mit seinem durchgeprügelten, zerschlagenen, Jahr und Tag eingewickelten und dennoch unverwüstlichen, zu einem ständigen Lachen verzogenen Gesicht sind die Prozessionen verbunden, und so kommt es vor, daß sich das Erdäpfelklauben im Herbst oder die Türkenernte nicht unterscheiden vom Umgang am Fronleichnamstag. Die Menschen, die sich gern mit ihm treffen, beäugen ihn von allen Seiten, forschen nach den neuesten Anzeichen seines Ehekrieges und sondern von Mal zu Mal die verkrusteten und vernarbten Spuren von den frischen und allerfrischesten. Das Haus ist verwahrlost, doch das Kreuz trägt der Mann vornehm, mit äußerster Hingabe, der beste Kreuzträger weit und breit, standfest und unübertrefflich, die Prozessionen in der Nachbarschaft reißen sich um ihn.

Die Bergleradabeis drängen sich hinter ihm auf den Hügel und erreichen nach dem mit Buchenholz und büscheligem Borstengras bewachsenen Ziegenrücken eine bequeme Neigung, auf der sich die Waldwege kreuzen und zu beiden Seiten des Weges Holz in langen Tristen zum Trocknen aufgeschlichtet ist, für die Winter im Pfarrhof. Die Eifrigeren drängen sich zwischen den Holzzeilen und legen sich ein Buchenscheit auf, die Männer vom Ort weg, wie es kommt, die Frauen sichten von weitem und treffen ihre Wahl aus der Nähe, schultern die Scheitlein, klemmen sie sich unter die Achsel oder tragen sie auf den Brüsten vor sich her und bestätigen mit jeder Bewegung, daß es an ihren Körpern keine Vorrichtung für das Tragen von Hartem gibt, in ihren Seelen keinen Platz für Buchenscheiter.

Doch der Bittgang ist ein Bußgang, und während sie sich mit dem Buchenholz über ihre Sünden hermachen, denken sie an jene harten und verkleisterten, angetrockneten und ausgewachsenen, die sich bisher mit nichts aufweichen ließen und die keine Spülung beseitigen konnte. Etliche Scheiter schwanken bergwärts, nicht wenige bleiben auf den Tristen zurück, darunter welche, mit denen sogar zwei zu schaffen hätten.

Im unteren Teil mischt sich die Fichte mit Buchenwald, im oberen bedeckt sie den Kamm großteils allein, dazwischen stehen einige Dürrlinge, Weichholz, Latschen und Föhren. Längere Zeit bewegen sich die Beladenen noch durch die vom Auge nicht überblickbaren Kirchenwälder, aus denen nur das schlagreife Holz entnommen wird, während das andere nachwächst.

Woher sind dem Pfarrhof diese Wälder zugefallen, der Propstei die Besitzungen in der Ebene, der Kirche diese ausgedehnten Flächen, drängt sich den gekrümmten, zu Boden gedrückten Scheiterträgern [die Frage] auf, denen sich das kantige Gewicht in die Haut zu schneiden beginnt, und bald dampfen die Körper vom Schweiß. Ihnen, die einst für die Propstei ihren Frondienst geleistet und auf den Äckern der Pfarre ihre Robot erbracht haben, werden die Hüte jetzt noch schneller vom Kopf hüpfen, und noch tiefer werden sie sich jetzt verneigen, seit sie mit eigenen Augen wieder einmal die Größenordnungen erfaßt haben, sich ihrer wieder bewußt geworden sind und zur Auffrischung der Erinnerung die eigenen Füße auf die schier endlosen Herrschaftsgründe gesetzt haben. Und sie werden der Reihe nach in die Pflicht genommen, von hinten und von vorn betrogen, ausgebrannt und abgeräumt, werden am eigenen Körper die Erniedrigung, die Schmach der Schwäche spüren und so den Untertanenstatus wieder aufpolieren. (Lipuš, Regenprozession, 2007: 94 ff. Übs. Johann Strutz. – Erdäpfelklauben = Kartoffelernte, Türken = Mais, Triste = Stapel, Scheit = gespaltenes Holz.)

Herzflecken

Er [= Franz Buterna] benötigte nicht mehr viel Schlaf, verbrachte die Nächte wachend, bücherlesend und auf den Friedhöfen umherspazierend, erinnerte sich reuig an die alten Schulkämpfe mit dem Religionslehrer. Und er träumte nicht mehr von Adam und Eva und ihrer freien Liebe: In ihrem Zeitalter war Körperlichkeit etwas Natürliches und Schönes, Sex etwas Gewohntes und Unersetzliches, ein Zeichen körperlichen und geistigen Einklangs, Verwirklichung und unverkürzte Fortsetzung der Schöpfung, ein Heilmittel gegen Irrwege – heute etwas Anstößiges, Unanständiges, ein verkümmerter Rest menschlicher Ganzheit, Einheit und Würde! Seitdem die Heiligen vor den Altären stehen, ist die Ars amandi im Eimer. Die Kirche freut sich am meisten über die impotentia coeundi, Rom jauchzt, wenn der Koitus nicht glückt, und hüllt sich in warnendes Schweigen, wenn er mißglückt …

Bei den Streitereien in der Lehrerversammlung entschied er sich meist nach dem Prinzip der Symmetrie und des Gleichgewichts. Er verfolgte die Debatten vom Hintergrund aus und schaltete sich erst ein, wenn sie umschlugen, damit die Sache wieder unentschieden blieb. Zumeist machte er sich nur ein Spiel daraus, in sexuellen Dingen stand er aber immer auf seiner eigenen Seite. Er heizte denen tüchtig ein, die zwar dem Schlund, nicht aber auch dem Spund seine Befriedigung gönnten, dem Bauch sein Fressen zugestanden, nicht aber auch der Naschsucht unter ihm.

Mit dem Religionslehrer hatte er noch unlängst einen Streit über die Geburtenregelung und vertrat den Standpunkt, daß darüber der Mensch und nicht die Natur entscheiden sollte. Nur noch in den tropischen Urwäldern werde der Mensch nach den Gesetzen der Natur gezeugt und sterbe im ersten Lebensjahr. In der modernen Welt, wo Sauberkeit, Gesundheitswesen, wissenschaftlicher Fortschritt und Weiterentwicklung herrschen, wo das Leben von morgens bis abends im Rahmen der Technik abläuft, läge es einzig und allein am Menschen, seine Gattung auf zeitgemäße Weise zu planen und zu erhalten, nach eigenem Willen, Wunsch und Zweck zu handeln und die Hervorbringung von Leben zu regeln! Die Menschheit verdreifacht, vervierfacht sich, infolge der Automatisierung aber werden immer weniger Arbeitskräfte gebraucht! Vernunft und die Würde stellen es dem verantwortungsbewußten Menschen frei, selbst zu entscheiden, ob Kind oder nicht. Die Moralisten verursachen das meiste Unglück, und die Theologen, die Religionen erschweren und verderben alles, hatte er sich ereifert und mehr gesagt, als er sagen wollte. In früheren Zeiten hat Gott allein die Überbevölkerung reguliert, durch Pestepidemien, Hungersnöte und Kriege, heute müssen es Atombrände und Erdbeben tun! Da der Mensch die Natur nicht mehr als göttlich anerkennt und ihre urzeitliche Vergottung ablehnt, darf und muß er selbst über sie entscheiden! Wer jedoch die Beherrschung der Natur ablehnt, muß es konsequent tun! Ein Mensch, der sich ihrer Primitivität überläßt, muß daher auch das Penicillin, die Augengläser und das Fieberthermometer ablehnen! Er muß Blitzableiter, Stahl, Löffel, Bücher, Ziegelsteine, Stiefel, Glas ablehnen! Wer gegen die Geburtenregelung ist, soll auch gegen die Blinddarmoperation sein, und wenn ihm ein Bein amputiert werden muß, soll es ihm auf natürliche Weise abgeschnitten werden, ohne Narkose! Der Anbeter natürlicher Abläufe sollte auch die Glühlampe, die Klosettmuschel, den Computer und das Radio ablehnen; keine Maschinen, keine Brücken und keinen Asphalt sollte er benutzen, keine Bleistifte und weder Seife noch Uhren noch Socken! Ab mit ihm in den Dschungel, hört er sich noch heute im Konferenzzimmer schreien! (Lipuš, Herzflecken, 1999/2000: 221 ff. Übs. Johann Strutz.)

Verdächtiger Umgang mit dem Chaos

Jergen [Löb] gestand einiges, einiges bestritt er jedoch: zu der Zeit, als die zwei Ochsen gestohlen und in Kotarče verkauft wurden, sei er in deutschen Landen gewesen. Den Kessel mit dem Eisengestänge gab er zu; die zwei Bienenstöcke mitgenommen zu haben, leugnete er. Den Speck habe er mit einem Armen geteilt, einem verkrüppelten Landstreicher, die Butter sei ihm von der Greißlerin abgenommen worden. Die langen Hosen habe er nicht angerührt und die Bundschuhe, weil sie ihn drückten, zu mildtätigem Zwecke an der Kirchenschwelle wieder abgestellt, ein Mönch, der in einer Droschke vorbeigefahren sei, könne es bezeugen. Als die Zimmermannsaxt gestohlen wurde, habe er gerade auf den Klosterfeldern Getreidegarben gestapelt. Über die Komplizen sagte er, beide seien ihm unbekannt gewesen, den einen lernte er beim Zechen kennen, vom anderen sei er eine Woche lang umworben und am Tag vor den Häuten in Dienst genommen worden. Er wollte sie um alles in der Welt loswerden, die Fremden aus dem Tirolischen, diese aber, zwei wahre Plagegeister, hätten ihn bedrängt und zu überreden versucht. Nun seien sie auf und davon, und er wisse weder wo sich der eine noch wo sich der andere aufhalte.

Befragt wurde er auch über Liegl, dem er die Hand abgehackt hatte. Dazu sagte Jergen Löb, daß er sich darauf verstehe, und bekannte, Liegl tatsächlich die Hand abgehackt zu haben, weil der Mann wegen eines Unfalls arge Schmerzen leiden mußte. Der Stumpf wurde dann mit axungio hominis bestrichen und verbunden, doch vier Stunden später habe Liegl seine Seele ausgehaucht. Er half mit, ihn zu begraben. Axungio, Menschenfett, sei fachkundig in die Salbe gemischt und von ihm eigenhändig aus flüssigem Lärchenharz und Föhrenmark, Butter, Honig und dem Fett eines Toten zubereitet worden. In diese Menschensalbe, eine Schmiere der armen Sünder und Bettelleut, lege er größte Hoffnung, da sie äußerst heilkräftig sei und bei allen Gebrechen Wunder wirke. Sie fördere die Durchblutung, lindere Lähmungen; schwemme Schwellungen aus, heile Wunden, belebe verhärtete Gliedmaßen. *Zerlassen Menschenfett ist gut für lahme Glieder, so man sich damit schmiert, sie werden richtig wieder.* (Im Original deutschsprachig. Anmerkung der Verfasserin.)

Obwohl Löb des Lesens und Schreibens nicht kundig war, konnte er den Zauberspruch, der im Tram eingebrannt war und sich in der Wohnstube über die Wand ausbreitete, entziffern, krumme und schrundige Schriftzeichen, unter denen das Ungeziefer überwinterte. Der Kranke würde sich genau den Mut und die Kraft jenes Toten einverleiben, mit dessen Fett er eingeschmiert werde. Laut buchstabierte Jergen die Inschrift auf dem Tram, als er mit einem Holzspan den Armstumpf bestrich, diesem war es jedoch nicht bestimmt, die Wunde nahm die Salbe nicht an. Freilich habe er im Falle des Liegl das Fett eines gewöhnlichen Toten nehmen müssen, denn auf die Schnelle sei kein Übeltäterfett zur Hand gewesen, und wenn, dann wäre Liegl noch am Leben. (Lipuš, Verdächtiger

Umgang mit dem Chaos, 1997: 145 ff. Übs. Johann Strutz. – Feld = Acker, Tram = Balken/Deckenbalken.)

Boštjans Flug

Der Vater und seine Auserwählte verbringen die Woche vor der Hochzeit jeweils im eigenen Haus. Der Pfarrer schätzt ein voreiliges, wildeheliches Techtelmechtel im Kukuruz, so einen vorehelichen Probefirlefanz, ganz und gar nicht, und daran würden auch die Betschwestern, die Säulensteherinnen des religiösen Gewedels, Hochwürden beipflichtend, zu sehr Anstoß nehmen, wo sie sich ohnehin bereits geärgert hätten, wieso die Männer es nicht erwarten könnten, kaum ist die eine in der Grube, schon kommt die andere in die Stube. In der Woche vor dem Ereignis, als der Vater die nötigen Wege abends selbst erledigt, kümmert es Boštjan nicht, daß ihm eine neue Mutter beschieden ist und er im Haus unter ein doppeltes Kommando kommt, seine Sorgen sind anderer Art und liegen woanders. Boštjan freut sich auf die Hochzeit, weil die Möglichkeit besteht, Lina wiederzusehen, vielleicht nimmt sie sogar an der Hochzeitsfeier teil. Die neue Frau macht den Vater ernst und still, ihn aber beunruhigt Lina und macht ihn verrückt. Manchmal legt er sich ins Gras, schließt die Augen und schaut in den Himmel. In besonders günstigen Stunden kommt es vor, daß sich der Geist vom Körper trennt, aus dem Fleisch herauswindet und zu ihr ausläuft, sich in ihr Fleisch hineinmengt und mit ihrem Wesen verbindet. Auch er spürt eine Bewegung im Körper und eine Verzückung in der wohligen Regung, wiegt sich lustvoll auf den Graswellen, überläßt sich der Trägheit des Himmels und der sich darüber hinstreckenden Wolken. Da ziehen Fluten von weit her durch die Luft, Boštjan nimmt sie auf, warm und wohltuend fließt es in den Gliedern, er versucht, diesen Zustand zu verlängern, zu festigen, anzuhalten, aber schließlich muß er die Augen öffnen. Der Geist kehrt in den Körper zurück, so wie er hier auf diesem wunderbaren Überdauerungsplatz liegt, den er durch die geschlossenen Lider hindurch wahrnimmt, es ist, als wäre sein Körper bei ihr gewesen und ihr Körper bei ihm. Die Liebe möchte Geist und Körper, stark und wirklich ist sie, daß sie eine Steinlawine auslösen und, wenn sie wollte, das Fallen eines Baumes aufhalten könnte. Der Pfarrer plagt sich vergeblich mit den erlogenen Wahrheiten, und nicht weniger verstellen sich die Menschen, wenn sie diese wiederkäuen. Sie gehen bei ihm in die Lehre, der große Mühen auf sich nimmt, bis durch die ständige Wiederholung ein und desselben die Wahrheit ausgebrütet wird und bis die wiederholte Behauptung gefestigt genug ist, um standzuhalten. Nur beharrlich und lange genug wiederholte Wahrheiten stellen die Wahrheit sicher. Ein Kind ohne Mutter, das ist wie unter einem Strauch zur Welt kommen, eine Strafe Gottes. Seine Mutter, wenn sie noch da wäre, hätte nicht so getan, als sei er einer Baumgabel entsprungen oder beim Ackern aus einer Furche geschlüpft oder daß dieser Makel allein durch eine kirchliche Zeremonie gutzumachen sei, wie sie etwa dem Vater am morgigen Tag bevorstand. Sie hätte ihn bewahrt vor dieser verlogenen Gelehrsamkeit und Hohlheit, doch die Mutter ist weggebracht worden, und nun ersteht ihm aus dem dampfenden Badebottich des Vaters und aus den Schaumbläschen der Aschenseife die Stiefmutter. (Lipuš, Boštjans Flug, 2005: 170 ff. Übs. Johann Strutz.)

1.2 Literaturwissenschaftliche Methodendiskussion

Ich vertrete die These, dass Florjan Lipuš als Kärntner Slowene v. a. die Traumata seiner Kindheit thematisiert, indem er qualitativ hochwertige Literatur schafft, die einen Vergleich mit der deutschen Literatur nicht zu scheuen braucht und die der slowenischen Literatur insgesamt den Weg weist.

Grundlage für die literaturwissenschaftliche Diskussion bildet die 1997 im Wieser Verlag in Klagenfurt/Celovec erschienene Lipuš-Gesamtausgabe und der vom Autor bei Litera in Maribor herausgebrachte Roman „Boštjanov let" sowie die von ihm 1999 bzw. 2005 im Wieser Verlag publizierten Romanübersetzungen „Herzflecken" und „Boštjans Flug". Bis Anfang März 2005 veröffentlichte Primär- und Sekundärtexte wurden in dieser Arbeit berücksichtigt. Redaktionsschluss für das Verfassen der Doktorarbeit war der 4. Mai 2007. Inzwischen wurde die Internetseite **http://www.slolit.at/** der Öffentlichkeit vorgestellt, auf der die Kärntner slowenischen Literaten der letzten hundert Jahre präsentiert werden, u. zw. mit je einer illustrierten Bio-Bibliografie und kurzen Leseauszügen aus ihren Werken. Weiters findet man nun auch Autoren-Fotos auf **http://www.literaturfoto.net/literaturfoto.php**.

Gegenstand dieser Arbeit sind Hinweise auf Identitätsmerkmale in Lipušs Texten. So sollen nationalpolitische, avantgardistische, psychologische, pädagogische, philosophische und narrative Elemente in Essays, Interviews, Skizzen und Romanen aufgedeckt werden, die eine möglichst komplexe Identität des Erzählers Lipuš ergeben. Nach dem Überblick über die Biografie des Autors werden also stilistische Besonderheiten vorgestellt und bestimmte **öffentliche Räume funktional untersucht**. Dabei sind, wie gesagt, Struktur und Stil sowie die Symbole „Dorf" und „Tod" in Lipušs Skizzen und Romanen von hauptsächlichem Interesse. Untersucht werden also Raum und Zeit als immanente Konstruktion sowie regionale und intertextuelle Komponenten als äußere Form der Prosa, ferner gesellschaftliche Bedingungen und existenzielle Bedrohungen der Motivation der Handelnden, die sich im traditionellen Verhalten der gleichgerichteten Masse manifestiert bzw. in der sich weiter entwickelnden Reflexion eines einzelnen Protagonisten ausdrückt. Die in den sieben Romanen geschilderte Kärntner Gesellschaft zwischen 1943 und etwa 1980 bzw. knapp vor dem Verbot der Hexenverfolgungen sowie Mitte Jänner 1670 bildet daher die Basis für meine Forschung.

Das Thema dieser Dissertation ergibt sich demzufolge zwangsläufig aus der Gegenüberstellung ausgewählter Figuren in den Lipuš-Texten mit der Kärntner Wirklichkeit. Daraus entstehen Fragestellungen im Bezug auf alltägliche Ressentiments und essayistische Erläuterungen, gesellschaftspolitische oder literaturgeschichtliche Einflüsse, publizistische Weltentwürfe und avantgardistische Strömungen, autobiografische Komponenten, das Verhältnis zwischen Institutionen und Bürgern, die Funktion von Siedlungsformen und Gemeinschaftseinrichtungen, die Beziehung der beiden Volksgruppen zueinander sowie die Gefahr des kollektiven bzw. persönlichen Unterganges der slowenischen Minderheit in Kärnten/Koroška durch zahlreiche Ausrottungsstrategien.

Meine Haupt-Hypothese lautet: **Lipuš ist ein äußerst radikal politischer Autor**, was sich in den Skizzen wegen der Momentaufnahme seines Gefühlszustandes schon bei oberflächlichem Lesen zeigt, was in den Romanen jedoch durch das oftmalige Redigieren der Texte implizit in gezielten Auslassungen zur Wirkung kommt. Durch sein Bestreben, hochwertige Literatur ausschließlich in Slowenisch zu kreieren, bevorzugt er auch zutiefst Kärntner slowenische Themen, die die Mehrheitsbevölkerung vom Geschehen ausschließen und so gesäuberte Minderheitendörfer schaffen. Die sich aus dem Gesagten ableitenden Einzel-Thesen werden am Beginn des jeweiligen Kapitels formuliert.

Die hierzu ausgewählten Verfahren lassen eine integrative Grundorientierung erkennen, u. zw. werden einfache und komplexe Arbeitsweisen angewendet, in dem Bestreben, bereits bestehende Ressourcen und Theorien durch eigene Ideen zu erweitern. Dabei gibt es zwischen dem Einführungskapitel und den nun folgenden Abschnitten einen wesentlichen **Methodenwechsel**. Wurde am Anfang der Arbeit durch Induktion eine strenge Auswahl der für den wissenschaftlichen Diskurs relevanten Beiträge getroffen, so beherrscht in den folgenden Hauptteilen dieser Abhandlung die Deduktion sowohl die Definition der Begriffe als auch die Anwendung bestehender literaturwissenschaftlicher Theorien. Die von Lipuš in seinen Romanen verwendete Abduktion wird hier nicht besprochen, allerdings werden ideologische und mythologische Aussagen zu einem exemplarischen Gebilde verwoben. Dabei wurde im Eingangskapitel empirisch gearbeitet, während in den folgenden Kapiteln der Hermeneutik die gebührende Priorität einzuräumen ist. Der quantitativen Erfassung von Texten, Daten und Theorien im vorigen Kapitel folgt die qualitative Analyse derselben.

Folgende **literaturwissenschaftliche Theorien** werden dialektisch abgehandelt: die Theorie des Erzählens nach Franz K. Stanzel, das Raumkonzept von Jurij M. Lotman, der Begriff der „Kleinen Literatur" von Johann Strutz, Abhandlungen zur Motivforschung von Elisabeth Frenzel, Identitätskonstruktionen bei Paul Ricœur und Norbert Meuter. Fallweise kommen jedoch auch noch andere Wissenschafter zu Wort. Hier im Buch wurden folgende Identitätstheorien weggelassen: der Begriff des gegenseitigen Lernens nach der Reformpädagogik von Hartmut von Hentig, die mediensoziologischen Ansätze von Brigitte Busch, ferner von Brigitte Hipfl diskutierte psychosoziale Phänomene nach Louis Althusser, Sigmund Freud und Jacques Lacan, außerdem moralische Betrachtungen von Umberto Eco, schließlich philosophische Überlegungen des Michel Foucault und die Sprachphilosophie von Ludwig Wittgenstein sowie der Identitätsbegriff nach Eva Reichmann.

2 Die slowenische Skizze

Lipušs literarisches Werk ist eingebettet in die slowenische Literaturproduktion in Slowenien, Österreich, Italien, Ungarn, Kroatien und in den Zielländern emigrierter Slowenen, wie z. B. in Deutschland, Argentinien, Australien, Kanada und den USA. Da es sich bei der slowenischen Literatur um eine hinsichtlich der Weltproduktion relativ geringe Rezeption handelt, wurde im Original auch die Geschichte der slowenischen Skizze abgehandelt. Hier wird nach der Definition des Begriffes zunächst die Skizze bei Ivan Cankar vorgestellt, weil er als literarischer Wegbereiter auch für Florjan Lipuš eine Vorrangstellung einnimmt. Dann wird die Skizze bei Florjan Lipuš ausführlich besprochen, u. zw. werden ausgesuchte Motive vorgestellt, dann werden die Skizzen klassifiziert, die anakreontische Form diskutiert und schließlich wird auf stilistische Besonderheiten verwiesen. Auf das Wesen der Skizze wird im Kapitel „Von der Skizze zum Roman" noch näher eingegangen, wobei jedoch interessante kroatische und serbische Studien auf Grund mangelnder Sprachkenntnisse der Verfasserin außer Acht gelassen werden mussten.

Die **Skizze („črtica“)** ist ein Entwurf, ein Fragment, das als Studie für ein umfangreicheres Werk dient. Der Begriff „Skizze“ kommt vom italienischen „schizzo“ für „Spritzer“. Diese Gattung entstand im Realismus, erreichte aber im Impressionismus ihren Höhepunkt, weil der Autor seinen augenblicklichen Eindruck von der natürlichen Umgebung festhielt. In dieser Epoche sind die Skizzen abgerundete, formvollendete Stimmungsbilder, die keinem anderen Zweck dienen.

2.1 Die Skizze bei Ivan Cankar

Bei den Slowenen wurde die Skizze von Ivan Cankar in der Moderne als äußerst subjektive kurze Erzählform eingeführt. Er wählte dafür in seinem Jugendwerk die Bezeichnung „Vignette“ („vinjeta“). (Vgl. Cankar, Zbrano delo, 7. knjiga.) In seiner späten Schaffensperiode entstanden jedoch seine wertvollsten Skizzen, u. zw. zum Teil unter dem Begriff „Gestalten“ („podobe“). (Vgl. Cankar, Zbrano delo, 23. knjiga.)

> Jetzt bekommen wir allmählich unser modernes gesellschaftliches Drama und unsere Skizze. ... Der gegenwärtigen Epoche ... des allgemeinen Hastens und Nurnichtstehenbleibens musste sich natürlich auch der künstlerische Stil anbequemen. Er wurde knapp, epigrammatisch zugespitzt. Der Erzähler strebt danach, in möglichst wenigen Worten äusserst viel zu sagen, dabei durch das Beziehungsvolle, metaphorisch Andeutende dem Kunstbedürfnis des Lesers zu genügen. (Ivan Cankar, „Skizzen“, Zbrano delo, 24. knjiga, 1975: 91.)

Wiederkehrende Themen in den Skizzen bei Ivan Cankar sind: **die Mutter, das Leben, der Tod**. Im sechsten Band der Gesamtausgabe befinden sich z. B. die Titel „Zbolela je na smrt!“ (Sie erkrankte tödlich! [Gemeint ist die Wanduhr.]) und „Spomini na mojo mater“ (Erinnerungen an meine Mutter). Der Band sieben trägt den Titel „Vinjete“ (Vignetten), der elfte Band heißt „Mimo življenja“ (Vorbei am Leben), der 21. Band wird als Skizzen-Zyklus unter dem Namen „Moja njiva“ (Meine Wiese) präsentiert, im 22. Band werden schließlich kürzere Skizzen unter dem Titel „Moje življenje“ (Mein Leben) sowie Skizzen des Jahres 1914 zusammengefasst. In Band 23 mit dem Titel „Podobe iz sanj“ („Traumbilder“[1]) findet man die hier vorgestellten Skizzen „Gospod stotnik“ („Der Herr Hauptmann“) und „Zaklenjena kamrica“ („Die versperrte Kammer“) sowie viele andere interessante

1 Die deutsche Übersetzung von Erwin Köstler erschien 1998 im Drava Verlag in Klagenfurt/Celovec.

Titel wie „Strah“ („Angst“), „Sence“ („Schatten“), „Kralj Matjaž“ („König Matthias/Matthias Corvinus), „Nedelja“ („Sonntag“), „Konec“ („Schluss“). Im selben Buch befinden sich auch nicht veröffentliche Skizzen der Jahre 1915-1918; eine trägt die Bezeichnung „Očiščenje“ (Reinigung). Cankars Skizzen kreisen um Erinnerungen an die erdrückende Armut in seiner Kindheit, an seinen ersten Schultag, an seine Studienzeit in Wien, an die nicht geglückte Beziehung zu seiner Mutter. In dem als Skizzen-Zyklus publizierten Buch „Podobe iz sanj“ („Traumbilder“) verschmelzen infolge von schwerer Krankheit und der nahen Todesahnung Cankars jenseitige Eindrücke mit dem Diesseits.

„Zbolela je na smrt!“ (Sie erkrankte tödlich!) beginnt mit der Wiederholung des Ausrufes in der Überschrift. Bereits im zweiten Absatz erfährt man, dass die Wanduhr kaputt ist und dass sie auf dem Totenbett liegt, sodass sie der Ich-Erzähler nicht mehr zum Laufen bringen kann. Die Pendel stehen ganz einfach still, auch der Uhrmacher des Dorfes konnte sie nicht mehr reparieren, weshalb sie ungefähr seit einem Jahr stumm herumhängt. Die Familie Cankar hat sie aber beim Umzug trotzdem mitgenommen. – Nach der anfänglichen Feststellung wird retrospektiv erzählt. Dreiteiliger Aufbau. – Cankar verwendet die Todesmetapher für einen sehr wertvollen Gegenstand. Er konzentriert sich nur auf die Pendeluhr und beschreibt sie meisterlich: „Dà, nihče drugi kot naša stara, zaprašena, častivredna, globoko ljubljena stenska ura!“ (Vgl. Ivan Cankar, Zbrano delo, 6. knjiga, 1967: 343 ff. [Ja, niemand anderer als unsere alte, verstaubte, ehrwürdige, tief geliebte Wanduhr! (Übs. L. M. R.)])

„Spomini na mojo mater“ (Erinnerungen an meine Mutter), in der sich ein Ich-Erzähler an die Anweisungen seiner Mutter erinnert, nicht vom rechten Weg abzukommen und auf Gott nicht zu vergessen. Dann fragt er das Mütterlein Anna, wie es ihrer Tochter gehe, deren Foto sie zitternd in Händen hält. Die alte Frau weicht dem Gesprächspartner aus und meint, dass ihre Tochter Kassierin sei und ihr eigenes Leben führe. Der Erzähler verabschiedet sich von der alten Frau und begegnet auf dem Markt dem Fräulein Amalija, das gerade mit einem elegant gekleideten Herrn auf dem Weg in ihre Wohnung ist. – Die Skizze gliedert sich in drei Teile, im ersten Absatz die Erinnerung an die eigene Mutter, dann die beschönigenden Aussagen einer konkreten Mutter, schließlich das reale Verhalten der Tochter samt einer Andeutung, dass sie den Erzähler kennt. (Vgl. Ivan Cankar, Zbrano delo, 6. knjiga, 1967: 345 f.)

„Skodelica kave“ (Die Schale/Tasse Kaffee) thematisiert die missglückte Beziehung Cankars zu seiner Mutter. – Die Mutter bringt ihm eine Schale Kaffee über die Leiter hinauf in den Dachboden, wo er in Gedanken vertieft gerade etwas aufschreibt, sodass er sie abweist. – Kurze Zeit später war sie tot. – Auch hier liegt eine dreigliedrige Skizze vor, in der vom Autor als Ich-Erzähler retrospektiv die Erinnerung an die Mutter wachgerufen wird. (Vgl. ebd., 21. knjiga, 1974: 262 ff.)

"Sveto obhajilo" (Die heilige Kommunion) erzählt die Geschichte von Cankars Mutter, die zu einem Bauern gegangen ist, um Brot für ihre hungrigen Kinder zu erbitten. Die Kinder sind allein zu Haus. Es ist bereits spät. Schließlich kommt die Mutter nach Hause und entschuldigt sich bei ihren fünf Kindern, weil sie das Brot nicht früher bekommen hat. – Eine ebenfalls dreigliedrige, restrospektiv erzählte Geschichte: 1. die Erinnerung an eine Begebenheit, 2. das Warten der Kinder, 3. das Eintreffen der Mutter. – Der Titel bezieht sich auf das fordernde Verhalten der Kinder, die „den Leib ihrer Mutter essen und ihr Blut trinken“. (Vgl. ebd., 21. knjiga, 1974: 239 ff.)

Aus dem Skizzenzyklus **„Podobe iz sanj“** („Traumbilder“) wird die Skizze **„Gospod stotnik“** („Der Herr Hauptmann“) besprochen. – Der Ich-Erzähler beginnt mit der Erläuterung seiner jetzigen Träume, die ein Schatten der wahren Realität sind. Dann beschreibt er den kühlen Herbstmorgen und schaut im dritten Absatz durch das Fenster auf einen Hof, in dessen Mitte ein Nussbaum steht, unter welchem ein Soldat ein gesatteltes Pferd am Zügel hält. Die eigentliche Skizzierung beginnt mit der Schilderung einer zur Musterung angetretenen Kompanie, die der Herr Hauptmann zweimal hintereinander abschreitet, wobei er einzelne Rekruten zu ihrem Stand befragt. Manchmal hebt er seinen Stock und der ihn begleitende Fähnrich notiert etwas. Am Ende der Reihe angekommen, wendet sich der Herr Hauptmann abrupt um, sodass der Ich-Erzähler den Tod in ihm erkennt, der gerade den Befehl zum Abmarsch gibt. – Auch hier liegt eine dreigliedrige Skizze vor, die von den Gedanken des Ich-Erzählers einen Bogen spannt zu einem längeren Vorgang, der mit einer jähen Erkenntnis endet. (Vgl. Ivan Cankar, Zbrano delo, 23. knjiga, „Gospod stotnik“, 1975: 18 ff.)

So schritt der Herr Hauptmann langsam weiter die lange Reihe hinab; er musterte, stellte Fragen und sonderte aus. Manchmal überging er zwei oder drei, manchen sah er nicht einmal an, manchmal aber bezeichnete er gleich fünf oder sechs nacheinander. Und mir schien, daß er just und wohlüberlegt die Stärksten und Schönsten wählte.

Er kam ans Ende, zum letzten Mal hob er den Stock, dann drehte er sich um. Da sah ich erst sein Gesicht, und mein Herz verstummte. Dieses Gesicht war ohne Haut und Fleisch, statt Augen waren zwei tiefe Gruben in den Schädel gegraben, lange, scharfe Zähne grinsten über einem nackten, mächtigen Kiefer. Der Name des Hauptmanns war Tod.

»Vorwärts ... marsch!«

Die Kompanie machte ruckartig kehrt und begab sich mit festen Schritten in den Nebel hinab. Vor ihr ritt der Herr Hauptmann; hoch über dem Nebel flog sein schwarzer Mantel. – (Ivan Cankar, „Der Herr Hauptmann“, Traumbilder, 1998: 29. Übs. Erwin Köstler.)

Schlussendlich wird noch die Skizze **„Zaklenjena kamrica“** („Die versperrte Kammer“) aus dem obigen Skizzen-Zyklus vorgestellt. Sie handelt davon, dass jeder Mensch in seiner innersten Kammer jenen Schatz aufbewahrt, der ihn dazu befähigt, dereinst dem Tod ohne Angst ins Auge zu schauen. – Hier bezieht sich die Dreiteilung auf den Menschen als solchen, auf konkrete Beispiele und auf die Nation, wobei allgemeine und bestimmte Zuordnungen in den einzelnen Absätzen gemeinsam vorkommen. (Vgl. Ivan Cankar, Zbrano delo, 23. knjiga, Podobe iz sanj, „Zaklenjena kamrica“, 1975: 73 ff.)

Jeder Mensch, auch der bedürftigste, hat im Haus seines Lebens eine eigene Kammer, deren Schlüssel er immer bei sich trägt und keinem anderen borgt. Dem Gast öffnet er die vornehme Stube, dem Freund den Keller, dem Wanderer den Heuboden; diese Kammer aber nicht einmal seinem Bruder. Auch er selbst überschreitet ihre Schwelle nur zu den größten Festen, in Stunden schicksalsschwerer Erkenntnis, höchster Freude, tiefster Trauer, und in der Angst des Todes. Er verwahrt darin, was er je von Herzen liebte. (Ivan Cankar, „Die versperrte Kammer“, Traumbilder, 1998: 108. Übs. Erwin Köstler.)

Alle besprochenen Skizzen, die letzte ausgenommen, weisen einen Ich-Erzähler auf, der autobiografische Züge zeigt; alle sind dreigliedrig, u. zw. beginnen sie mit einem Gedanken, gehen dann zu einer länger beobachteten Handlung über und schließen mit einer mehr oder weniger punktuellen Erkenntnis. Cankar beschreibt die Umgebung, die Gestik der Hauptperson, die Kleidung, die Umstände, das Aussehen sehr eindringlich. Und er rundet jede der hier besprochenen Skizzen zu einem Ganzen ab. Eigennamen verwendet er nur in einem Fall, um die Verwechslung mit seiner Mutter zu vermeiden. Cankars Skizzen enthalten durch eigene Erfahrung erworbene Lebensweisheiten.

2.2 Die Skizze bei Florjan Lipuš

Zunächst werden jene diskutierten Phänomene der slowenischen Kurzprosa zusammengefasst, die mir als Voraussetzungen für die Skizze bei Lipuš wichtig erscheinen. Die Gattungsdiskussion ergab, dass die Erzählung bei den Slowenen durch die seit Mitte des 19. Jahrhunderts vorherrschende Verkaufsstrategie des Hermagoras/Mohorjeva Verlages in Klagenfurt/Celovec volkstümlich geprägt ist und in ihr erotische Themen sowie avantgardistische Ideen keinen Platz haben. Daher konnte sich Lipuš meiner Meinung nach in der Anfangsphase seines literarischen Wirkens nur für die Gattung der Skizze entscheiden, wollte er erstens avantgardistisch schreiben, zweitens in der Themenwahl frei sein, drittens weder dem Verlagswesen noch dem Leser nach dem Mund schreiben, viertens lieber klaren Tisch machen als faule Kompromisse schließen und sich fünftens als Autor künstlerisch entwickeln. Weder die Novelle noch die Kurzgeschichte sind als Gattung für die Skizzierung von einzelnen Begebenheiten geeignet, um später aus mehreren Skizzen einen Roman formieren zu können.

Nach dem Gattungsdiskurs untersuchte die Verfasserin die Genese der slowenischen Kurzprosa nach inhaltlichen Komponenten für Lipušs Skizzen. Da dieser Autor in einem Gebirgsdorf zu Hause ist, sein Vater Holzfäller und seine Mutter Tagelöhnerin waren, ist es naheliegend, dass Lipuš bereits als Bub gelernt hat, die **Natur** zu beobachten, ihre nicht zu bändigende Gewalt zu respektieren und zumindest die Entwicklung des Wetters für den folgenden Tag einschätzen zu lernen. Dies alles und literarische Vorbilder sind Grundvoraussetzungen, will man es in der Naturschilderung zu einer Meisterleistung bringen. Fran Erjavec, Prežihov Voranc und Miško Kranjec sind einige Literaten, bei denen Lipuš in die Lehre gegangen sein könnte, von Ivan Cankar profitierte er ganz sicher. Dass der tägliche Existenzkampf für die Kärntner Slowenen auch ein **Kulturkampf** ist, war Lipuš ebenfalls bereits in der Unterstufe des Gymnasiums klar geworden. Durch die bewusste Entscheidung für die slowenische Sprache hatte er zur Kärntner Geschichte einen anderen Zugang, als dies in den Schulbüchern dargestellt wird. Spätestens durch sein Engagement für „mladje“ lernte er anspruchsvolle Texte über historische und fiktive Helden kennen, die ihm zumindest durch Janko Kersnik und Ivan Cankar bekannt waren. Ein dritter Themenkreis, der Umgang mit dem **Tod**, bot sich Lipuš auf Grund der Erfahrungen in seiner Kindheit zwangsläufig an. Hier fand er in Cankars Werken einerseits äußerst genaue Krankheitsbilder und gesellschaftliche Symptome und andererseits ein vielfältiges Opus mit einem abgerundeten Weltbild, das zum Wesentlichen zurückkehrt. Der vierte inhaltliche Schwerpunkt ergibt sich aus den von Lipuš erlebten Erziehungsmustern, die für den **Eros** entweder keinen Platz ließen oder ihn tabuisierten. Diesbezüglich boten sich ihm France Prešeren und Ivan Cankar als Leitbilder an, die sich zeitlebens weder in ein starres Korsett pressen noch gegen jede Vernunft disziplinieren ließen, wodurch sie möglicherweise die Auseinandersetzung mit „den Moralaposteln" der römisch-katholischen Kirche geradezu herausforderten. Schließlich wurde Lipušs humanistische Ausbildung als Anstoß für den fünften Themenkreis erkannt, der sich immer und überall dort zu Wort meldet, wo des Menschen Weisheit am Ende anlangt, gemeint ist der **Mythos**. Hier muss man als Grundlage für Lipušs Schreiben auf alle Fälle die gesamte antike Literatur, Kunst und Philosophie annehmen, demnach griechische und lateinische Denkmuster. Ferner schlägt sich die theologische Entwicklung des Abendlandes in Lipušs Weltanschauung nieder. Inwieweit hier slowenische Quellen einfließen, kann die Verfasserin nicht feststellen. Glasklare Denkprofile und verwischende Abstraktion passen wegen der vielfältigen Gestaltungsmöglichkeit zur Gattung des Romans.

Während der von Lipuš in Deutsch veröffentlichte Text „Über das Glück" auf Grund seines Inhaltes und seiner Struktur nicht eindeutig als Skizze einzuordnen ist, erfolgt nun die eingehende Besprechung des Aufbaus seiner slowenischen Skizzen, die in „Vera in dom" (Glaube und Heim), „mladje" (Jungholz), „Črtice mimogrede" („Skizzen im Vorübergehen"), „Škorenj" (Stiefel), „Zgodbe o čuših" („Tschuschengeschichten") und in „Sršeni" (Hornissen) herauskamen. Die in „Kres" (Sonnwendfeuer) sowie „Bratoljub" (Bruderliebe) erschienenen Texte werden Außer acht gelassen, weil sie noch nicht öffentlich zugänglich sind.

Folgende Skizzen wurden aus „Vera in dom" für die Untersuchung ausgewählt: „Zadnje srečanje" (Die letzte Begegnung), „PREPOZNO" (Zu spät), „Krvava zarja" (Blutige Morgenröte), „DOGODEK NA MOSTU" (Das Ereignis auf der Brücke), „V burji" (Im Sturm), „MATI ZEMLJA" (Mutter Erde), „Bila je **mrtva**" (Sie war tot), „Božič dveh" (Weihnachten zu zweit), „Zelena prst" (Grüne Erde) und schließlich „črtica o kozolcu" (Skizze über eine Heuharfe).

Die Skizzen in „Vera in dom“ können als **experimentelle Literatur** betrachtet werden. Darin werden Naturereignisse, Liebesbeziehungen und Erinnerungen mit tödlichem Ausgang geschildert, die auf immer wieder vorkommende Lipuš-Motive hinweisen, wie z. B.: den viel zu frühen Tod einer Mutter, den Kampf zwischen zwei Freunden, die Aussiedlung als Vorahnung, Morgenröte und Schleier, ein nicht eingehaltenes Liebesversprechen, Armut, schwarze Vögel, sexuelles Verlangen, der Tod in vielen Variationen, Weihnachten, Jesus Christus, Kreuz, Heuharfe und Zug. In diese Kategorie fallen auch die beiden Skizzen „mimohod“ (Vorübergang) und „Pomladne skrbi z drnuljami“ (Frühlingssorgen mit Hartriegelfrüchten), wobei die Skizzen „črtica o kozolcu“ (Skizze über eine Heuharfe) und „mimohod“ eine auch äußerlich erkennbare experimentelle Form aufweisen. In diesen Texten vollzieht sich die Wandlung von der anfänglichen Schilderung der Natur zur später überwiegend anakreontischen Skizze, die sich im Text „božič dveh“ bereits ankündigt.

Aus den „mladje“-Nummern zwischen 1960 und 1974 wurden folgende Skizzen herangezogen: „drobni utrinki“ (Winzige Sternschnuppen), „prva ljubezen“ (Die erste Liebe), „dve pesti spominov“ (Zwei Faustvoll Erinnerungen), „veronika“ (Veronika), „črnokruhovi“ (An die Schwarzbrotbäuerin), „prazne roke“ (Leere Hände), „komaj zgodba“ (Fast eine Geschichte), „ljudje iz vlaka“ (Die Leute aus dem Zug), „perspektive z ljudmi“ (Perspektiven durch Leute), „ne oziraj se, lili“ (Schau nicht zurück, Lili), „čarovnice“ (Hexen). Die dramatischen Skizzen „mrtvo oznanilo“ (Tote Verkündigung), „škornji“ (Stiefel) und „ekstremist matija gubec“ (Der Extremist Matija Gubec) werden nicht weiter untersucht, weil sich Lipuš später davon distanzierte und weil sie in einfältigen Dialogen tagespolitische Kärntner Themen dramatisieren.

Von den in „mladje“ veröffentlichten Skizzen stellen „drobni utrinki“ und „dve pesti spominov“ Lipušs Erinnerungen an seinen ersten Tag im Priesterseminar sowie an seine „drei“ Großmütter dar. Der Text „prva ljubezen“ aber ist schon typische Anakreontik à la Lipuš. Der Erzähler beobachtet ein Naturphänomen, hier einen Aprilabend vor seinem Fenster, Wasserlachen auf der Straße, die eine Gedankenbrücke zu einem erotischen Körperkontakt aufbauen, nach dem sich der Erzähler sehnt. Er sieht das Bild eines Mädchens vor sich, doch es kommt nicht einmal der Briefträger zu ihm ins Zimmer. Schließlich personifiziert sich die Angebetete und nimmt auf dem Stuhl mitten im Raum Platz; es beginnt zu regnen. Sie umarmen und lieben sich. Sie beenden ihr Liebesspiel; es hört auf zu regnen. Sie sehnen sich nach dem österlichen Alleluja, sie öffnen das Fenster und sie reicht ihm auf ihrer Handfläche ein Stück des österlichen Himmels. Diese Skizzen enthalten die Sehnsucht eines Priesterstudenten nach körperlicher Erfüllung. Sie sind anfangs sehr stark geprägt vom r.-k. Frauenbild, wonach Frauen wie die heilige Veronika die dienende Reinheit verkörpern. Diese Sichtweise verkehrt Lipuš durch den Hinweis auf die sechste Kreuzwegstation bereits in „veronika" ins eindeutig Erotische.

[Als sie sich aus der Umarmung lösten, regnete es nicht mehr. Der Himmel leuchtete im durchweinten und zu schmerzen beginnenden Abend. ... Die Sonne lehnte sich an ihren [Strahlen wie an] Drähten an und ging von Hügel zu Hügel spazieren, dorthin, wo morgen die ersten Böller krachen werden. Hand in Hand standen sie vor dem [regen]bespritzten Fenster – und erwarteten Ostern. Sie warteten darauf, dass der Streifen voll von Ostergesang sei und die im Morgen des Fronleichnamsumzugs gewaschenen Strahlen ein Alleluja in ihrem Fenster widerspiegeln werde. (boro kostanek, „prva ljubezen", mladje, 1/1960: 17. Übs. L. M. R.)]

Die in **„Črtice mimogrede"** veröffentlichten Skizzen werden hier nochmals erwähnt, damit der Leser dieses Buches sich schon auf Grund der deutschen Übersetzung des Titels eine Vorstellung vom möglichen Inhalt machen kann: „Žalostinka za Lili" (Trauerlied für Lili), „Poljub" (Der Kuss), „Ples z ljubico" (Der Tanz mit der Geliebten), „Obrazi jutra" (Die Gesichter des Morgens), „Zemlja in vse druge zemlje" (Die Erde/Welt und alle anderen Welten), „Nezakonske trave" (Uneheliche Gräser), „Zimska igra s sončnicami" („Das Wintersonnenblumenspiel"), „Zadnjih tisoč sonc" (Die letzten tausend Sonnen", „Mimo drevesa žalosti" (Vorbei am Baum der Traurigkeit), „Mavrična deklica" (Das Regenbogenmädchen); „Dan" (Der Tag), „Gozdovi vetra" (Die Wälder des Windes), „Rešilni čolni" (Die Rettungsboote), „Bolnica" (Das Krankenhaus), „Mrtvi bus" (Der tote Bus), „Vojašnica" (Die Kaserne), „Razveza" (Die Entbindung), „Tihožitje" (Stillleben), „Obletnice" (Jahrestage), „Veliki petek" (Karfreitag), „Cesta" (Die Straße), „Padanja" (Das Fallen).

Der erste Teil der **Naturskizzen** „Črtice mimogrede" besteht aus Liebeserklärungen an ein in einem eingebildeten Dialog abstrakt herbeigesehntes weibliches Wesen. Im 2. Teil folgen Naturimpressionen, aus denen erotische Illusionen erwachsen. Auch hier findet auf der Figurenebene kein wirksamer Dialog statt. Vielfache existenzielle

Bedrohung führt für Pendler, Außenstehende und Andershandelnde zum Tod. Totales inneres Gleichgerichtet-Sein im Zuge der Zeit beseitigt jede Identität. Nur das Ich kann in einzelnen Fällen durch die literarische Kreativität den Tod überwinden. Beides endet jedoch in absoluter Anonymität. Den für diese Arbeit literarisch größten Stellenwert verdient daher **die Anakreontik** in „Črtice mimogrede". Bei dieser antiken, nach dem griechischen Lyriker Anakreon benannten Richtung handelt es sich um eine

> Richtung der europ[äischen] Lyrik im Rokoko, etwa um 1740-1770. Vorbilder waren v. a. die pseudoanakreont[ische] Sammlung von 60 griech[ischen] Liedern der alexandrin[ischen] und nachchristl[ichen] Zeit ..., dann der echte ANAKREON, die heiteren Oden des HORAZ, CATULL, die griech[ische] Anthologie des PLANUDES und ... der sächsische Barock, doch Spannung und Pathos glätten sich zu kokett-eleganter Kleinkunst. Der Motivkreis der A[nakreontik] ist eng umgrenzt: Macht der Liebe, Preis der Geliebten, Lob des Weins und der Geselligkeit, heiterer Lebensgenuß im Sinne EPIKURS. Die Darstellung bedient sich oft des Schäferkostüms oder traditioneller Namen und Situationen aus antiker Mythologie (Venus, Amor, Bacchus), umgeben von der fast stereotypen ›amönen Landschaft‹ mit ihren Wiesen, Bächlein, Quellen, Lauben und Grotten. ... A[nakreontik] ist der überfeinerte Ausläufer der mit dem Barock beginnenden und vom Sturm und Drang abgelösten Kulturepoche. (Wilpert, 1989: 27.)

In diese anakreontische Art lyrischer Aussage schlüpfte Lipuš als Erzähler am Anfang seiner schriftstellerischen Laufbahn, um seinen sensiblen Botschaften nötigen Raum zu verschaffen. Die in „Črtice mimogrede" enthaltenen anakreontischen Skizzen wurden schon von Lipuš zu zwei abgerundeten Bilderbogen zusammengefasst. Gestaltet sich der Aufbau dieser Anakreontik immer nach dem gleichen einfachen Schema der Abstraktion der Natur ins Erotische, so sind die Romane voll von Perspektivenwechseln, Auslassungen, Brüchen, Leerstellen, verschiedenen Raum- und Zeitstrukturen sowie Handlungsmustern. Besondere Stilmittel in Lipušs Skizzen und Romanen und die Entstehung der Romane aus einzelnen Skizzen werden später dargestellt.

Die im Sammelband „Sršeni" erschienenen sieben Texte parodieren letzlich die Berufsidylle der Kärntner Slowenen als Dorfgeschichte. Sie spiegeln die Kärntner Volksgruppenpolitik und werden von der Verfasserin wegen ihrer Länge und ihres spannenden Aufbaus als novellenhafte Skizzen bezeichnet. Ebenso wurden die in „Zgodbe o čuših" veröffentlichten Texte „Filip Murn dela težave" („Philipp Murn macht Schwierigkeiten"), „Krinke si poiščejo obraze" („Masken suchen sich Gesichter") sowie „Navodila za kričanje" („Anleitungen zum Schreien") kategorisiert. Von diesen drei „Novellen" ist die mittlere durch die Nennung konkreter Namen und Fakten besonders leicht in das kirchengeschichtliche Tagesgeschehen einzuordnen. Einige dieser Skizzen wurden mehrmals veröffentlicht. Dazu kommen noch vereinzelte Texte in anderen Medien und Doppelveröffentlichungen, die hier nicht namentlich aufgezählt werden.

Alle in den Bibliografien in „Freude und Wehmut" (vgl. Lipuš, 2004: 52 ff.) und in „Lipuš lesen" (vgl. Amann/Strutz, 2000: 363 ff.) angegebenen slowenischen Zeitungsartikel wurden hinsichtlich literaturwissenschaftlicher Aussagen zu Lipušs Kurzprosa gesichtet. Diese quantitative Maßnahme ergab im Wesentlichen eine einzige qualitativ kompetente Analyse der „mladje"-Kurzprosa, nämlich die von Silvija Borovnik in Naši razgledi vom 8. April 1988, S. 212 f. Borovnik teilt Lipušs „mladje"-Kurzprosa in **nationalitätenbildende, lyrische und satirische Texte** ein. Als nationalitätenbildende Skizze erwähnt Borovnik „Zimska igra s sončnicami", zu den lyrischen Texten zählt sie „Drobni utrinki" und „Prva ljubezen", die unmittelbar an Ivan Cankar anknüpfen. Ironisch ausgelegt ist der Text „Črnokruhovi", denn er setzt die Todeserfahrung gleich mit frischem Brot aus dem Backofen der Mutter. Auch dieses Stilmittel gründet in Cankars Erzählkunst, nämlich im „Hlapec Jernej" (Der Knecht Jernej). Satirisch orientiert sind die Skizzen um die tagespolitischen Ereignisse in Kärnten, groteske Situationen schildern „Filip Murn dela težave" und „Navodila za kričanje" sowie die Skizze „Pevci in pogrebci[2]" (Die Sänger und die Bestatter), die den ersten Kerntext für den Roman „Odstranitev moje vasi" bildete. Borovnik skizziert Lipušs „mladje"-Kurzprosa indirekt doch als „karnevaleskes Geschehen". (Vgl. Borovnik, mladjevska kratka proza, Razgledi, 8.4.1988: 212 f.)

[Lipušs groteske Begräbnisfratzen, seine rückschrittlichen Faschingsnarren, seine national gesinnten Hausmänner, seine in den Schmutz gezogenen Tschuschen und deren tote Ankündigungen, aber auch seine wehmütig lyrischen, flimmernd überempfindlichen Prosaspiele mit seinen Rabenkrähen sind nicht nur literarisch interessant. Deren groteske Hässlichkeit offeriert das wahre

2 Aus kulturgeschichtlichen Gründen wird der Begriff „pogrebci" von der Verfasserin im Gegensatz zu Fabjan Hafner durch „Trauernde" im Sinne einer „dörflichen Trauergemeinde" übersetzt, weil zur Zeit der fiktiven Romanhandlung am Land noch keine Bestattungsinstitute tätig waren.

Tausendguldenkraut des slowenischen Selbstbewusstseins: durch das Lachen der Maske, über Larven und zahnlose Fratzen kann nämlich nur derjenige lachen, der sich selbst für gesund und stark hält. (Silvija Borovnik, „Lipuševa mladjevska kratka proza“, Naši razgledi, 8.4.1988: 213. Übs. L. M. R.)]

Aus den folgenden Zeitungs- und Zeitschriftenausschnitten kann man hinsichtlich **Lipušs Schreibstil** zusammenfassend festhalten, dass

- er absichtlich in Slowenisch und aus purer Freude schreibt;
- er sehr langsam vorgeht, zuerst mit Bleistift schreibt, immer wieder korrigiert und durchstreicht, bevor er die Texte in die Maschine tippt;
- er an einer Kernidee zu arbeiten beginnt und diese ausweitet, bis sie seiner Meinung nach erschöpfend dargestellt ist;
- er jedes Schreiben als politische Tätigkeit betrachtet;
- die Abkapselung im Internat am Tanzenberg/Plešivec und in Klagenfurt/Celovec die Abstraktion der Frau bedingte;
- die Pseudonyme sowohl Vorsichtsmaßnahme als auch eine Art Partisanentum waren und dass er nur einige deutsche Texte verfasste, u. a. auch welche in Anlehnung an Franz Kafka;
- sich Lipuš an France Prešeren, Prežihov Voranc und Ivan Pregelj orientiert und dass ihm Ivan Cankar als Vorbild zu lyrisch bzw. sensibel erscheint;
- er jedem empfiehlt, der literarische Texte schreiben möchte, alle slowenischen Autoren zu lesen. (Vgl. Dnevnik, Gregor Butala, Slovenščina izzove prezir in tišino, 3.1.2004: 20 f.; Novice, Fabjan Hafner, Florjan Lipuš v slovenskem vrhu, 6.2.2004: 11; Primorski dnevnik, Neva Zajc, Pišem iz čistega veselja do slovenske besede, 31.5.1985: o. S.; Večer, Franc Šrimpf, „Moje – in najbrž vsako – pisanje je politično dejanje“, 18.4.1981: 8; Večer, Franc Wakounig, Odrajtal sem svoj dolg, 7.2.2004: 36 f.; sodobnost, Florjan Lipuš, Kar ne gori, ne gasi, XLIV (1996) 8/9: 765 f.)

Hinsichtlich des **Veröffentlichungsmodus** der Skizzen lässt sich zusammenfassend feststellen, dass Lipuš sie zuerst in Zeitschriften veröffentlichte. Wie bereits ausgeführt wurde, erschienen sie zuerst im „Kres“, dann im „Bratoljub“ und in „Vera in dom“, später in „mladje“ und „sodobnost“ sowie in anderen Printmedien. Einige dieser Texte wurden in „Črtice mimogrede“ in bearbeiteter Form veröffentlicht sowie neue Skizzen hinzugefügt. Die Klassifizierung der Lipuš-Kurzprosa ergab dramatische, novellenhafte, Natur- bzw. erotische oder sogenannte anakreontische Skizzen, wobei die dramatischen und novellenhaften Kurztexte ausgesprochen karnevalesken Charakter besitzen.

Thematisch überwiegt die Auseinandersetzung mit dem **Tod von Müttern** im Allgemeinen und mit jenem seiner Mutter im Besonderen sowie mit der gewaltsamen Tötung von Personen durch das Dritte Reich. Lipušs **Anakreontik zeigt Ähnlichkeiten** mit Franz Weinzettls Skizze „Das Glück zwischendurch", die so wie die untersuchten Cankar-Skizzen einen dreigliedrigen Aufbau aufweist. Der Unterschied zwischen Weinzettl und Lipuš sowie Cankar liegt in der **Sozialisierungsperspektive**, die bei ersterem positive Vorzeichen belegt. Lipuš folgt Ivan Cankar in der Abgeschlossenheit des erzählten Skizzierten, nicht aber im Stil. Während Cankar äußere Einflüsse sehr genau beschreibt, verzichtet Lipuš auf Personen- und Landschaftsbeschreibungen und konzentriert sich voll auf die erotische Abstrahierung eines Gedankens, der dem Erzähler als Reizwort von der Natur zugeflüstert wird. Raum und Zeit werden zumindest in Grundzügen angegeben, der Erzähler ist meistens ident mit dem Helden, obwohl sich Ich- und Er-Erzählungen die Waage halten. Ist die Identität der Personen in den dramatischen Skizzen meistens historisch belegt, so werden nur in vereinzelten novellenhaften Kurztexten Namen erwähnt. Beide Genre-Gruppen enthalten **explizit politischen Zündstoff**, wohingegen die Identität des Helden in der Anakreontik durch die Anonymisierung politische Bedeutung erlangt.

3 Der Roman bei Florjan Lipuš

Hier werden aus der Reihe der für die Lipuš-Rezeption wichtigsten slowenischen Romane **markante Inhalte** zusammengefasst.

<u>Von den romantischen Romanen</u> übernehmen wir Folgendes:

- das Interesse für die eigene Vergangenheit und das Eingebettet-Sein in die Geschichte;
- den erfolgreichen Aufstieg ins Bürgertum und den Kampf um das tägliche Überleben;
- den Umgang mit Freundschaft und Liebe und die Verarbeitung prägender Enttäuschungen;
- die Diskrepanz zwischen Konservatismus und Liberalismus;

- die Verbundenheit mit anderen Einzelliteraturen und die Weiterentwicklung aus der slowenischen Kurzprosa.

Dabei entfallen natürlich Motive wie Gottergebenheit oder die Neigung zum Happy-End und die Vorliebe für Adelige und Bürgerliche.

Aus den eher realistisch dominierten Romanen lernen wir das Leben gesellschaftlicher Randgruppen kennen:

- das Los der Keuschler und Tagelöhner sowie den Kampf ums nackte Überleben der Kleinbauern, Knechte und Mägde;
- den Alltag der Kellnerinnen und Lehrer sowie die reine Pflichterfüllung der Rechtsgelehrten im Gegensatz zu den Bedürfnissen der Rechtsbrecher;
- den Abstieg von Emporkömmlingen, die Ergebenheit ins Schicksal und die Abkapselung auf Grund von Schuldgefühlen;
- die Verurteilung unschuldiger Hexen und den manchmal aufflackernden Durchbruch vitaler Helden.

Von den impressionistischen Romanen entnehmen wir:

- die Auseinandersetzung mit der Kunst und die Entfremdung des Künstlers;
- die Primärbedeutung und Erstverwendung von Symbolen;
- Parallelgeschichten zwischen Verwandten und das Gedenken an die Mutter;
- die Zusammensetzung aus selbstständigen Novellen, das belastende Thema der Armut und die Beschreibung von Krankheiten;
- das Ineinanderfließen von Realität und Traumbildern sowie das Bemühen um eine ausgereifte Ästhetik.

Aus den expressionistischen Romanen behalten wir im Auge:

- die Verherrlichung der Leidenschaft und die Darstellung verfeindeter Parteien;
- das Ringen um den Sieg über die sexuellen Begierden.

Von den naturalistischen Romanen verbleiben:

- die Erkenntnis, dass die naturalistische Leitidee, wonach menschliches Scheitern durch Vererbung bedingt ist, längst als Weltanschauung überholt ist;
- die realistische Darstellung der Realität und der Kulturkampf der Linken gegen die Idealisierung durch den Klerus;

- die Auflehnung gegen jegliche Unterdrückung als Keimzelle für die satirische Gestaltung.

Der italienische „verismo“ (= Slowenisch „resnizem“ = „res nisem“ = „ich bin/existiere wirklich nicht“) konnte sich in der slowenischen Literatur nach Meinung der Verfasserin wegen des fehlenden gesellschaftlichen Einflusses nicht entwickeln, denn ein Volk bzw. Bevölkerungsschichten, die durch seine gesamte Entwicklungsgeschichte hindurch keine Vormachtstellung besitzen und von daher ihren kulturellen Höhepunkt noch nicht erreicht haben, können auch nicht in größerem Ausmaß aus purer Langeweile die gesamte Tradition außer Acht lassen und sich der Dekadenz ergeben.

Der soziale Realismus der Zwischenkriegszeit hinterlässt:

- die Beschäftigung mit politischen Umbrüchen, die im Naheverhältnis zu verbotenen und/oder autoritären Ideologien stehen;
- die Spannung der politischen Agitation zweier verfeindeter politischer Lager sowie den Alltag als kollektives Erlebnis;
- das Erleben der Natur als Herausforderung des Individuums und traditionelle Antworten auf neu auftauchende Fragen;
- die Frage nach der Sinnhaftigkeit von Krieg und „das Dorf“ als Synonym für gemeinsames Arbeiten und Kämpfen, Erleben und Erliegen;
- die Erfahrung, dass alle gesellschaftlichen Schichten ihren Beitrag dazu leisten und die Prägung, dass niemand durch Herkunft, Ausbildung, Begabung oder außergewöhnliche Verdienste als Held hervortritt;
- viele Namen und Charaktere, die alle an der gemeinsamen „Dorf-Identität“ beteiligt sind und den Begriff „Dorf“ als „Institution“, gegen die der Einzelne keine Chance hat;
- die damit einhergehende Entscheidung derart Vereinsamter zum Rückzug, zur vorgetäuschten Rettung durch den Wahnsinn, zum Selbstmord, zur Flucht.

Bereits in den ersten slowenischen Romanen waren alle Romantypen voll ausgeformt, u. zw. sowohl im Hinblick auf das geschilderte Milieu als Bauern-, Bildungs-, Erziehungs- bzw. Künstlerroman; Familien-, Dorf-, Heimat- bzw. Gesellschaftsroman; historischer, politischer, psychologischer bzw. sozialer Roman; als auch bezüglich der Aussageweise, nämlich als idealistischer, realistischer, religiöser und didaktischer Roman; unterhaltender, philosophischer, satirischer und gesellschaftskritischer Roman; sowie nach dem Hauptthema etwa als Liebes- oder Kriminalroman, wobei die Verfasserin wegen der Uneinheitlichkeit der slowenischen Literaturwissenschafter auch eine eigene Kategorisierung der Lipuš-Romane vornimmt.

3.1 Die Raum-/Zeit-/Personen-Struktur

Nachdem die wesentlichen Merkmale des slowenischen Romans bis zum 2. Weltkrieg im Hinblick auf Lipušs Romane zusammengefasst wurden, beginnt jetzt die Aufschlüsselung der Struktur in den Lipuš-Romanen. Hierbei werden **folgende Komponenten** erfasst:

- die Erläuterung des slowenischen und deutschen Titels;
- der Romaninhalt in kleinen Einheiten, um ein Analysieren des Verhältnisses der Haupthelden zu beschriebenen Institutionen sowie des Verhaltens von aus der Masse ausscherenden Persönlichkeiten zu ermöglichen;
- die Aufzählung der für die Romanhandlung wesentlichen öffentlichen und privaten Räume sowie die Erörterung der Funktion dieser Räume;
- die Erzählzeit und die erzählte Zeit sowie mangels genauer Angaben die auf Grund von inhaltlichen Hinweisen rekonstruierte Zeitspanne des Geschehens;
- die Erfassung von handelnden Personen oder Charakteren bzw. Personengruppen oder Institutionen;
- die abstrahierte Besprechung des Raum-, Zeit- und Personen-Konzeptes;
- das Herausfiltern von fünf Haupt-Handlungssträngen;
- die Schilderung des Milieus und eine mögliche Interpretation;
- eine abschließende Zusammenfassung als Bindeglied zwischen den einzelnen Lipuš-Romanen sowie das Nachvollziehen der Entwicklung des Reflektierenden.

Lipušs Romane werden also im Einzelnen inhaltlich und strukturell relativ umfangreich diskutiert, worauf die Entstehung der einzelnen Lipuš-Romane aus veröffentlichten Skizzen bzw. Kurzprosateilen besprochen wird.

3.1.1 „Zmote dijaka Tjaža“/„Der Zögling Tjaž“

Der slowenische **Originaltitel** weist auf einen Schüler oder Gymnasiasten (= dijak) namens Tjaž (= Matthias) hin, der Irrtümer (= zmote) begeht. Der Titel der deutschen Übersetzung lässt den Hinweis auf das Fehlverhalten weg, spezifiziert aber den Schüler als Zögling, sodass damit schon eine typische Internatsatmosphäre verbunden wird. – Erstveröffentlichung in Slowenisch 1972, in Deutsch 1981. Die Grundlage für die folgende wissenschaftliche Besprechung bildet jedoch die Neuausgabe Wieser 1997.

Inhalt: Nach den Sommerferien fährt **Tjaž** mit dem Zug ins Internat, wo ihm Vorschriften und Anleitungen das Leben erschweren, sodass er immer öfter zur Schreibmaschine flüchtet und Texte verfasst. – Tjaž ist für sein Alter zu klein, im Internat aber doch lange Zeit ein unauffälliger Bub. Er ist vorbildlich folgsam, außerordentlich misstrauisch und erlernt den Gehorsam trotz zahlreicher harter Bestrafungen nie. Im Heim begegnet ihm tagein tagaus dasselbe. Auch bei ihm zu Hause hat sich in den letzten 50 Jahren nichts verändert. – Tjaž beginnt sexuell zu erwachen. Er lässt sich mit den anderen Buben im Heim auf homosexuelle Praktiken ein, nähert sich einem ebenfalls aus einem Heim ausgeschlossenen Mädchen namens Nini in ihrer Dachkammer, flieht aber letztlich vor dem sexuellen Höhepunkt. Von da ab empfindet er alles Sexuelle bloß als **Ekel**. – Tjaž zieht während einer Kommunion dem Vordermann die Schuhe aus und zerlegt sie. Die Küchengehilfinnen erlebt er als zu Boden gestürzte schwarze Raben, die seinen Befehlen in der Rabensprache gehorchen. – Tjaž beginnt bereits als kleiner Bub mit dem **Kratzen**, zuerst konkret, indem er seinem Vater die Fingernägel in die Oberschenkel rammt, wenn er geschlagen wird, dann abstrakt, indem er vom idealisierten Erscheinungsbild seiner Geliebten und vom idyllischen Image der r.-k Kirche Schicht für Schicht entfernt. Das Kratzen bereitet ihm Lust und lässt ihn als schwächlichen Aufrührer in ungeahnte Höhen aufsteigen. – Er klettert zu den Heiligen am Hochaltar empor, erlebt sich selbst als Heiliger, zerkratzt auch das „Slowenisch-Deutsche-Wörterbuch“ des Hieronymus Megiser. Eines Tages zieht er den zelebrierenden Priester bis auf das Unterhemd aus. Tjaž steigert sein Kratz-Pensum. Er zerlegt die neue schwedische Druckereimaschine und zersägt die Heiligen am Hochaltar. – Nach den Ferien begleitet ihn sein Vater ins Seminar in die Stadt. Wegen Schnarchens während einer Morgenmesse wird Tjaž aus dem Internat verwiesen. – Nun ist Tjaž frei und bereit zum **Fliegen**. Er irrt durch die Stadt, orientiert sich nicht nach der Natur. Die Zeit ist bedeutungslos. Tjaž trifft einen Buben mit Pfeil und Bogen und weiß, was er bisher versäumt hat. – Zwei Stunden vor Mitternacht geht Tjaž in ein Hochhauscafé, entglast in der Ferne Ninis Fenster, löscht das Licht in ihrem Zimmer und sieht das Internat hell erleuchtet. Er denkt sich ein Spiel mit den Kaffeehausstühlen aus, um darauf zu übernachten, beobachtet eine Spinne, die die Decke hinter sich her in den Raum zieht und überdenkt seine Kratzerqualitäten. Er empfindet Gegendruck vom Heim, der sich in der Magengegend als kleines teigiges Kügelchen festsetzt. – Sein Vater ist kein Mann der Worte. Er hat Tjaž über Gebühr gezüchtigt, weshalb sich der Sohn verirrt. Am Abgrund stehend, rächt er sich schließlich durch seinen **Selbstmord** dafür. Tjaž stürzt sich von der Terrasse des Hochhauscafés in die Tiefe. – Ein Reporter wartet unten auf ihn. Er will ihn über die erste Nacht in der Freiheit befragen. Aus dem Journalisten wird ein Dichter, ein Nachrichtenchef, der den Lebenslauf des Tjaž immer wieder neu rekapituliert und sich vorstellt, wie er den Artikel schließlich formulieren möchte. – **Der Schreiber** interpretiert Tjažs Lebenslauf, indem er berichtet, dass dessen Vater gerne in den Krieg gezogen ist und dass sich seine Mutter um einen Platz im KZ bemüht hat, während der kleine Bub beim Haus verblieben ist, um die sterbende Großmutter zu pflegen. – Tjaž wird oben im Café aufgebahrt. Sein Mädchen verabschiedet sich von ihm. **Nini** empfindet sehr wohl Liebe, sie weiß ganz genau, warum sie nicht zueinander passten. Sie sieht seinen schönen Körper. Sie hat seine Not nie richtig begriffen. Durch den Sprung vom Hochhaus wurde er für sie zum Helden. – Irgendein Ereignis in seiner Kindheit muss zu einem Komplex geführt haben, der schließlich in Hass umgeschlagen ist. Tjaž trägt selbst schuld an seinem Ende, beschuldigt aber durch seine Tat alle, die schlecht an ihm gehandelt haben. Nini nimmt jetzt erst seinen entstellten Körper wahr, mit dem erstickten Schrei auf dem halb geöffneten Mund. Sie beginnt zu leben. – Auch **das Internat** ist am Selbstmord des Tjaž nicht schuld. Schließlich herrschen dort christliche Grundsätze, der Zögling konnte aber mit Gottes Gnade nichts anfangen, galt als schwer erziehbar und beharrte hartnäckig im Bösen. Er fand weder Maß noch Mitte und sah sein Heil im Freitod. – Die Internatsleitung rechtfertigt sich, indem sie alle Schuld im Elternhaus sieht, sind doch Tjažs Vater ein Verbrecher und seine Mutter eine Verräterin gewesen. Die Verwaltung betont, dass

Tjažs Tod der Wille Gottes war, damit er nicht noch mehr Unheil anrichten könne. – Die Heimleitung stellt Tjažs Lebenslauf schließlich psychologisch dar, wobei seine körperliche Indisponiertheit infolge des schlechten Einflusses auf die Psyche zu Stande kam. Er sei bereits geistig umnachtet gewesen, bevor dann der Vollmond zur Tat geführt habe. – **Die Schule** richtet ein christliches Begräbnis aus, der Prediger wählt das Gleichnis von den Fischernetzen, wonach die guten Fische zu entnehmen, die schlechten aber ins Meer zurückzuwerfen seien. – Das Begräbnis findet bei strömendem Regen in der Stadt statt, an dem keine Angehörigen teilnehmen. **Ein Mitschüler** kommentiert die gemeinsame Schulzeit ohne Emotionen und Mitgefühl seitens der Lehrer. – Während der Sarg abgesenkt wird, fährt ein Rinderzug mit Leichen vorbei, die in der Rinder-Muttersprache brüllen, sodass die Anwesenden verstummen. – Der Sarg passt nicht in die ausgehobene Grube, Tjaž wird deshalb mit dem Gesicht nach unten bestattet. Der Tote verkrallt sich in das Holz, das letzte Kratzen wird jedoch die Erde besorgen.

Nach der Erläuterung des jeweiligen Romantitels und einer ausführlichen Inhaltswiedergabe, die schon auf das Verhältnis zwischen Institution und Individuum zugeschnitten ist, erfolgt die Rekonstruktion des Raum- bzw. Zeitkonzeptes, u. zw. zuerst hinsichtlich des erforderlichen Hintergrundwissens und dann in einer von der Biografie des Autors möglichst unabhängigen Form, um auch die Figurenkonstellation abstrahieren zu können. Diese Vorgangsweise soll später eine umfassende Kritik nach Wolfgang Kayser und Jurij M. Lotman ermöglichen.

Öffentliche Räume: Florjan Lipuš fuhr nämlich mit der Vellachtalbahn/Fikej von (Bad) Eisenkappel/Železna Kapla nach Völkermarkt-Kühnsdorf/Velikovec-Sinča vas, von dort ebenfalls mit der Bahn nach Klagenfurt/Celovec, dann entweder mit dem Zug auf der Südbahnstrecke bis Maria Saal/Gospa Sveta, oder mit dem Bus bis aufs Zollfeld/Gosposvetsko polje, um von dort mit einem Bus oder zu Fuß ins Gymnasium bzw. **Internat Tanzenberg/Plešivec** zu gelangen. Nach seiner Matura fuhr er dann ins **Klagenfurter Priesterseminar Marianum/Marijanišče**. In Klagenfurt/Celovec gab es damals tatsächlich ein Hochhauscafé mit Terrasse. Dieses Hochhaus wurde später abgerissen. – Im Roman fährt Tjaž nach den Sommerferien alleine ins Internat und später begleitet ihn der Vater zum ersten Mal, u. zw. ins Seminar in der Stadt. – Teilweise autobiografisch. – Nach dem Verlassen des Heimes in der Stadt vergisst Tjaž auf die Beobachtung der Natur. Er achtet weder auf die Himmelsrichtungen und den Wind noch auf den Stand der Sonne. Allerdings entdeckt er dabei das Versäumte, nämlich das Spiel mit Pfeil und Bogen. – **Private Räume:** Gepachtetes Keuschleranwesen als Existenzgrundlage, keine genaue Beschreibung. – **Die Funktion** des öffentlichen Raumes „Internat, Schule und Seminar" besteht in der Negation von menschlichen Werten wie Vertrauen, Nestwärme und Geborgenheit. Auch der private Raum des Elternhauses funktioniert auf diese Weise, wobei nämlich die sture Tradition keine Veränderung zulässt, sodass auch hier totaler Gehorsam eingefordert wird, nur mit dem Unterschied, dass Institutionen aufmüpfige Elemente ganz einfach entfernen, während der Vater den Sohn körperlich züchtigt.

Zeitkonzept: Florjan Lipuš besuchte das Gymnasium Tanzenberg/Plešivec acht Jahre lang und legte dort 1958 die Matura ab. Danach besuchte er bis 1962 das Klagenfurter Priesterseminar, aus dem er kurz vor der Priesterweihe austrat. – Tjaž fuhr nach den Sommerferien ein erstes Mal allein ins Internat, danach noch ein zweites Mal. Dann begleitete ihn sein Vater zum ersten Mal ins Seminar in der Stadt. Die Berichterstattung über Tjažs Hinauswurf aus dem Heim in der Stadt bis zum erfolgten Selbstmord dauert ungefähr einen Tag, wobei die Zeit für Tjaž bedeutungslos ist, obwohl der Erzähler hier genaue Zeitangaben liefert. Schließlich nimmt das Begräbnis ungefähr eine Stunde in Anspruch. – Teilweise autobiografisch. – Es handelt sich also vorwiegend um zeitraffendes Erzählen. Ausnahmen davon bilden z. B. das Zitieren der Hausordnung durch die Internatsleitung, welches durch Kommentare des Erzählers ausgedehnt wird. (Vgl. Lipuš, Tjaž, 1997: 174 ff. u. Zögling, 1997: 287 ff. Siehe Stilbesprechung später.)

Er fühlte, daß er irgendwo und irgendwie würde übernachten müssen, sich eine Lagerstatt beschaffen, vielleicht würde er gleich hinter dem Tisch oder auf den Stühlen übernachten, er müßte die Stühle in zwei Reihen aufstellen, sagen wir in jeder Reihe fünf Stühle, um auf eine Grundfläche aus zehn Stühlen zu kommen, eine solche Fläche genügt reichlich zum Liegen, zehn Stühle könnten genügen, er könnte alle zehn Stühle in einer Reihe aufstellen oder aber einen über den anderen in die Höhe, ..., darüber müßte er sich klarwerden und sich beratschlagen mit der Kellnerin, ...: von zwölf bis eins säße er auf dem ersten Stuhl, von eins bis zwei auf dem zweiten, von zwei bis drei auf dem dritten, und so weiter bis zum letzten, ... Er mußte zu kleineren Zeiteinheiten übergehen, er könnte einem einzelnen Stuhl demnach nur eine halbe Stunde Schlaf zumessen, dem ersten also die Zeit von zwölf bis halb eins, dem zweiten die Zeit von halb eins bis eins, ... Dieses Verfahren nach einer halbstündigen Zeiteinheit, hätte ganz Tjaž' Vorstellungen von einer ersten Nacht in der Freiheit entsprochen, wenn er nicht zudem auf die Stuhlreihenordnung hätte Rücksicht nehmen müssen, ... (Lipuš, Zögling Tjaž, 1997: 204 ff. Übs. Peter Handke u. Helga Mračnikar.)

Mit der Befreiung aus dem Heim beginnt für Tjaž sogar **eine neue Zeitrechnung** analog zum christlichen Kalender, wenn der Erzähler einige Minuten vor Mitternacht den Beginn des zweiten Tages im »Jahre 1 nach Tjaž« (1997: 187.) ankündigt. (Tjaž, 1997: 110 f.: „Šlo je proti polnoči, le še nekaj minut in Tjaž bo sklenil svoj prvi svobodni dan in začel novega, pričel svoj drugi svobodni dan v letu ena po Tjažu, ...“) Immer, wenn der jeweilige Erzähler seiner Phantasie freien Lauf lässt, dann verwendet er „zeitdeckendes“ bzw. zeitdehnendes Erzählen.

Ausgespart bleiben:

- ❖ die Anmeldung fürs Internat und die Namen von Mitschülern oder Mitstudenten;
- ❖ der Stundenplan, die Schulfeiern, die Freizeitgestaltung, die Prüfungsmodalitäten, die Zeugnisverteilung, die Matura;
- ❖ Lob und Anerkennung für Tjaž und seine Mitschüler sowie Tjažs Schreibname, Vor- und Zunamen der Mitschüler;
- ❖ der Lehrkörper, der Jahresbericht und das Zusatzangebot für Schüler aus slowenischen Familien,
- ❖ die Mangelsituation nach dem 2. Weltkrieg, 1955 der Staatsvertragsabschluss, der Landesfeiertag am 10. Oktober und der Staatsfeiertag am 26. Oktober;
- ❖ Ortsnamen, Radio, Zeitungen, Telefon, Telegramm, andere Services;
- ❖ Hinweise auf ähnliche Internate in St. Paul im Lavanttal/Šentpavel v Labotu oder in Lienz;
- ❖ die Erwägung eines anderen Studiums sowie Zeitangaben zum Heimausschluss und zum Selbstmord.

Dieser Roman handelt nach dem 2. Weltkrieg, in der Zeit, da die vier Besatzungsmächte Österreich verlassen, zur Zeit des Wiederaufbaus und des wirtschaftlichen Aufschwungs, vor der Einführung der Hauptschulpflicht, als für Mädchen aus entlegenen Seitentälern in Kärnten/Koroška keine Mittelschulbildung angeboten wurde und für Burschen aus solchen Gebieten die drei oben erwähnten Gymnasien den einzigen Zugang zu höherer Bildung bedeuteten, vor Errichtung der

Jauntalbahn und Schließung der Vellachtalbahn/Fikej u. a. Schmalspurstrecken, zur Zeit, als sich in Amerika die sexuelle Revolution bereits ankündigte, bevor das Fernsehen Einzug in die Haushalte hielt.

Personen: Die Hauptperson ist der Zögling Tjaž, seine Gegenspielerin seine Freundin Nini. Tjaž wird für Nini nach seinem Selbstmord zum Helden, vorher ist er ein Versager. Als weitere Erzähler treten ein Schreiber, das Internat, die Schule und ein Mitschüler auf. – Tjaž geht seinen eigenen Weg und kümmert sich nicht um sein Umfeld. Er steigert sich im Kratzen. Es ist durchaus möglich, dass Lipuš **im Tjaž mehrere Zöglinge vereinigt**, u. zw. einen, der wirklich frech und aufmüpfig war, während Lipuš genau wusste, dass dieser Weg für ihn der einzige Zugang zur Bildung war, dann einen zweiten, der entweder von der Schule oder aus dem Heim flog, wobei dies sowohl Gymnasium oder Schülerheim bzw. Seminar oder Studentenheim sein können, und vielleicht einen dritten, der tatsächlich Selbstmord beging. Das Grundkonzept kennen außer Lipuš sicherlich nur sehr wenige ehemalige Mitschüler. – Es ist durchaus möglich, dass sowohl der Schreiber als auch der Mitschüler autobiografische Züge verkörpern, was Lipušs Absicht bekräftigen würde, ein- und denselben Lebenslauf aus verschiedenen Blickwinkeln zu beleuchten. Dies entspricht einem journalistischen Erzählen, das **bruchstückhafte Wahrheiten** zu Tage fördert. Das bekräftigt auch z. B. jene Stelle im Roman, in der sich der Reporter auf das Interview mit Tjaž vorbereitet, indem er sich eine Frage ausdenkt, die er gleich selbst beantwortet.

> ... welche geschichtliche Periode hat der Tjaž in der Hochhauskaverne verbracht? ..., jedenfalls ist es die »Zeit nach Cankar und Župančič«, Cankar hat zu der Zeit schon sieben Dramen geschrieben, ..., Župančič hat sich schon von seiner ersten Gedichtsammlung ausgeruht, Kette und Murn haben ihr Siechtum in der Ljubljanska Cukrarna, der aufgelassenen Zuckerfabrik, beendet, ... (Lipuš, Zögling Tjaž, 1997: 217 f. Übs. Peter Handke u. Helga Mračnikar.)

Es ist klar, dass Tjaž in der Epoche nach den Dichtern der slowenischen Moderne lebt. Der Journalist vergleicht Tjaž mit Oton Župančič, der mit 21 Jahren den ersten Gedichteband veröffentlichte, mit Dragotin Kette und Josip Murn, die im Alter von 22 bzw. 23 Jahren starben. Er vergleicht ihn auch und v. a. mit Ivan Cankar, wobei er jedoch übertreibt, wenn er darauf hinweist, dass Cankar im entsprechenden Alter schon sieben Dramen verfasst habe. Diese hatte er im Alter von 36 Jahren vollendet. Mit 23 Jahren veröffentlichte Cankar den ersten Gedichteband „Erotika" (Erotische Gedichte) und die Skizzen „Vinjete" (Vignetten). Es besteht also eine gewisse **Personalunion** zwischen dem Helden „Tjaž", dem Schreiber als Erzähler und Florjan Lipuš als Autor. Auf Grund des Hinweises, dass der Zögling Tjaž klein war und in der Entwicklung den anderen nachhinkte, kann man den zitierten Ausschnitt so verstehen, dass sich sowohl Tjaž als auch Lipuš als Schriftsteller fragen, wo sie sich in die slowenische Literatur einreihen und welche Vorbilder sie haben. – Nini wechselt ihre Meinung vom Ideal- zum Realbild und beginnt im Zeitpunkt der Erkenntnisverschiebung zu leben. – Das Internat weist als Institution jede Schuld am Selbstmord von sich und begründet das Versagen des Zöglings aus der Sicht seiner christlichen Vorgangsweise, aus dem Versagen des Elternhauses und aus der psychologischen Veranlagung des Gescheiterten. – Die Schule legt als Institution Wert auf ein christliches Begräbnis. – Das Elternhaus besteht aus dem Vater, der Mutter und der Großmutter des Zöglings. Der Vater tritt zu Hause in Aktion, wenn er den Sohn züchtigt, und er tritt in der Stadt aktiv auf, als er dem Sohn befiehlt, hinter ihm herzugehen. Über die beiden weiblichen Bezugspersonen, die Mutter und die Großmutter, wird passiv berichtet. – Die Ausführungen von Erich Prunč am XXVII. Seminar slovenskega jezika, literature in kulture (Seminar der slowenischen Sprache, Literatur und Kultur, Ljubljana, 24.6. – 13.7.1991) zur Handke-Übersetzung des Tjaž werden hier nur am Rande erwähnt, weil Prunč darin auch von der „Nachfolge Christi" spricht, die Peter Handke jedoch umschreibt. Prunč untermauert die sprachliche, stilistische und ästhetische Orientierung von Lipuš im Sinne der Verfasserin dieser Arbeit. (Siehe v. a. später in der Stilbesprechung.) Auch Prunč betont v. a. die genaue Kenntnis der Literaturgeschichte, der Bibel und der Wörterbücher.

> Wenn ich mich längere Zeit bei dem Wolfshund aufgehalten habe und zuließ, daß sein Strahl gegen das Plakat der Verlautbarungstafel trommelte und seine Schnauze Tjaž' Hoden in Unordnung brachte, so glaubt mir, daß ich dafür Gründe hatte, oder wenn ich bei Tjaž' Wünschen verweilte, auf die Kellnerinnenbrüste ein Glas, einen Aschenbecher oder eine Vase zu stellen, und wenn ich andrerseits Tjaž' letzte Begegnung mit seinen Vorgesetzten vor seinem Abgang aus dem Heim außer acht gelassen habe, dann hat auch dies seine Gründe, ich habe darüber nachgedacht, was diese Gründe hätten sein können, ich denke, es liegt daran, daß die Begebenheiten der ersten Art Tjažbildend [sic!] waren, die der zweiten aber nicht. (Lipuš, Zögling Tjaž, 1997: 203 f. Übs. Peter Handke u. Helga Mračnikar.)

Hier folgt im Original der Doktorarbeit eine zu jedem Roman erstellte Graphik zum **Raum-, Zeit- und Personen-Konzept**, in der Orte des Geschehens, zurückgelegte Wege und handelnde Institutionen abstrahiert dargestellt wurden, um literaturwissenschaftliche Phänomene wie Handlungsmuster und Identifikationsfaktoren leichter erkennen zu können. Hier in diesem Buch werden die Graphiken im Anhang veröffentlicht. Die Protagonisten wurden als aktive, passive oder tote Helden markiert, besonders gekennzeichnet wurden auch Einzelpersonen, Weggemeinschaften sowie die willenlose Masse. Tjaž legt die Strecke von seinem Heimatdorf ins Nachbardorf zu Fuß zurück, u. zw. im Roman zweimal nach den Sommerferien, Lipuš in Realität immer am Ende bzw. in umgekehrter Richtung zu Beginn der Ferien, vermutlich im Sommer, zu Weihnachten und zu Ostern. Die Entfernung zwischen dem Heimatbahnhof in (Bad) Eisenkappel/Železna Kapla und dem Internat absolviert Tjaž vorwiegend mit dem Zug. Zeitlich gilt für diese Wegstrecke dasselbe wie für erstere. Das **Internat Tanzenberg/Plešivec** stellt den ersten wichtigen öffentlichen Raum dar, an dem Tjaž einige Jahre verbrachte. Lipuš absolvierte dort das Gymnasium zwischen 1950 und 1958. In dieser Zeit verliebte sich Tjaž in Nini. Auf der Strecke vom Zielbahnhof zum zweiten Internat, dem **Priesterseminar Marianum /Marijanišče in Klagenfurt/Celovec** wurde Tjaž zum ersten Mal von seinem Vater begleitet. Sie fuhren mit dem Zug bis Klagenfurt/Celovec, wo sie den Weg bis zum Seminar zu Fuß fortsetzten. Auch für diese Strecke gilt zeitlich gesehen dasselbe wie für die beiden schon erwähnten Strecken. Das Priesterseminar meint den zweiten öffentlichen Raum. Hier verbrachte Tjaž die Zeit bis zu seinem Hinauswurf. Lipuš wohnte und studierte dort zwischen 1958 und 1962. Die Grenze zwischen beiden Internaten verschwimmt im Roman auf Grund fehlender Zeitangaben. Tjaž legt am ersten Tag seiner Freiheit die Strecke zwischen dem Seminar und dem Hochhauscafé zurück, der Journalist erwartet ihn am Gehsteig darunter. Tjaž erreicht das Café zwei Stunden vor Mitternacht. Dort verbringt er die Nacht, bevor er sich am nächsten Tag in die Tiefe stürzt. Der Tote wird hinauf ins Lokal getragen und dort aufgebahrt. Irgendwann findet dann auf einem Friedhof, vermutlich in der Stadt Klagenfurt/Celovec, das Begräbnis statt, das ungefähr eine Stunde dauert.- Aktive **Einzelfiguren** sind: Tjaž, Nini, der Journalist und der Mitschüler; passiv verhält sich Tjaž gegenüber seinem Vater, der tote Tjaž schließlich wird zum Inbegriff des Romanhelden. – Als **Haupthand-**

lungsstränge wurden herausgefiltert: 1. Tjaž im Schülerheim; 2. Tjaž und Nini; 3. Tjaž im Seminar; 4. Tjažs Selbstmord; 5. Tjažs Begräbnis. (Siehe Identifikationsfaktoren.) – **Tjažbildende Faktoren** sind Gedanken und Handlungen, die Tjažs Geschlechtsorgan erregen, wie z. B. die Begegnung mit dem Wolfshund und der Anblick der Kellnerinnenbrüste.

Milieu: Vorwiegende Schilderung der Zustände im Schülerheim, Erörterung der proletarischen Verhältnisse zu Hause, städtisches Ambiente durch das Seminar und das Hochhauscafé vertreten, Begräbnis ohne Angehörige. – Eine Einstufung als teilweise autobiografischer **Bildungsroman** erscheint daher gerechtfertigt. Es handelt sich um einen ästhetisch aufbereiteten Text, weshalb man diesen Roman in vieler Hinsicht nicht mit dem Kärntner Bildungsalltag der damaligen Zeit gleichsetzen darf. Er zeigt eine missglückte Sozialisierung, keine Dialogsituation auf der Figurenebene, eindeutige politische Aussagen mir ironischer Färbung, wie z. B. der Gedanke des Mitschülers an den „Schlachtviehtransport" und an die „Rinder-Muttersprache" sowie die Bezeichnung der Mutter als „Verräterin" durch die Internatsleitung, was auf Praktiken des Dritten Reiches hinweist.

> ..., in Karantanien ist im Sprachvolk schon die Sucht nach gegnerischen, dabei ununterscheidbar bleibenden Gruppierungen entstanden, obwohl doch allen die einheitliche Vernichtung drohte, aber das hat nichts getan, man hat die Haarspalterei unaufhörlich fortgesetzt, der Kleingeist breitete sich immer weiter aus, das Gefeilsche um jene Geltung und Macht, die dann die Vernichtung überleben und nach der Ausrottung erst richtig aufblühen würde, die Zeit der Haarspalter also, die mit Phrasen und Traditionsgerede den Volksleib auffasern und ihn mästen, um ihn leichter zu zerfasern, hüte meine Lämmer, irgendwie in diese Zeit gehört Tjaž' Wanderung ins Hochhauscafè, gehört auch mein Gelauere am Fuß des Cafès, daß er zurückkäme und ich ihn aufs Band brächte, ... (Lipuš, Zögling Tjaž, 1997: 218. Übs. Peter Handke u. Helga Mračnikar.)

Interpretation: Lipušs Ansichten zur Volksgruppenpolitik sind auch hier sehr scharf formuliert. Sie hören sich paradox an, denn jemand, der „vernichtet ist", kann nicht „erneut aufblühen". – Der Reporter übertreibt auch hier und verknüpft Tjažs Nachfolge als Schriftsteller mit dessen Sendungsauftrag als zukünftigem Priester, woraus sich das Motto dieser Arbeit ergibt, das das Wesentliche der Berufung zum Jünger Jesu hinterfragt. – Die Aussagen des Journalisten über Tjažs Eltern, der Vater sei ein Mörder und die Mutter eine Verräterin, sind ironisch gemeint und **karikieren die Kärntner Nachkriegssituation**, in der Armut mit Schande gleichzusetzen war, die Entnazifizierung nicht wirklich effizient betrieben wurde, weil es fast keine öffentliche Aufarbeitung der Kriegsgräuel gab. Obige Bemerkungen spiegeln die Tatsache, dass die Institutionen Internat und Schule in diesem Roman dem Elternhaus die volle Verantwortung für das Versagen des Zöglings zuschieben und dass Opfer des Nationalsozialismus in die Rolle von Tätern gedrängt werden. Solche Vorwürfe belasten ihrerseits das familiäre Klima und verletzen das Selbstbewusstsein von Kindern massiv und nachhaltig. Nimmt man Tjaž, den Journalisten und den Mitschüler als ein gemeinsames Subjekt an, dann **überlebt diese Person nur durch das Schreiben** und entwickelt ihre Persönlichkeit durch ästhetisches Formulieren. – Lipuš führt zwischen sich als Autor und dem jeweiligen Erzähler einen „Dramaturgen" ein, der die Gesamthandlung überblickt und z. B. während des Begräbnisses dem Redner genug Zeit lassen muss, dass ihn der heilige Geist ergreife, sodass er im Namen der Institutionen **ihren gemeinsamen Irrtum** berichtigen könne. Der Dramaturg muss den Totengräbern genug Zeit geben, um genügend Erde auf Tjaž zu schaufeln. Er muss auch dem Volk genug Zeit geben, um den Friedhof zu leeren. Der Dramaturg begann die Geschichte über Tjaž, indem er ihn als Kind und Liebhaber sah. Er erinnert sich an den Kratzer Tjaž und schmeckt dabei „Wermut". Der Dramaturg ist sich darüber im Klaren, dass das „keine Spaßgeschichte" ist. Er beendet das Erzählen über Tjaž mit dem Schließen seines Schirmes. (Vgl. Lipuš, Tjaž, 1997: 201 ff. u. Zögling, 1997: 335 ff.) **Der Dramaturg ist demnach der auktoriale Ich-Erzähler**, der aktiv in die Handlung eingreift.

Zusammenfassung: Die im slowenischen Titel angekündigten Irrtümer des Tjaž werden also von den Institutionen Internat und Schule bzw. Seminar begangen. Im Roman thematisiert Lipuš jene christliche Wertevorstellung, die auf die Bedürfnisse eines einzelnen Zöglings nicht eingehen will, wobei die Verantwortlichen keinerlei menschliche Nähe zulassen. Dass das für einen Buben aus ärmlichen Verhältnissen, dem zudem nach dem traumatischen Verlust der Mutter und dem Tod der Großmutter jede Nestwärme fehlt, tödlich enden muss, ist eigentlich von Anfang an klar, wenn man berücksichtigt, dass „sich die Bosheit bereits im Kleinkindalter in das Herz des Tjaž eingenistet hat". Eine fortlaufende Entwicklung des Helden von einem Roman zum anderen ergibt die Annahme, dass Tjaž wegen wesentlicher Erkenntnisse am Ende seiner Ausbildung zum Priester am Höhepunkt seines

Kratzverhaltens sterben muss, um sein Dorf um den Genuss von zwei gleichzeitig stattfindenden Primizen zu prellen.

3.1.2 „Odstranitev moje vasi"/„Die Beseitigung meines Dorfes“

Sowohl der slowenische als auch der deutsche **Titel** lassen an eine Naturkatastrophe denken, die „das Dorf" des Autors beseitigt (odstranitev = Beseitigung). Es handelt sich aber weder um ein Erdbeben noch um eine Überschwemmung, auch nicht um eine Feuersbrunst oder eine Baumaßnahme zur Erschließung des ländlichen Gebietes, die „das Dorf" ausradiert. Im übertragenen Sinne ist darunter wohl jenes Dorf aus Lipušs Biografie zu verstehen, das durch die Ausbildung und eigenwillige Herzensbildung des Tjaž aufgehört hat zu existieren. – Erstveröffentlichung in Slowenisch 1983, in Deutsch 1997. Die Grundlage für die nachfolgende wissenschaftliche Besprechung bildet jedoch die slowenische Neuausgabe aus dem Jahre 1997 und die deutsche Erstausgabe im selben Jahr im Wieser Verlag.

Inhalt: Im Dorf wartet man auf einen Toten, feiert das Brauchtum im Jahreskreis, renoviert die Kirche, **sucht der Pfarrer einen Chronisten**, entwickelt sich die Legende vom Kreuz, erlebt man die Mission, gibt es eine Primiz, geht man zur Fleischweihe und zur Auferstehung. – **Der Kirchenchor** probt und analog zur Probentätigkeit verläuft die Schilderung der Sexualität im Dorf, in dem nicht nur jeder jeden kennt und alles über jeden weiß, sondern auch jeder mit jedem „schläft". – Die Sexualität ist eine Leidenschaft, die alle gleichermaßen erfasst, auch den Dorfpfarrer und die beiden Primizianten, die dasselbe Mädchen lieben. Einer der beiden springt kurz vor der Priesterweihe ab, sodass nur noch **ein Neupriester** mit seiner Heimatgemeinde die erste heilige Messe feiert. – Die Sexualitätsdebatte schließt die Themenkreise Zeugung, Kondom, Abtreibung durch Absaugung in die Frage um den Sinn des Lebens und Sterbens in diesem idyllischen Dorf mit ein. – Am Fluss wird **ein Kreuz** angeschwemmt. Man stellt es dreimal vergeblich am Seitenaltar der hoch gelegenen Pfarrkirche auf. Dann ordnet der Bischof auf Ersuchen des örtlichen Pfarrers an, dass es von zwei Paar Ochsen und den Jungfrauen des Dorfes zum Hauptaltar der Pfarrkirche hinauf gebracht werden soll, wo es **die Jungfrauen** auch erfolgreich aufstellen. – In einer Predigt weist ein Missionar darauf hin, dass Gott bei Selbstmord durch Erhängen wegen der Sündhaftigkeit der Dorfbewohner versagt, dass in diesem Fall nicht einmal der Teufel hilft, sodass ein nicht endenwollendes Pendeln zwischen Diesseits und Jenseits eintritt. – Der Pfarrer verweigert zu Ostern die Segnung der Speisen, weil zwei Böller zu früh krachen. – Ein anderes Mal wartet er mit der Speisensegnung vergeblich auf **eine Bergbäuerin**, die hochschwanger im steilen Gelände verunfallt. Sie wird ins Dorf und in den Markt hinunter getragen, von dort mit einem Wagen in die Stadt gebracht, wo sie im Krankenhaus in der Osternacht **ein totes Kind** zur Welt bringt. Damit hat das Dorf endlich seinen Toten. – Der gleiche Wagen, der die Verunfallte soeben ins Krankenhaus abtransportierte, brachte vor einiger Zeit den Schrein mit der Urne der Eingeäscherten. Damals verstummten alle Dorfbewohner und standen tatenlos herum.

Öffentliche Räume: Der erste bedeutende und jedem frei zugängliche Raum ist **„das Dorf"** mit seiner Pfarrkirche, seiner Dorflinde und dem Wirtshaus, wie es auch von Gustav Januš im Gedicht „Naša vas"/„Unser Dorf" geschildert wird. Der zweite wichtige öffentliche Raum ist **der Marktplatz**, der dem Abtransport von Außenseitern, Gebärenden bzw. Verunfallten dient. Dorthin kehren auch die auswärts Eingeäscherten zurück. – Das im Dorf geschilderte Brauchtum ist eine Mischung von kirchlichen Festen mit heidnischen Ritualen bzw. staatlich bedingten Feiern, wie etwa die Auferstehung, der die Fleischweihe mit dem Böllerschießen vorausgeht, bzw. das Maibaumaufstellen. Das Typische, das jedoch auf ein Südkärntner Dorf hinweist, ist **der am Kirchtag stattfindende Tanz unter der Linde**, der von Joško Šavli in „Slovenska znamenja" (slowenische Symbole) an Hand eines alten Ölbildes von Christian Holzinger, Kirchenmaler aus Dellach im Oberen Drautal, veranschaulicht wird, das auch die ursprüngliche Gailtaler Tracht zeigt, wobei die Musikanten auf den Ästen des symbolträchtigen Baumes sitzen, damit sie von den Tanzenden besser gehört werden und deren Kreistanz nicht stören.

> [Auf ihm [= dem Bild] ist die damals [= 1847] noch unverfälschte Unterhaltung abgebildet, sowie auch die ursprüngliche Mädchen- und Burschentracht an der Gail. Vor allem aber der Reigen, den man damals noch um die Linde tanzte, also ein ritueller Tanz. Die Spielleute aber saßen in den Ästen (der Baum für die Musik). – Das Bild, als unverfälschtes Dokument seiner Zeit, wird im Landesmuseum in Klagenfurt aufbewahrt. (Joško Šavli, Slovenska znamenja, 1994: 28. Übs. L. M. R.)]

Im Roman verfließt dieser Dorfplatz zu einer Stätte gewaltigen Einflusses, wenn der Erzähler den Bischof anlässlich der Firmung und

Pfarrvisitation in die Krone der Dorflinde hinauf klettern lässt, von wo er mit Unterstützung des Pfarrherrn alles überblicken kann, um dann **auf Grund des Studiums der Dächer** auf der Kanzel die richtigen Worte zu finden bzw. im Beichtstuhl schon im Vorhinein über die zahlreichen Sünden der Dörfler unterrichtet zu sein. (Vgl. Lipuš, Odstranitev, 1997: 48 ff. u. Beseitigung, 1997: 74 ff.) Der Chronist vermischt Linden- und Birkenlaub, um das Dorf zu feierlichen Anlässen festlich zu schmücken, wie etwa am Tage „Mariae Crus" („Mariae Schenkel" = dan „Marijinega stegna"), der auf Grund eines Dogmas von Papst Mercedes I. gefeiert wird. (Vgl. Lipuš, Odstranitev, 1997: 53 u. 56 sowie Beseitigung, 1997: 83 u. 87.) Meines Wissens schmückt man die Muttergottesstatue im deutschsprachigen Gebiet Kärntens mit Immergrün oder Buchsbaum, während man in Südkärnten/južna Koroška Blumen bevorzugt und den Weg durch den Ort, an dem die Prozession stattfindet, mit Birkenzweigen auf das Kommen des Heiligen Geistes vorbereitet. **Private Räume** sind **der Pfarrhof**, von wo aus der Pfarrer z. B. ein intimes Telefonat erledigt, und **der Wald**, aus dem eine nicht näher definierte Person Hinweise auf das Sterben empfängt. Dieser naturverbundene Mensch kann auch im Wind die Nähe des Todes spüren. – Ich nehme an, dass der Begriff „Dorf" jene Institution bezeichnet, die für die ländliche Bevölkerung den Rahmen für das alltägliche Leben bietet, den man nur in außergewöhnlichen Situationen verlässt. Lipuš überlappt die geographischen Angaben so, dass man über „das Dorf" allerlei Spekulationen anstellen kann. – **Die Funktion** des öffentlichen Raumes in Form des Dorfplatzes ist das unbedingte Verharren auf der Tradition, d. h. dass man sowohl die Feste im Jahreskreis nach althergebrachter Sitte feiern muss als auch plötzlich eintretende Ereignisse auf Anweisung der kirchlichen Würdenträger zu bewältigen hat, sodass die Manipulation der Gläubigen ein unerhörtes Ausmaß annimmt. Der private Raum im Pfarrhof suggeriert dem Pfarrer während eines intimen Telefonats die Anwesenheit einer Kontrollperson, als würde der Herr Bischof ständig in der Krone der Dorflinde sitzen und auch am Dach dieses Hauses das fehlerhafte Verhalten ablesen können.

Die Zeit wird umschrieben als **ein Kirchenjahr**, in dem man die Feste feiert, wie sie fallen. Dazu muss man die kirchlichen und gesetzlichen Feiertage Kärntens kennen, wobei außer den bereits oben erwähnten Festen noch **die Renovierung der Pfarrkirche** und **eine Primiz** gefeiert werden. Dass es sich um ein Südkärntner slowenisches Dorf handelt, geht auch daraus hervor, dass es keine Hinweise auf Feierlichkeiten gibt, wie sie in Oberkrain/Gorenjska, Slowenisch Kärnten /Koroška oder der slowenischen Untersteiermark/Štajerska (alle in Slowenien) gefeiert werden, wie z. B. der Todestag Prešerens am 8. Feber. Einem Erzähler aus dem deutschsprachigen Gebiet Kärntens wäre es wiederum wohl nicht in den Sinn gekommen, die Dorflinde als Zentrum auszuwählen. Auch dieser Roman ist daher teilweise autobiografischer Natur und in den frühen Sechzigerjahren anzusetzen. Lipuš ist 1962 aus dem Priesterseminar ausgetreten. Weitere Anhaltspunkte wären Insider-Informationen über die Restaurierung einer Kirche in der Pfarre (Bad) Eisenkappel/Železna Kapla. Meiner Meinung nach könnte das die Filialkirche in St. Margarethen/Šmarjeta unter der Olševa sein, von wo aus die Verunfallte in den Markt (Bad) Eisenkappel/Železna Kapla gebracht wird. Oder es handelt sich um einen anderen Ort in einem Seitental des Vellachtales (= „Vellacher Kotschna“ = „Belska Kočna“. Pohl, 2000: 109.) Solche Orte sind Lobnik/Lobnik, Leppen/Lepena und Remschenig/Remšenik, die alle östlich von (Bad) Eisenkappel/Železna Kapla liegen und Lipušs Biografie wesentlich begründen.[3] – Auch hier handelt es sich um zeitraffendes Erzählen, das im Telefonat des Dorfpfarrers zum zeitdehnenden Erzählen wird, sich aber andererseits als Zeitstruktur im Augenblick der Erinnerung an schreckliche Ereignisse auflöst. Im Prinzip wird also das Erzählkonzept aus dem „Tjaž“ erweitert, weil die Erinnerung an die Eingeäscherten breiteren Raum einnimmt, als das Erinnern des Schlachtviehtransportes. Insofern lesen sich Lipušs Romane als Fortsetzungsgeschichten mit abgerundetem Inhalt. – Hier **entfallen alle Arten von Namen**, also sowohl Eigennamen als auch Ortsnamen sowie alle eindeutigen Kalenderdaten.

Der Roman spielt nach dem 2. Weltkrieg,

- als es noch genügend Priesternachwuchs gab und bevor die Beschlüsse des II. Vatikanischen Konzils in Kraft traten;
- als Sänger und Begräbnisleute sich ihrer tröstenden Funktion noch bewusst waren, bevor die Bestattung im ländlichen Gebiet

3 Die zweisprachigen geographischen Bezeichnungen für Täler, Flüsse, Berge u. ä. stammen aus: Heinz Dieter Pohl, Kärnten … deutſche und ſloweniſche Namen/Koroška … slovenska in nemška imena, 2000. – Die zweisprachigen Ortsnamen stammen aus: Franc Kattnig u.a., DVOJEZIČNA KOROŠKA, ..., 2004/05.

als Institution zwangsverordnet wurde und bevor Therapeuten zur Aufarbeitung von Verlusten tätig wurden;

- als Dörfer autonome Institutionen waren, als man noch zu Hause starb, bevor das Sterben in die Stadt ausgelagert wurde;
- als in Österreich die sexuelle Revolution begann, bevor Hausgeburten wiedereingeführt wurden.

Die Romanhandlung deutet eine kommende Nivellierung oder Globalisierung bereits an. – Besonders die ärmeren Schichten waren tatsächlich so auf das Sterben als alltägliche Erscheinung fixiert, dass sie sich meistens nur schwarze Kleidung neu kauften. – Ausgespart wird die positive Hilfestellung im Dorf, außer beim Abtransport der Verunfallten.

Personen: In diesem Roman gibt es keine namentlich genannte Hauptperson. Eine führende Rolle nimmt **der Dorfpfarrer** ein, der das gesamte Geschehen überblickt und kontrolliert. Er tritt aber nicht als Held auf, was z. B. das Telefonat beweist, zumal er eigentlich Befehlsempfänger des Bischofs, also nur örtliches Vollzugsorgan ist. Seine Gegenspielerin ist **die Berglerin**, die während des Unfalls einen brennenden Schmerz im Unterbauch spürt, sodass sie schon weiß, dass dieses Kind tot zur Welt kommen wird, weshalb sie sich auf sich selbst konzentriert, damit sie gesund auf ihren Hof zu ihren anderen Kindern zurückkehren kann. Der auch nicht mit Namen bekannte **Primiziant** spielt eine ebenso aktive Rolle. Ihn könnte man aus der Sicht der katholischen Kirche als Haupthelden bezeichnen, der aber von Lipuš wegen der bereits im „Tjaž" angesprochenen Werteverschiebung als „fleischgewordener Zeremonienprobant" dargestellt wird. Der Widerpart des Primizianten ist **der rechtzeitig abgesprungene Priesterkandidat**, der vermutlich auch die Rolle des Chronisten innehat und zugleich derjenige ist, der wohl auch die Zeichen der Natur effektiv zu deuten weiß. Als Personengruppen mit „dorfkonstituierender" Funktion treten **die Sänger und die Trauernden/Begräbnisleute** („pevci in pogrebci[4]") auf, die einerseits die Begräbnisse durch ihren Gesang verschönern und andererseits den seit jeher genau festgelegten Ablauf von Begräbnissen im Dorf gestalten. Bei den „pogrebci" handelt es sich um eine Gruppe von Freiwilligen, die durch die Tradition in ihre Aufgabenstellung hineinwachsen. – **In diesem Dorf fehlt der rebellische Bauernführer**, der in der slowenischen Geschichte als Funktionär dem Volk zu seinem

---

4 Siehe dazu Fußnote 2.

Recht verhalf und die Obrigkeit das Fürchten lehrte. Der Ruf nach Recht und Gerechtigkeit ist also in diesem Dorf längst verstummt, der in der slowenischen Literatur Tradition hat, angefangen vom ersten gedruckten Plakat über den „Hlapec Jernej“ bei Ivan Cankar bis zu Lipušs „Filip Murn“, dessen Verstummen bei der 60-Jahr-Feier am 5. Juni 2005 im Konzerthaus in Klagenfurt/Celovec in dramatisierter Form zum Besten gegeben wurde. Auch in dieser Feier aus Anlass des Kriegsendes wurde **die dörfliche Idylle** immer wieder durch die Erinnerung an Gräueltaten abrupt unterbrochen. (Vgl. Novice, 10.6.2005: 2.) Diese Rolle des Bauernführers wurde von Florjan Lipuš und Janko Messner in „Ekstremist Matija Gubec“ im Jahre 1973 karikiert. Eine weitere Bearbeitung dieses Themas finden wir in „Goreča vas“ (Das brennende Dorf) unter dem Regisseur Marjan Štikar, der auch die Festveranstaltung am 5. Juni 2005 leitete, in der Werner Fassbinders Bearbeitung von Lope de Vegas Stück um die Auflehnung im Dorf Fuente Ovejuna noch den Schlachtruf „todos a una“ (alle für einen) erschallen lässt, wenn er sich auch zum Massaker am einfachen Volk steigert, weil die herrschende Klasse sowohl in Spanien (vgl. Družina in dom, März/April 2003: 9.) als auch im ehemaligen Oberkrain/Gorenjska z. B. in den Herren von Cilli/Celje die besseren Waffen und Strategien zur Vernichtung des Pöbels bzw. der Untergebenen besaß. Eine Bearbeitung dieses spanischen Klassikers findet sich auch bei Frane Milčinski-Ježek im gleichnamigen Prosatext „Fuenteovejuna“ mit dem Untertitel „Kritika gledališke predstave“ (Kritik einer Theatervorstellung).

In der im Original der Doktorarbeit erstellten Graphik zum **Raum-, Zeit- und Personen-Konzept** stellt der Ausgangsort das in den Flussauen angeschwemmte Kreuz dar, der zweite Ausganspunkt versinnbildlicht den Unfallort der Berglerin. (Graphik siehe Anhang.) Die Strecke von den Flussauen zur Pfarrkirche wird von den Jungfrauen mit dem Ochsenkarren zurückgelegt, die das Kreuz vom Fluss schließlich erfolgreich in die Pfarrkirche des Dorfes befördern und dort am Hauptaltar aufstellen. Vorher wurde das Kreuz bereits dreimal vergebens zum Nebenaltar gebracht. Zielort und Institution ist also **„das Dorf“** mit Pfarrkirche, Wirtshaus und Dorflinde. In diesem Dorf sucht der Pfarrer einen Chronisten, der die Feste im Jahreskreis aufzeichnet, wird die Pfarrkirche renoviert und eine Primiz gefeiert. Dauer der Primiz: ein Tag. Auf dem Weg von ihrem Hof ins Dorf verunglückt eine Berglerin, die von den Dörflern auf einer selbst gezimmerten Tragbahre zuerst in das Dorf hinunter, dann in den **Markt** hinunter getragen wird, von wo sie mit einem Fahrzeug ins Krankenhaus in die Stadt gebracht wird. Das Tragen dauert insgesamt einige Stunden an jenem Karsamstag, u. zw. beginnt es einige Zeit vor der Fleischweihe und dauert bis zur Auferstehung. Im Augenblick des Abtransportes der verunfallten Berglerin erinnert sich der Erzähler daran, dass das soeben abgefahrene Fahrzeug auch vor einigen Jahren die Urne der in einem nicht näher bezeichneten entfernten Ort Eingeäscherten in den Markt brachte. Vorher waren Slowenen[/Außenseiter/Juden/.../Staatsfeinde] an diesen unbekannten Ort gebracht worden. Dazu gibt es keine Zeitangaben. Am Ostermorgen gebiert die Berglerin dann im Krankenhaus der Stadt ein totes Kind.– **Haupthandlungsträger** sind: der Pfarrer, die Berglerin, der Primiziant, der nicht-Primiziant/abgesprungene Priester/Chronist. – Es ergeben sich folgende **Haupthandlungsstränge**: 1. die Aktivitäten des Pfarrers, 2. der Berglerin, 3. der Sänger, 4. der Begräbnisleute, 5. des Primizianten.

Milieu: Dieser Roman spielt in einer bäuerlichen Umgebung, in einer dörflichen Idylle, die erst am Ostermorgen durch die Botschaft über das totgeborene Kind durchbrochen wird und die Masse erschüttert, in einem Idealzustand, in dem alle jederzeit auf den nächsten Toten vorbereitet zu sein scheinen. Die Sänger und die Begräbnisleute leben aber trotz allem in den Tag hinein und wittern überall die Gelegenheit für ihre sexuellen Gelüste. Der Dorfpfarrer versagt sich diesen auch nicht. Zumindest weiß das die Gerüchteküche zu berichten. Obwohl Pfarrer und Bischof die Gläubigen manipulieren, können sie den Volksglauben nicht beseitigen. Wenn der Pfarrer den Gläubigen den Segen verweigert, passiert gar nichts. Wenn ihn jedoch ein Gläubiger versäumt, gibt es im Dorf keine Auferstehung. Das Dorf ist daher die Menge zahllos gefeierter Feste und gemeinsamer Gerüchte, allzu menschlicher Eigenschaften voller erotischer Neigungen, lautlosen Handelns und übereinstimmenden Schweigens, mündlicher Überlieferung und gewaltsamer Erinnerung, demnach **eine zur Idylle neigende Herde von Schafen**, die besonders im Trauern zu einem Etwas verklumpt. Das Dorf ist also eine Masse, die jede Ungerechtigkeit über sich ergehen lässt, ohne dass sich jemand dagegen auflehnt. „Das Dorf" ist nach Meinung der Verfasserin in der Erinnerung des Erzählers der Verlust der Kindheit, somit der Untergang der heilen Welt an der Hand der Mutter, wobei durch ihren gewaltsam erlittenen Tod alles zu Asche zerfällt. Daher ist die Bezeichnung als identitätsverleugnender **Dorfroman** angebracht.

Die Dörfler brachten ihren Mund nicht auf, als die Männer ihre Last ins Dorf brachten. Eine bittere Frucht schnürte ihre Münder zu, doch die Erinnerung löste ihre Zungen: Hatten sie nicht vor Jahren haargenau so entlang den Häusern in stummem Spalier dagestanden, als der Aschentransport im Dorf eingelangt war? Von den Gebäuden her zur Mitte hin hatten sie den Platz eingenommen und nur rund um den Mittelpunkt das Pflaster freigelassen, an die Wände hatten sie sich gepreßt, um im Zentrum der Betrübnis Platz zu machen. Als sie dabei waren, den Platz mit Trauer einzudecken, noch ehe sie ihn zur Gänze eingedeckt und ihr nur Platz gemacht und auch sich selbst in sie gehüllt hatten, langte der Leichenwagen auf der Kahlfläche an. Zwei Mann zogen hinten aus ihm die Trage auf die Lichtung, auf der Trage lag ein Kupferschrein, der Schrein ließ aller Augen übergehen: Vom gleißenden Metall troff Sonnenschein in hunderterlei Kaskaden, ließ die Augen funkeln, straffte die Gesichter und stopfte Klöße in die Kehlen. (Lipuš, Beseitigung meines Dorfes, 1997: 237 f. Übs. Fabjan Hafner.)

Interpretation: Der Erzähler lässt seine slowenische Sprache durch keine Duckmäuser oder Erfüllungsgehilfen beseitigen, jene Sprache, die ihm die Mutter durch ihren Tod erkauft hat. Wer im 2. Weltkrieg auf der Seite der Machthaber stand oder sich von ihrem Dunstkreis die Sinne vernebeln ließ, würde die Ankunft der Urnen mit der Asche der Eingeäscherten entweder verschweigen oder anders darstellen. Lipuš aber gestaltet diese Szene bewusst grotesk, denn meines Wissens wurde die Asche in einem hölzernen Gefäß direkt ins Trauerhaus gebracht, ohne also öffentliches Aufsehen zu erregen, mit der Auflage, sie nicht vom katholischen Priester beisetzen zu lassen. Das sind **politische Aussagen von höchster Brisanz**, zu einer Zeit, da man sich über Gräuel ausschwieg. – Im Roman fehlt überhaupt der Bauernvertreter oder „Dorfweise", der z. B. der Gemeinde gegenüber der Ansprechpartner für die Instandhaltung der Wege war und der als Kirchenkämmerer bei Prozessionen bezüglich der Marschordnung das Sagen hatte, der aber im Sinne Lipušs in erster Linie seine Familie bereichert und ins richtige Licht gerückt hätte.

Zusammenfassung: Da es um eine Beseitigung im übertragenen Sinne geht, ist wohl an „jene Pfarrgemeinde" in Südkärnten/južna Koroška gedacht, aus der der Bub Tjaž im vorigen Roman auszog, um Priester zu werden, wohin er aber schließlich nicht als solcher zurückkehrte, bzw. an „jenes Nachbardorf", das Tjaž beim Weggehen in zwei

Hälften teilte, eine rechte und eine linke, was man auch politisch verstehen kann. – Auch in Lipušs Werk gibt es Fortschritte festzustellen. Daher werden in dieser Arbeit die einzelnen Romane sowohl einzeln als auch miteinander vernetzt dargestellt. Mit „Odstranitev" lässt Lipuš die Folklore hinter sich, überwindet er den Glauben an die funktionierende Idylle. Die Idylle in Leppen/Lepena kann man bei Brigitte Busch in „Ein Dorf macht Schule" (1996) nachlesen. – Der Reporter im Tjaž wird zum Chronisten in der „Beseitigung", der als Aussteiger den Toten im nächsten Roman wittert, sodass er durch die Reise in sein eigenes Ich seine Kindheit abschließen kann.

3.1.3 „Jalov pelin"/„Die Verweigerung der Wehmut"

Der slowenische **Titel** dieses Romans assoziiert nicht eintretende Heilkräfte, denn die wörtliche Übersetzung lautet „Unfruchtbarer Beifuß". Im weitesten Sinne kann man an Heilkräuter aus dem Gebirge denken, wie etwa Wermut, Schafgarbe oder Speik. Überträgt man die technische Bedeutung von „jalov" für „Blind"- in obige Semantik, so kann man von einer den körperlichen oder seelischen Zustand überhaupt nicht heilenden Wirkung sprechen. Berücksichtigt man noch die Bergmannssprache, dann kann man analog zu „jalov tek" für „toter Gang" von einer „toten Reise" sprechen, also entweder von der Fahrt zu einem Toten oder der Reise eines Toten ins Jenseits bzw. von beidem. Jedenfalls beinhaltet der Titel einen **Kontrast zwischen Erwartung und Erfüllung**. Der Titel der deutschen Übersetzung verweist hingegen sehr eindeutig darauf, dass jemand nicht an der allgemeinen Trauer teilnehmen darf, kann, soll oder will. – Erstveröffentlichung in Slowenisch 1985, in Deutsch 1989. Die Grundlage für die wissenschaftliche Besprechung bildet jedoch die Neuausgabe 1997 in Slowenisch und in Deutsch, aus dem Wieser Verlag. – Marija Smolić erklärt in ihrem sprachwissenschaftlichen Beitrag „Zgodba jalovosti: analiza upovedovalnega načina s posebnim ozirom na metaforični postopek" (Wiener slawistischer Almanach, 1988, Band 2, Geschichte der Unfruchtbarkeit: Analyse der Verbalisierungsweise mit besonderer Berücksichtigung des metaphorischen Verfahrens), dass sich die Wörter „pelin" auf die Fiktion und „jalov" auf die Erinnerung des Erzählers beziehen. (Auf das besondere Phänomen der Metapher wird im Kapitel „Schreibstil" jedoch nicht eingegangen, ebenso bleiben dort grammatische Zeiten und Verbalaspekt außer Betracht.)

Inhalt: Ein Mann („Er") reist mit dem Zug aus einer größeren Stadt aufs Land, vorbei an kleineren Städten und in immer tiefere Talkessel eingebetteten Märkten, bis zum ehemaligen Heimatbahnhof. Der Reisende erinnert sich an die Landschaft und stellt fest, dass die Realität ganz anders aussieht, so, als fahre er zum ersten Mal diese Strecke. – Nach langer Zeit fährt er wieder zu einem Begräbnis. Er erinnert sich ganz genau an jenes seiner **Großmutter**. An dem Tag, an dem sie starb, stand sie sehr früh auf, richtete für die Kinder die Wäsche her, räumte das Haus auf, so, als verreise sie für längere Zeit. Sie behandelte alle Enkel gleich, ging als Tagelöhnerin zum Bauern Getreideschneiden und brach neben der letzten Garbe tot zusammen. – **Der Reisende** träumt von seinem Vater, der seinem Sohn in einer Säge in der Stadt die Arbeit wegnimmt, in die Maschine gerät und von ihr vollständig zermalmt wird. – Der Mann fährt mit dem Dampfzug an jener Stelle vorbei, an der früher einmal hoch oben am Hügel die Holzfällerhütte seines Vaters stand. – Währenddessen bereiten **die Dörfler** alles für **das Begräbnis des Alten (des Vaters)** vor. Die Nachbarn kommen, bahren den Greis im Zimmer auf, der Vorbeter kniet heiligmäßig vor der Bahre und das Volk leiert den Rosenkranz, zwischendurch werden die Trauergäste mit Pogača (Reindling/rundes Weißbrot aus Germteig mit Fülle aus Zucker, Zimt und Rosinen) und Tee bewirtet, die Hausleute versorgen das Vieh. – Während der **Totenwache** kommen die Schaben aus allen Fugen und Ritzen, nisten sich in den Körperfalten der Männer ein und rufen heftigen Juckreiz hervor. – Ein neu entstehendes Spinnennetz entwickelt sich zu einer „Totenspinnerei", die alle Anwesenden zu Staub werden lässt. – Ein Jüngling neckt ein Mädchen, viele Männer entdecken das andere Geschlecht und vereinigen sich mit ihm hinter der Bahre oder außerhalb des Hauses, sodass der **„Pogača-Kult"** jeden Hunger zu stillen im Stande ist. – Inzwischen ist der Reisende vom Schaffner geweckt worden. Der Zug fährt über eine Brücke, unter der ein Wildbach in einen Fluss mündet. In Tagträume versunken, erreicht der Mann sein Ziel und steigt aus. Das Dorf ist wie ausgestorben. Er geht ins Wirtshaus und stellt fest, dass er ein Fremder geworden ist. Deshalb geht er nicht ins Trauerhaus, sondern übernachtet im Wirtshaus. – **Im Trauerhaus** läuft die Arbeit weiter, im Stall auch, nur auf dem Feld stockt sie. Der für den Totenschmaus geschlachtete Ochse wird von allen Personen vermisst. Sein trauriger Ochsengefährte pflegt die ihm vom Ochsenjoch zugefügten Wunden und vermisst die Arbeit am Acker. – Das Unglück am Trauerhof häuft sich. Die beste Kuh war vor Kurzem verunglückt, sodass sie trotz aller Rettungsversuche gestochen werden musste. – Am **Begräbnistag** erscheinen die frisch gebadeten Hausleute in Schwarz. Die Trauergäste bekommen noch einen Scheidetrunk, der Begräbniszug formiert sich, der Rappe zieht den Wagen mit dem Sarg. – Unterwegs begegnen sie dem Reisenden **(Sohn)**, der seinen Fußmarsch in die falsche Richtung fortsetzt. Er denkt als Wanderer über den weiteren Werdegang der Seele seines Vaters nach, kommt an die Stelle einer Untiefe im Gebirgsbach, erinnert sich an seine Begegnung mit dem Wassermann, an die Gefahren beim Fuhrwerken, an den Unfall seines Vaters, an die herrliche Schlittenbahn in seiner Kindheit. – Die Bilder vor seinen Augen wechseln. Er sieht seinen Vater beim Säen, die Kinder beim Ernten mit der vom Vater eigens zur Bringung der Garben konstruierten Seilbahn, die über die Klamm zum gegenüberliegenden Steilhang führt, auf dem die Scheune steht. – Er erinnert sich, dass der Vater nur sonntags nach Hause gekommen war, um die Kinder im Nachhinein und im Voraus für alle Schandtaten zu züchtigen und um mit der Mutter zu schlafen, und daran, wie oft er als Bub dem Vater das Essen und das Werkzeug in **die Holzfällerhütte** hinauf getragen hatte. – Während der Begräbniszug vermutlich bei der Kirche angekommen ist, erreicht der Wandernde die Stelle, an der **sein ehemaliges Vaterhaus** gestanden war. Haus und Stall sind ein Schutthaufen, der Hofplatz ist nicht mehr grün, den Erdäpfelacker und den Gemüsegarten gibt es nicht mehr, nur ein Bienenstock ist noch ganz geblieben. – In Gedanken versunken tritt er ins Haus ein und fühlt sich mit den anderen Kindern rund um den Backtrog stehend, in dem **die Mutter** den Brotteig knetet. – Er erlebt noch einmal den glücklichen Teil seiner Kindheit, sieht die Mutter als Tagelöhnerin auf einem Bauernhof, kann sich an den dortigen, immer voll gefüllten Regalen nicht sattsehen, erinnert sich an die Laufspiele vor dem Vaterhaus. – Der Träumende erörtert das Getreidedreschen, das Flachsbrecheln, das „Türkenfiedern“ (= händisches Entfernen der Blätter/„Federn“ von den Maiskolben im Herbst), das Lohnmahlen in der geheimnisumwitterten Mühle. Er riecht, hört und genießt diese Stimmung in vollen Zügen. – Plötzlich geht die Küchentür auf und herein treten Männer, die mit der Mutter sprechen. Sie beruhigt die Kinder, gibt ihnen Anweisungen, **das Feuer im Herd** nicht ausgehen zu lassen, macht ihnen Hoffnung auf ihre baldige Rückkehr, packt ein paar

Sachen zusammen und verlässt das Vaterhaus in Begleitung dieser Männer. – Die Mutter kehrt nie wieder. Eine fremde Frau kommt, versorgt den Haushalt und die Wirtschaft. – Nach einiger Zeit bleibt auch sie weg. Die Kinder vergessen die einzige Kuh zu versorgen und tragen sie eines Tages zu Grabe. – Die Kinder versammeln sich im Hof, die älteren nehmen die jüngeren „bucklrama“ (= auf den Rücken) und gehen fort. – Der in seine Kindheit zurückgekehrte Reisende erfreut sich an den Bienen und beschreibt den gezimmerten Stall detailgetreu. – Er betritt die Schutthalde auf ihrem höchsten Punkt, verweilt dort in Gedanken, schreitet über die Wiesen und Äcker und geht schließlich in Richtung Steilhang weg.

Die öffentlichen Räume setzen sich im dritten Lipuš-Roman mehr als in den beiden vorhergehenden aus fixen örtlichen Gebäuden einerseits und aus sich bewegenden öffentlichen Verkehrsmitteln bzw. aus dem sich fortbewegenden Strom einer bestimmten Gruppe von Menschen andererseits zusammen. Zunächst lernen wir **das Wirtshaus** kennen, das der Erzähler als dem Reisenden entfremdet schildert. Dann nimmt **das Trauerhaus** breiten Raum ein, wobei sich tradierte Handlungen mit Vorkommnissen paaren, die der Phantasie des Erzählenden entspringen. Rund um den Toten absolvieren die Hausleute und die Dorfbewohner das als reichhaltig beschriebene Ritual, einen Kult, der sich im Wesentlichen aus dem Aufbahren des Toten, dem Wachen und Beten an der Bahre und dem Bewirten der Trauergäste zusammensetzt. Hier gibt es eine genaue Aufgabenteilung zwischen Männern und Frauen, die der patriarchalischen Gesellschaftsordnung entspricht. Diese Fixpunkte spiegeln sich und wir treffen auch bei den zurückgelegten Wegstrecken bzw. sich fortbewegenden Transportmitteln oder Menschenmassen paarweise Formationen an. Auch hier eröffnet **die Eisenbahn** das fortschreitende Erzählen, in dem immer wieder mit der Landschaft verbundene Erinnerungen aufflackern. Dieser konkrete Zug erfährt seinen Widerpart im **Begräbniszug**, der uralten Überlieferungen folgt, was keine Bewusstwerdung ermöglicht. Als **private Räume** gelten **sowohl Stall als auch Feld**, wobei im ersten die Arbeit weiterläuft, während sich die Ochsen so ihre Gedanken über das Geschehene machen. Am Feld ruht jedoch jede Arbeit. Weitere private Räume sind **der Platz der ehemaligen Holzknechthütte** des verstorbenen Vaters sowie **der Schutthaufen des zerfallenen Vaterhauses**, u. zw. weil sich der Sohn als Reflektierender dort alleine hinbegibt, abseits vom das ganze Dorf erfassenden Brauchtum am Begräbnistag. – Weggelassen werden Orts-, Eigen- und Kosenamen sowie Datumsangaben. Bei der Stadt dürfte es sich um Klagenfurt/Celovec handeln, der Heimatbahnhof und das Wirtshaus befinden sich vermutlich in (Bad) Eisenkappel /Železna Kapla, beim Trauerhaus handelt es sich wahrscheinlich um das bäuerliche Anwesen von Lipušs Stiefmutter, während das Vaterhaus wohl in Leppen/Lepena anzusiedeln ist. – Auch dieser Roman trägt somit autobiografische Züge. – Im Wirtshaus als öffentlichem Raum stellt der Reisende seine Entfremdung fest, ins Trauerhaus geht er erst gar nicht hin. Er hat sich also von der mit der Brechstange gelebten Tradition im Heimatdorf total entfernt. Daher kann man sagen, dass sich weder im Wirtshaus noch im Trauerhaus jemals etwas verändert, **sodass der öffentliche Raum als Bewahrer der Tradition funktioniert**. Der Stall als privater Raum verkehrt die Werteskala ins Gegenteil, weil doch natürlich der Mensch mehr zählen sollte als das Vieh. In der täglich ums Überleben kämpfenden gesellschaftlichen Unterschicht prägt die Armut die hart Arbeitenden jedoch so, dass sie dem Werkzeug und dem Vieh viel mehr Bedeutung beimessen, sind diese beiden Komponenten doch wesentlich existenzbegründend, während etwa Kinder oder alte Leute nur unnütze Esser darstellen. Nur die privaten Räume Holzfällerhütte und Vaterhaus schaffen durch ihren Verfall Platz für die Aufarbeitung des Erlebten, u. zw. durch die persönliche Erinnerung des Wandernden. **Die Funktion eines Raumes ist also zutiefst von der Orientierung eines Menschen abhängig**, denn das sture Verharren in der Tradition verhindert jede schöpferische Weiterentwicklung.

Zur **Zeitstruktur** gilt im Wesentlichen das zu den ersten beiden Romanen Gesagte, wobei sich hier zeitraffendes und zeitdehnendes Erzählen die Waage halten dürften. Das „zeitdeckende“ Erzählen findet man wieder in der phantasievollen Bearbeitung eines logistischen Problems, u. zw. bei der durch den Vater errichteten Seilbahn für die Getreidebringung. In diesem Roman nimmt aber **die Bewegung** des Reisenden durch die Gegenwart eine zentrale Stellung ein, die durch Erinnerungen in die Vergangenheit zurückkehrt, durch Bewusstseinsströme Vergangenes in die Gegenwart hereinholt und die Zeit auflöst.

Dieser Roman spielt nach dem 2. Weltkrieg,

- nach der Umstrukturierung in der Forstwirtschaft und nach erfolgter Abwanderung der Holzknechte als Sägearbeiter in die Stadt;

- nach Verlassen der Gebirgsdörfer und nach der Aufgabe der Landwirtschaft in denselben, als noch Ochsen die Fuhrwerke zogen sowie vor der Verwendung von Maschinen in der Landwirtschaft;
- zur Zeit, als man die Toten noch zu Hause im Bauernhaus aufbahrte und vor der Abschiebung Sterbender in die Geriatrische Abteilung einer Krankenanstalt in der Stadt;
- vor der zwingend vorgeschriebenen Benützung der Leichenhalle, z. B. jener in (Bad) Eisenkappel/Železna Kapla für alle in Seitentälern der Vellach/Bela Verstorbenen;
- vor dem Sezieren plötzlich Verschiedener im Bezirkskrankenhaus und vor der Einstellung der Vellachtalbahn/Fikej;
- möglicherweise am Anfang der Siebzigerjahre des vergangenen Jahrhunderts.

Während Lipuš im „Tjaž“ seine Mittelschul- und Seminarzeit mit etwa zehnjährigem zeitlichem Abstand Revue passieren lässt, veröffentlicht er in „Odstranitev“ sein Abschlussjahr im Priesterseminar mit über zwanzigjährigem Intervall, in „Jalov pelin“ schließlich gibt er vordergründig die Zeitspanne von zwei Tagen als bereits erwachsener Mann mit über zehnjährigem Abstand zu Papier, indem er jedoch vor zirka vierzig Jahren stattfindende Ereignisse als Erinnerungen aufarbeitet. – Jedenfalls trägt auch dieser Roman autobiografische Züge. Ob es sich beim Tod des Vaters um eine Fiktion handelt, bleibt dahingestellt.

Personen: Erinnert sich **der Reisende** während der Fahrt im Zug an die Großmutter und an den Alten, so rekapituliert er während des Aufstieges zur Holzfällerhütte seine Beziehung zum Vater und zu positiven Kindheitserlebnissen, während er am Platz des Vaterhauses das traumatische Erlebnis des Abschiedes von der Mutter neuerlich erlebt, womit sich der seine Kindheit nochmals durchwandernde erwachsene Mann von dieser auch aktiv verabschiedet. **Der Sohn** distanziert sich mit seiner Entscheidung, nicht ins Trauerhaus hinzugehen bzw. nicht am Begräbnis teilzunehmen, absichtlich von der öffentlich vollzogenen, allgemeinen Meinung. Der Gegenspieler des Reisenden ist **der Tote /Alte/Greis**, der durch sein Sterben das gesamte Dorf in Trab hält. Auffallend ist, dass sich der Abstand zwischen Vater und Sohn mit zunehmender geographischer Nähe vergrößert. In diesem Roman wird nicht der geringste Funke einer gelungenen und natürlich gewachsenen Vater-Sohn-Beziehung geschildert, denn die Erinnerung an fröhliche Kindheitserlebnisse ist an die jeweiligen privaten Räume gebunden. **Das Kollektiv** wird hier durch die Trauernden, also die Hausleute und die Dorfbevölkerung, vertreten, die stur ihren konservativ geprägten Ritualen folgen, wobei den Frauen die dienende Rolle des Kochens und Backens sowie des Bewirtens der Trauergemeinde zukommt. **Der Vorbeter** hat zwar eine besondere Funktion, er hebt sich aber deshalb nicht von der nur auf Sexualität ausgerichteten Masse der Männer ab. So wie die Wachenden ihren Gebetsanteil dem Vorbeter nachleiern, muss man festhalten, dass dieser ohne besondere Tiefe „vorausleiert". – Es ergeben sich folgende Themen: Großmutters Tod, die Erinnerung des Sohnes korrigierende Reiseeindrücke, das Trauerhaus, der Vater, die Mutter. – Durch die **Thematisierung der versunkenen Arbeitswelt** der Keuschler, Tagelöhner, Holzknechte, Fuhrleute und Bauern entsteht über weite Teile des Romans der Eindruck einer ländlichen Idylle, wie sie bereits in „Odstranitev" durch das Feiern der Feste vorgestellt wurde. Allein die Getreideernte war aber körperliche Schwerstarbeit, die gleichermaßen von Männern und Frauen geleistet wurde. Diese **vorgetäuschte Idylle** erwacht beim Besuch von Heimatmuseen, in denen die ausgedienten Geräte ihre verklärte Geschichte erzählen. – Beim geschilderten Tod der Großmutter handelt es sich um eine Metapher, die aus den im zweisprachigen Kärntner Raum aufgeführten slowenischen Christi-Leiden-Spielen stammt, wenn sich die sterbende Großmutter nach erfolgter Getreideernte als „letzte Garbe"[5] zur ewigen Ruhe legt.

In der im Original hier folgenden Graphik zur **Raum-, Zeit- und Personen-Struktur** ist dargestellt, dass der Reisende mit dem Zug aus der Stadt vorbei an kleineren Städten und Märkten zu seinem Heimatbahnhof fährt, in dessen Nähe er im Wirtshaus eine Nacht verbringt.

---

5 „Vi ste Adamovi otročiči, / Vi boste moji snopiči, / Jes vas bom požela, / Iz sveta preč vzela." Dipl.Arb. Dissertantin, Univ. Klagenfurt, Slawistik, 2002, Anhang: Sprechrolle, S. IV, Verse 134-137. > Deutsch: Ihr seid Adams Kinderlein, / ihr werdet meine Gärbelein. / Ich werde euch ernten, / ihr werdet alle sterben. (Wörtlich: ... Ich werde euch ernten i. S. von „Getreide schneiden"/aus der Welt fort nehmen.) – Dazu muss man wissen, dass „die Tödin" um das Wohl ihrer Kinderlein bedacht ist, die sie dereinst alle als Garben einsammeln wird. – Erschien im Juli 2007 im Hermagoras /Mohorjeva-Verlag in Klagenfurt/Celovec als Buch, ISBN 3-7086-0247-9.

(Graphik und Kärnten-Karte im Anhang.) Erster Tag der Erzählung. Am zweiten Tag, dem Begräbnistag, geht der Reisende hinauf zum Platz der ehemaligen Holzfällerhütte seines Vaters. Bei der Begegnung zwischen dem Begräbniszug und dem Wandernden wird der Reisende durch das Wort „Vater“ erstmals als Sohn identifiziert. Das Trauerhaus findet sein Pendant im Stall, wo die Hausleute die Arbeit allein bewältigen. Beim Aufstieg vom Wirtshaus zur Holzfällerhütte des Vaters erinnert sich der Wandernde daran, dass er als Bub an der Seite seines Vaters den Weg vom jetzigen Trauerhaus hinauf zur Hütte oft gegangen ist. Während sich der Begräbniszug zum Friedhof begibt, erreicht der wandernde Sohn nach einem beschwerlichen Abstieg von der ehemaligen Holzfällerunterkunft den Trümmerhaufen seines Vaterhauses, wo er zunächst fassungslos verharrt, dann aber in Gedanken die Küche betritt und sich an die letzten Augenblicke mit der Mutter erinnert. Dann begibt er sich hinaus auf den Hof und verabschiedet sich dort von seiner Kindheit. – Von den Gewohnheiten der Hausleute stechen hervor, dass sie sich am Tag vor dem Begräbnis baden und zum Begräbniszug in Schwarz erscheinen, also nicht, wie in vielen einsprachigen Kärntner Gebieten, die Männer mit Kärntner Anzug und die Frauen im Kärntner Kostüm.

Ausgespart bleiben im Roman:

- die Verwandtschaftsverhältnisse des Reisenden, die Hierarchie der Hausleute und die Ordnung des Begräbniszuges;
- die Frisuren oder das Schminken der Frauen und das Tragen von schwarzem Schleier oder Trauerflor;
- eventuelle Erbschaftskonflikte, die Verteilung von Erinnerungsgegenständen unter den engsten Verwandten;
- die Regelung der Besitznachfolge sowie die Diskussion über ein neues Wirtschaftskonzept des Jungbauern.

Als **Haupthandlungsstränge** wurden herausgeschält: 1. die Rückkehr des Reisenden und die Erinnerung an die Großmutter, 2. die Bewirtung der Trauergäste, 3. die Entscheidung des Sohnes zur eigenwilligen Aufarbeitung seiner Kindheit und Jugend, 4. der Tod des Vaters, 5. der Auftrag der Mutter.

Milieu: Wird das Trauerhaus durch **Rituale** geprägt, so empfindet der im Stall verbliebene Ochse hingegen sogar Wehmut nach dem für das Totenmahl geschlachteten Gespann. Auch der Trauerzug folgt der Tradition, während sich der Sohn zu einer Wanderung in seine Vergangenheit entschließt, um **zum eigenen Ich** vorzudringen und das ihm von der Mutter ans Herz gelegte „Feuer im Herd“ zu verinnerlichen.

Sind es Vögel oder Seelen, eine Schar Vögel oder toter Seelen, die aus den Niederungen bergan flattern in den offenen Reif über dem festgeschmiedeten Reisenden und durch die unwegsamen Fugen und Spalten pfeifen, vorbei an Kaminen und Engpässen? Ist die des Vaters unter ihnen oder wird sie bis zum letzten Abschnitt warten müssen, bis zum Begräbnis, wo sie in Übereinstimmung mit den Regeln ins Modern entlassen wird? Jetzt tobt die Gefangene noch ungestüm im Rumpf, sucht ungeduldig einen Ausweg und findet ihn nicht, die Verankerung der Seele im Körper hält noch – duldet die Seele noch den Leib und der Leib noch die Seele? Doch in Übereinstimmung mit den Regeln wird sie sich losreißen, unverzüglich aus dem Korb herausfahren ins Ihrige und über ewige Wiesen und Weiden hinstarren: Das Begräbnis ist gerade im Beginnen, jetzt wird es für beide Wirklichkeit, ... (Lipuš, Verweigerung der Wehmut, 1997: 122 f. Übs. Fabjan Hafner.)

Ins Dorf müsse sie gehen mit den Wachleuten, die wollten sie auf dem Posten über irgendwas befragen; für das Nachtmahl sollten sie einstweilen Wasser aufsetzen, damit es siede, wenn sie heimkomme, und sogleich werde sie das Nachtmahl bereiten, auch den Brotteig werde sie vielleicht noch aus der Knetwanne [sic! > Backtrog] holen und in den Backofen schieben, sonst würde sie eben anderntags beim Tagelöhnen ein Scherzel aushandeln, damit das kleine Volk nicht hungern müsse. Sie sollten warten und das Siedewasser in der Kasserolle begießen [sic! > und das siedende Wasser im Wasserschiff/Wasserkessel aufgießen], bis sie kommen werde, ..., und das Feuer im Sparherd sollten sie am Leben erhalten, vorsichtig sollten sie zu Werk gehen und die Älteren sollten nach den Jüngeren sehen. Mit den Soldaten gehe sie ins Tal, denn auf dem Posten verlange man nach ihr, und da werde sie die Gelegenheit nützen und versuchen, etwas Besseres zum Beißen aufzutreiben, wenn sie schon im Dorf sei, ...; für jeden einzelnen werde sie eine Freude ausfindig machen und, nein, nicht mit leeren Händen zurückkehren, sie mögen nur abwarten, bis sie komme, ...

Die Kinder setzten in der Dämmerung Siedewasser auf, hielten das Feuer am Leben, in seinem Lichtschein hockten sie bis in die Nacht, entzündeten kein Petroleum, gingen nicht unter die Haut schauen, schlafen, der Älteste unter ihnen paßte auf die Jüngeren auf. (Lipuš, ebd.: 152 ff. Übs. Fabjan Hafner.)

Hier tritt der Sohn im Gegensatz zum Kollektiv im Trauerhaus durchgehend als **Reflektierender** auf, der seine eigene Meinung gegen alle Gepflogenheiten umsetzt und auch beim Leser Bestürzung auslöst. Daher erachtet die Verfasserin die Klassifizierung dieses Romans als beziehungsverachtenden **Entwicklungsroman** für angebracht. Der auktoriale Erzähler schildert als Reisender die Vorgänge im Trauerhaus, obwohl er dort gar nicht anwesend ist. Er beschreibt als Wandernder auch den Begräbniszug, der ihm nur kurz begegnet.

Interpretation: Der Auftrag der Mutter, das Feuer im Herd nicht ausgehen zu lassen, bedeutet für den Erzähler Lipuš, die slowenische Sprache wie Stahl im Feuer zu bearbeiten, um sie mit scharfer Klinge überall dort einzusetzen, wo Rituale das Wesentliche wie Gestrüpp überwuchern und eine klare Sicht verhindern.

Zusammenfassung: Die Wirksamkeit von Heilkräutern wird erst im fünften Roman „Srčne pege"/„Herzflecken" ausführlich besprochen. – Die Wehmut wird eigentlich vom Kollektiv der Trauernden verweigert, weil sich in ihm keine vom Todesfall besonders erschütterten Angehörigen befinden, weder eine Witwe noch Kinder oder Enkel. Diese Verwischung der Charaktere ermöglicht Lipuš, das ritualisierte Trauern anzuprangern. Auf Grund der umgekehrten Werteskala betrauert der allein verbliebene Ochse hingegen den geschlachteten. Das erwähnte, ihm in die Stirn eingewachsene Joch weist auf die jahrhundertelange Unterdrückung der Kärntner Slowenen hin.

3.1.4 „Prošnji dan"/„Die Regenprozession"

Der slowenische **Titel** dieses bis zum Redaktionsschluss der Dissertation noch nicht übersetzten Romans meint ganz eindeutig einen bestimmten Bitttag. Der deutsche Titel weist hingegen auf die „Prozession um Regen" hin, er ist also spezifischer gewählt als der slowenische. – Erstveröffentlichung in Slowenisch 1987, in Deutsch 2007. Die Grundlage für die folgende wissenschaftliche Besprechung bilden die slowenische Neuausgabe aus dem Jahre 1997 und die erwähnte deutsche Erstausgabe 2007, beide im Wieser Verlag. – Da es von diesem Roman also bis zum Redaktionsschluss der Doktorarbeit noch keine deutsche Übersetzung gab, wurde die Inhaltsangabe durch viele Zitate bereichert, auch um die besondere Gestaltung dieses Romans durch den Autor zu verdeutlichen.

Inhalt: Marjeta wurde vor vier Generationen in ihrem Geburtsort als einzige Hexe am Scheiterhaufen verbrannt, weil sie am Bauernhof ihres Verlobten ausgeholfen und sich erst bei Nacht nach Hause begeben hatte.

[Vor vier Generationen plagte diese Berggegend eine ähnliche schwere Dürre, vor der jetzigen die letzte, die mehrere Monate wütete und sowohl die Ernte als auch die Natur vernichtete. Sicher hätte sie noch länger angedauert und der

Bevölkerung noch größeren, nicht wieder gutzumachenden Schaden zugefügt, wenn sie nicht rechtzeitig die Schuldige dieses Unglücks entdeckt und das Ärgste abgewendet hätten. Als man sie fasste und sie drei Wochen später am Scheiterhaufen verbrannte, war das auch, wie abgeschnitten, das Ende der Dürre, waren die Tage der Fäule und der krankhaften Verzweiflung zu Ende, zu Ende, als hätte man aus dem Fleisch die bösartige Beule herausgebohrt: genau am Tag darauf, als der Scheiterhaufen noch nicht Zeit gehabt hatte, sich zur Gänze abzukühlen, begann ein sanfter Nieselregen zu fallen, den das Volk mit Lobeshymnen und Dankprozessionen empfing. (Lipuš, Prošnji dan, 1997: 23. Übs. L. M. R.)]

Auf offenem Felde wurde sie von den Dorfbewohnern verhört und gleich anschließend in die nahegelegene Propstei gebracht, wo sie neuerlich nach einem Hexenmal untersucht, wieder verhört, der **Wasserprobe** unterzogen und gefoltert wurde. – Nach der Qual am **Hexenstuhl** bekannte sie sich schuldig, mit ihrem Verlobten gestritten und die Dürre verursacht zu haben, die die Bevölkerung und die Natur damals plagte.

[Nach dem Geständnis wird sie zwar lebendig auf dem Scheiterhaufen verbrannt, möglicherweise wird sie aber begnadigt und man enthauptet oder erdrosselt sie, um sie dann zu verbrennen, solche Begnadigungen gab es bisher viele, weiterleben wird sie wirklich nicht dürfen, aber damit gewinnt sie die Vergebung aller Verbrechen und den Himmel. Für diese Welt kann sie sich nicht mehr retten und als solche [= Hexe] hat sie das Recht auf ihr Leben vertan, denn für die andere Welt kann sie sich nur retten, solange sie in dieser ist. (Lipuš, ebd.: 42. Übs. L. M. R.)]

Marjeta wurde noch am Scheiterhaufen verbrannt, bevor die staatlichen Stellen die Hexenverfolgung und Inquisition verboten hatten. – Wie Marjeta vor vier Generationen, so verursachte die Dorfbevölkerung in diesem Sommer eine unerträgliche Dürre, weshalb der Pfarrer drei Sonntage hintereinander **eine Bittprozession um Regen** ankündigte.

[..., stellte jeder [Bergler] auf seinem Mini-Berg, den Blick auf den leuchtenden Himmel geheftet, ohne Schwierigkeiten fest, dass die Trockenheit stärker wird und dass sie vom leisesten Regenwetter so weit entfernt sind wie noch nie zuvor. Deshalb entschlossen sie sich ohne Zweifel und Aufschub für den Weg ins Tal, war doch für diesen Fall und für diesen Tag schon seit drei Sonntagen die Bittprozession um Regen verkündet worden. (Lipuš, Prošnji dan, 1997: 16. Übs. L. M. R.)]

Die Bergler (= pogorci = hribovci = die Leute von den Hügeln) folgten dem Aufruf des Pfarrers aus Gewohnheit. – Obwohl sie sich mit den dolinci (= die Leute aus dem Tal) gegenseitig aushalfen, war Marjeta suspekt, weil sie ihre Liebe bei Tag und Nacht verströmt hatte, während es in dieser ländlichen Gegend viel Hunger, aber eigentlich keine Liebe gab. – Eines Morgens versammelten sich die Frauen vor dem Pfarrhof und die Männer unter dem Friedhof zu besagter Bittprozession. – Der Pfarrer trennte dabei die Geschlechter durch seine Position, die Männer gingen voraus, die Frauen hintennach. – **Der Kreuzträger** gab dabei die Richtung an. Er war auch in den Nachbarorten als solcher beliebt, hatte aber in seiner Ehe ein ganz besonderes Kreuz zu ertragen. – Er wurde von einer Hexe verraten, er hinkte und war auch verdächtig, weil er an jenem Morgen ein ungutes Gefühl hatte. – Das teilte er den anderen Männern mit, bei denen aber seine Erzählung kein Gehör fand.

[In diesem tauben Chor von Hörigen gibt es keinen Platz für das Gehör, in diesen Gefangenen gibt es keine Fühler für den Empfang von freisassenhaften Zeichen, abgestumpft und verhext versammeln sie sich zum Bittgang, der nichtsahnend und stumm den Aufstieg in Angriff nimmt. Von so vielen Männern, aber auch von der späteren Viererschaft spürt nur einer in diesen ersten getanen Schritten nach dem Abmarsch das gesamte körperliche Unbehagen, er allein unter den später Betroffenen verspürt den mit den Schattierungen von Todesängsten verbundenen Widerwillen gegen das, was gerade begonnen hat, er verspürt so eine unangenehme Beklommenheit, sodass er sie seinen Prozessionskameraden laut bekennt, die ihr ohne besondere Aufmerksamkeit zuhören, an die sie sich aber nach einigen Stunden erinnern werden und noch dazu sehr lebendig und angeblich alle zur gleichen Zeit und die sie später auch bezeugen werden. (Lipuš, ebd.: 51. Übs. L. M. R.)]

Der Prozessionszug formierte sich, die Männer stellten sich in Zweierreihe auf und begannen zu beten. Dahinter schritt der Pfarrer einher und hinter diesem die Frauen. – An dieser Prozession nahmen keine Kinder teil. – Die Wallfahrer begaben sich vom **Schandplatz zwischen Pfarrhof und Friedhof** hinaus aus dem Dorf, durch den Pfarrwald, vorbei an Marjetas ehemaligem Besitz, über Lichtungen und durch finstere Waldstücke, durch das Dickicht am Rande eines Weidezaunes, über Almen und durch Gräben. Ihr Ziel war **das Kirchlein des heiligen Leonhard** (Lenart). – Schon auf dem Sammelplatz fielen dem Einheimischen geschichtliche Episoden ein. – Die Bergler begingen Verrat, wenn sie dazu aufgefordert wurden und sie erhoben sich, wenn man das verlangte.

[Die Bergler warten, dass der Ruf kommt, und wenn der Ruf kommt, tun sie Buße und erheben sie sich: als ihnen befohlen wurde aufzustehen, standen sie auf, als zu lügen, logen sie, als zu verraten, verrieten sie, und als zu töten, töteten sie. Heute sind sie auf dem Weg, um damit durch den Gang auf die

Berghöhe ihre arme ausgedürstete Erde zu tränken. (Lipuš, Prošnji dan, 1997: 19 f. Übs. L. M. R.)]

Lange Zeit bot am heutigen Sammelplatz der Standler an Festtagen seine Ware zum Verkauf an. – Als man Marjeta exekutierte, drehte sich der Wind und das halbe Dorf brannte ab. – Eine Hexe wurde lebendig im Propstkeller eingemauert, wo sie einmal täglich zu essen bekam. Sie wurde erst am Scheiterhaufen verbrannt, als sie eines natürlichen Todes gestorben war. – Die Hexe Apolonija starb während der Folter, nachdem sie zwei Frauen verraten hatte, die durch das staatliche Verbot von Inquisition und Hexenprozessen gerettet werden konnten. – Die Gefährtin von Marjeta verriet unter den Qualen der Folterung das Rezept der **Hexensalbe**, die zum Fliegen befähigte, ferner die Prozedur während der Satansmesse mit dem zentralen Teil einer scheußlich fäkalen Kommunion, schließlich die sexuellen Vorzüge des Teufels, der sich mit allen versammelten Hexen nacheinander paarte.

[Für den Ritt berauschen sich die Hexen mit einer Salbe aus giftigem Krötenschleim und dem Saft von Farnkrautsporen in ihrem Einzugsgebiet, vor dem Tau am Tage Johannes des Täufers abgezupft, und wenn es am Johannistag keinen Tau gibt, aus dem Blütenstaub des Haselstrauchs, angebrunzt von einem Hund am Tag der Prophetin Sibylle. ... (74.)

Um neun Uhr [abends] zeigt sich dann der Teufel selbst in einer Rauchwolke, ein schwarzer und feindseliger und jähzorniger Behaarter, halb Mensch und halb Geißbock, mit einem grunzenden Husten, auf dem Kopf eine Krone kleiner Zacken, ... (76.)

Der Teufel, [er sei] schwer zufriedenzustellen, [worauf Marjetas Gefährtin fortfährt,] dass er flucht, aufgepflanzt seinen Zorn wiederkäut, zwischendurch das Gekäue aus Verfaultem und Schimmeligem in die Menge ausspuckt, ..., wonach er im schwarzen Ornat die Messe liest, ... (76.)

Dass sie sich also so versammeln, solange bis am Himmel die Morgenröte zu tanzen beginnt und sich der Albtraum der Langeweile auf sie legt, weißes, schwarzes und grünes Brot essen, Brunze zutzeln, der Gatsch bedeckt den Schlatz und das Schlatzen übertönt das Gatschen. Wieder beten ihn alle an und küssen ihn ... Die Kommunion ist eine schwarze Schuhsohle und eine ekelerregende Flüssigkeit in Rinderklauen ... (77.)

Nachdem er die Messe beendet hat und allen einbläut, dass sie unaufhörlich allen Leuten schaden und Unglück verursachen sollen, wo sie nur können, vollzieht er zuerst selbst mit allen die geschlechtliche Vereinigung, ... Sein Phallus ist riesig und ausfüllend, kantig und bedeckt mit Schuppen, der Schub reibend und rauh, ... (Lipuš, ebd.: 77. Übs. L. M. R. > angebrunzt = angepisst, Geißbock = Ziegenbock, Brunze = Pisse, zutzeln = nuckeln, einbläuen = einschärfen,

Gatsch = Matsch, Schlatz = Schlamm, Schlatzen = Schmatzen, Gatschen = Plantschen.)]

Die Beschaffenheit des Wallfahrtsweges erinnert den Erzähler an helle und dunkle, abgerundete und spießige **Epochen der Kirchengeschichte**, wobei er aber trotzdem kein gutes Haar an dieser Institution lässt. – Nachdem der Staat die Hexenverfolgung aufgehoben hatte, wetteiferte das Dritte Reich mit der Kirche um den Vorrang in der Vernichtung von Menschen. – Immer wieder stellten Päpste ihre Unfehlbarkeit in Form von Dogmen unter Beweis, z. B. durch jenes über die Wasserprobe, in dem sich die Meinung des örtlichen Propstes durchsetzte, dass jene Hexe unschuldig sei, die in den Fluten versank. – Während **die Pest** die Bevölkerung auf die Hälfte dezimierte, entfernte die Kirche durch Hexenprozesse u. a. Praktiken noch einmal die Hälfte, u. zw. suchte sie sich die Gesunden heraus.

[Die Pest, das wirksamste Werkzeug des wütenden, äußerst sauer gestimmten Gottes, brachte, nachdem sie die Hälfte der Bevölkerung verbraten hatte, überall die kollektive Buße der Massen, Wallfahrten, Bekehrungsopfer, Misshandlungen, Erdrosselungen und Massaker ins Rollen. Auf diese Art dezimierten die Führer des Volkes selbst, was ihnen die Pest gelassen hatte, sie verdünnten um die Hälfte noch jene Hälfte, die überlebt hatte, sie setzten das Werk der Pest durch Zweiteilung unter den Kräftigen und Gesunden fort. (Lipuš, Prošnji dan, 1997: 14. Übs. L. M. R.)]

Die Pröpste kassierten den Zehent und vereinnahmten das Vermögen der verurteilten Hexen. – Während der Wallfahrt erlitt ein Mann einen epileptischen Anfall. – Jemand sah in einer Vision, wie sich helle und dunkle Linien aus der Geschichte ankündigen. – Von einer Stelle im Wald sieht man zum Leonhardkirchlein hinauf, wo früher ein kleines Gehöft stand und der Jahreskirchtag nach einem bestimmten Schema abgehalten wurde. – Die Bittprozession endete mit einem fürchterlichen Gewitter und einem extremen **Wolkenbruch**, gerade als sich die Wallfahrer für den Einmarsch in die Kirche des heiligen Leonhard neuerlich formierten, sodass die Bittenden ihr Ziel diesmal nicht erreichten. – Niemand hatte die Veränderungen in der Natur wahrgenommen, die dem **Blitzschlag** vorausgegangen waren. – Vier Holzknechte waren dabei unter einer Eiche zu Tode gekommen. – Jetzt erinnert ein Marterl mit einem gemalten Bild und einem sinnigen Spruch an sie, während Marjeta niemals ein Denkmal erhielt, an der Straße aber eines an die Gräueltaten des Dritten Reiches erinnert.

Öffentliche Räume: Die in diesem Roman besprochenen öffentlichen Räume befinden sich vorwiegend in der Pfarre (Bad) Eisenkappel/Železna Kapla. Beim **Sammelplatz** für die Wallfahrer handelt es sich um die Keffer-Ebene vor der heutigen Filialkirche Maria Dorn und oberhalb des dortigen Friedhofes. Die **Filialkirche** St. Leonhard befindet sich 13 Kilometer von (Bad) Eisenkappel/Železna Kapla entfernt, in 1.330 Meter Seehöhe. (Vgl. Diözese Gurk 1917/18: 92.) Der Ort des Blitzschlags wird vom Autor irgendwo im Wald angesiedelt, der vor der der Leonhard-Kirche vorgelagerten Almwiese liegt. Für die in der weiter zurückliegenden Vergangenheit stattfindende Handlung bestimmend ist eine **nahegelegene Propstei**, die man mit Eberndorf/Dobrla vas annehmen kann, weil Lipušs Heimatpfarre zu diesem Dekanat gehört. Jedenfalls wird Marjeta in der fiktiven Handlung in einer Propstei verhört, gefoltert und der Wasserprobe unterzogen. Wo sich der Holunderstrauch befindet, hinter dem Marjeta von den Dorfbewohnern in jener Vollmondnacht als Hexe aufgegriffen wurde, weiß wohl auch nur Lipuš, oder er ist überhaupt frei erfunden. Kein öffentlicher Raum wird so eingehend beschrieben, dass man sich daraus ein exaktes Bild machen könnte. Von entscheidender Bedeutung ist **der Prozessionsweg**, dessen Beschaffenheit als Metapher für einzelne Epochen der Kirchengeschichte dient. So bezeichnen die im Pfarrwald aufgeschlichteten Buchenscheiter die Sünden der Kirchenverantwortlichen, Marjetas Vermögen die Habgier der Pröpste, die Lichtung im Wald das weniger effiziente Morden des Dritten Reiches im Vergleich zu finsteren Waldstücken, die die Inquisition und die Hexenprozesse der r.-k. Kirche spiegeln, die Rinderherde innerhalb des Weidezaunes vielleicht die in Konzentrationslagern inhaftierten Menschen, das Dickicht am Rande des Weidezaunes möglicherweise die bis zur Veröffentlichung des Romans nicht aufgearbeitete Verschuldensfrage in Bezug auf die Rolle Österreichs im 2. Weltkrieg. Die Almen könnten für das Ausgeliefertsein des Kirchenvolkes stehen, die Gräben wegen ihrer Abgeschiedenheit und der dadurch verursachten Eigenbrödelei der Bewohner dieser Einschicht für das ineffiziente Angebot der Kirche, das auf den Einzelnen nicht eingeht. – Über **die privaten Räume, die beiden landwirtschaftlichen Besitzungen**, erfahren wir sehr wenig. Einerseits wurde Marjeta nachgesagt, sich durch die Einheirat am Hof ihres Verlobten sozial entscheidend zu verbessern, andererseits nahm ihr der Propst das gesamte Vermögen ab, also musste der zukünftige Besitz des Verlobten wesentlich größer sein als Marjetas

Hof. Des Weiteren gehörte der Besitz, auf dem Marjetas Verlobter lebte, noch dessen Vater. Beide Anwesen waren nicht weit voneinander entfernt. Der Erzähler gibt den Namen der Katastralgemeinde oder der Ortschaft nicht preis. Möglicherweise lebte Marjeta in St. Margarethen/Šmarjeta, das 10 Kilometer östlich von (Bad) Eisenkappel /Železna Kapla auf einer Seehöhe von 926 Meter liegt. (Vgl. ebd.: 92.). Es fehlen demnach der Name der Siedlung, in der Marjeta und ihr Verlobter lebten und der Name der Propstei. Durch einen anderwärtigen Verweis auf die oben bereits erwähnte Keffer-Ebene als Schandplatz wird die Pfarre (Bad) Eisenkappel/Železna Kapla als Ort der Hexenverbrennung eindeutig definiert.

In diesem Roman überwiegt **zeitdehnendes Erzählen** betreffend die Bittprozession, das Verhör und die Folterung von Marjeta, die Aussagen der verschiedenen Hexen und den Blitzschlag. Zeitraffendes Erzählen kommt nur vor, wenn der Erzähler die in der näheren bzw. entfernteren Vergangenheit stattfindende Handlung einleitet. Zeitauflösendes Erzählen betrifft die mit dem Prozessionsweg bedeutungsmäßig verbundene Erinnerung an die Kirchengeschichte bzw. Vernichtungswelle des Dritten Reiches, wobei nur die Parallelen zum „Römischen Reich“ sofort jahreszahlenmäßig genau oder in groben Umrissen zuordenbar sind. – Die Bittprozession fand irgendwann in einem Sommer statt, denn nur in dieser Jahreszeit vernichtet die Dürre die gesamte Ernte. Es handelt sich also nicht um einen traditionellen Bittgang, wie sie an den drei Werktagen vor Christi Himmelfahrt allerorts stattfinden, sondern um eine kurzfristig anberaumte Entscheidung des örtlichen Pfarrherrn, um der bäuerlichen Bevölkerung in einer Krisensituation die Allmacht Gottes in Erinnerung zu rufen.[6] – Eine eindeutige Jahreszahl der Bittprozession bzw. der Hexenverbrennung konnte nicht eruiert werden. Die Mutmaßungen der Verfasserin ergeben vier Varianten, die im Original nachgelesen werden können. Auch die Angaben aus Schul- und anderen Chroniken, die Ausführungen zu Pestepidemien, die Studien bezüglich der Einstellung der Hexenprozesse sowie die Angaben im Bezug auf die Auflassung eines Friedhofes konnten hier nicht Klarheit schaffen.[7] Florjan Lipuš hat dazu möglicherweise Archivmaterial aus dem ehema-

6 Zu Dotationen, Wallfahrten, Prozessionen, Filialkirchen u. ä. Daten aus der Kirchengeschichte des Dekanates Eberndorf/Dobrla vas siehe Stephan Singer Kulturgeschichte des Jauntales, 1938.

7 Siehe dazu folgende Literatur: Stefan Singer; Diözese Gurk 1917-18; Herbert Stejskal.

ligen Landgericht Kappel/Kapla gesichtet, und es wird angenommen, dass er ein Urbar über die Besitzungen in St. Margarethen/Šmarjeta besitzt.

Obwohl nur ein Drittel des Materials der Landgerichte vorliegt, sind für Kärnten immerhin fast 100 Prozesse bekannt geworden. 53 Personen wurden hingerichtet, 2 starben an den Folgen der Folter im Kerker.

Grundlage für die Verfahren war die ‚Peinliche Halsgerichtsordnung' Karls V. von 1532. Danach war Strafe für Hexerei und Zauberei das Verbrennen bei lebendigem Leib. In Kärnten wurde allerdings meist zuerst enthauptet bzw. erdrosselt und dann verbrannt. Die letzten Hexen und Zauberer wurden 1714 und 1715 hingerichtet. Selbst die maria-theresianische Halsgerichtsordnung hält an der Möglichkeit von Hexen und Zauberern fest, doch sei nur in den seltensten Fällen von einer wirklichen Teufelseinwirkung auszugehen.

Die meisten nachprüfbaren Anklagen trafen die unterste soziale Schicht, Bettler, Landstreicher, körperlich gezeichnete arme Teufel, die sich oft bei den Bauern durch Drohungen mit Hagelmachen oder Viehschäden Geld und Nahrung erpressen wollten. (Herbert Stejskal, Kärnten, 1999: 147.)

Dieser Roman spielt also zur Zeit der Hexenprozesse, knapp vor dem staatlichen Verbot derselben, zur Zeit der Kutschen, in der Zeit, in der Wettermacher das einfache Volk noch in Angst und Schrecken versetzten. Die Prozession findet in einer Zeit statt, in der noch alle Dorfbewohner dem Aufruf des Pfarrers Folge leisteten und als es noch Holzknechte gab, als allerdings bei der Leonhard-Kirche kein Kirchtag mehr gefeiert wurde. – Der zeitliche Abstand des Autors zu den zwei Haupterzählsträngen beträgt, je nach erarbeiteter Variante der Verfasserin, zwischen 100 und 170 Jahre für die Prozession bzw. 200 bis 270 Jahre für die Exekution, wenn man annimmt, dass Florjan Lipuš diesen Roman während des Priesterstudiums konzipierte und kurz danach, etwa 1964, endgültig redigierte.

Personen: Die eindeutige Hauptperson ist **Marjeta**, die auf Grund praktizierter Nächstenliebe in den Verdacht gerät, eine Hexe zu sein. Sie wird als gesund und treu geschildert, durchaus naiv, aber auch selbstbewusst, was dem eigentlichen Hexenbild widerspricht und auf zumindest eine Familie hinweist, die dem Zeitgeist in Bezug auf familiäre Traditionen weit vorauseilt. – **Marjetas Familie** pflegte schon seit Generationen zur Zeit der Ernte die Zusammenarbeit mit der Familie ihres Verlobten, von der wegen der Besitzverhältnisse sowohl der Vater als auch der Verlobte öfter genannt, aber nicht näher beschrieben werden. – Eine logische Hauptfigur ist **der Propst**, der aber nur durch negative

Eigenschaften hervorsticht: durch seine **zum Dogma** werdende theologische Sichtweise und durch seine Habgier. – Die Päpste werden im allgemeinen als Lügner hingestellt, weil sie die von der Kirche verkündeten Wahrheiten immer wieder manipulieren. – **Der Kreuzträger** wird privat als streitsüchtiger Schläger präsentiert, in der kirchlichen Öffentlichkeit aber als sehr universell verwendbarer Anführer von Prozessionen gepriesen. Was ihn von der Masse der Wallfahrer unterscheidet, ist seine **teilweise Hellsichtigkeit als Unheilsprophet,** der sich aber gegenüber dem Kollektiv kein Gehör verschaffen kann. Vorgetäuscht wird ein Erzählen, wie es am Stammtisch zu vorgerückter Stunde üblich ist, wobei Familien- und Ortsnamen absichtlich ausgeklammert werden, weil sie ohnehin jedem Anwesenden bekannt sind oder zu Raufhändeln und Verleumdungsklagen führen könnten. Bevorzugt wird daher ein Erzählen ohne Einleitung und Schluss, **ohne logischen Aufbau**, ohne innere Straffung, ein Erzählen um den heißen Brei, das immer größere Übertreibungen und kühnere Anschuldigungen, sozusagen ein Sammelsurium von Vorurteilen, Gerüchten und Verdächtigungen, hervorbringt und zu breiten Spekulationen sowie ins Unendliche wuchernden Halbwahrheiten ausartet.

In der hier im Original folgenden **Graphik zur Raum-, Zeit- und Personen-Struktur** bildet der Bauernhof von Marjetas Verlobtem den Ausgangspunkt, wo sie zur Erntezeit des öfteren aushilft. (Graphik siehe Anhang.) Der nächste Ort versinnbildlicht den Holunderstrauch, hinter dem Marjeta in einer Vollmondnacht von den Dorfbewohnern als Hexe verhört wird. Noch in derselben Nacht wird sie in die nächste Propstei gebracht. Der herbeigeholte Pfarrer und der Propst legen die Strecke in je einer Kutsche zurück. Hier wird Marjeta im Keller gefangen gehalten, verhört und gefoltert. Die Wasserprobe erfolgt im Brunnen der Propstei. Drei Wochen später wird die Angeklagte in ihrem Geburtsort am Scheiterhaufen verbrannt. Dieser Schandplatz ist nur einem Einheimischen bekannt. Hier versammeln sich die Dorfbewohner vier Generationen später wegen der großen Dürre zur Bittprozession um Regen. Von hier aus begeben sich die Wallfahrer unter Führung des Kreuzträgers zu einer Almwiese, die am Waldrand beginnt und sich bis zur Leonhard-Kirche erstreckt. Während sich die Wallfahrer dort auf Anweisung des dem Erzähler übergeordneten Dramaturgen wieder zu einem geordneten Zug formieren, zerstört ein Gewitter mit wolkenbruchartigen Niederschlägen das Erreichen des vorgenommenen Prozessionszieles. Ein Blitz hat im nahen Wald vier Holzknechte unter einer Eiche erschlagen. Dauer der Wallfahrt: ein Tag. Drei Sonntage vorher wurde sie verkündigt. – **Parallele Handlungen:** drei Wochen vergehen von Marjetas Verhaftung bis zur Hinrichtung, an drei Sonntagen wird die Wallfahrt verkündigt. Sowohl die Hinrichtung als auch die Wallfahrt finden an einem Wochentag statt. Während es am Tag nach Marjetas Verbrennung leise zu regnen beginnt, beendet ein Wolkenbruch die Bitte um Regen vorzeitig. Am Tag der Hinrichtung brennt das halbe Dorf ab, an der Prozession nehmen alle Kinder teil. Der Gegenwartsbezug wird durch groteske Verknüpfungen hergestellt. – Die öffentlichen Räume stehen ausschließlich unter Aufsicht des Klerus, wobei Männer und Frauen am Sammelplatz schon durch den Pfarrer getrennt werden. In der Propstei geschehen ungeheuer menschenvernichtende Taten, der Prozessionsweg ist gepflastert von den Verbrechen und Vergehen der r.-k. Kirche. **Der öffentliche Raum funktioniert hier also als Vernichtungsmaschinerie.** Der private Raum kann daher die Schmerzen Einzelner weder lindern noch ihren Tod verhindern. – Als **Haupthandlungsstränge** wurden herausgefiltert: 1. die selbstlos liebende Marjeta und das Verhalten anderer Hexen, 2. die Geschlechtertrennung durch den Pfarrer am Sammelplatz, 3. die Hellsichtigkeit des Kreuzträgers im Gegensatz zum tauben Kollektiv der Wallfahrer, 4. Verbrechen und Dogmen der Kirche, 5. Wolkenbruch und Blitzschlag.

Milieu: Der Roman spielt im bäuerlichen Umfeld des 17., 18. bzw. 19. Jahrhunderts und stellt Bezüge zu den Schattenseiten der Kirchengeschichte und den Gräueltaten des Dritten Reiches her. Er beklagt die bis zu seinem Erscheinen noch fehlende Aufarbeitung der jüngsten österreichischen Kriegsgeschichte und prangert das Wahrheitsmonopol der r.-k. Kirche an. – Wegen des Fehlens von möglichen Dokumenten, einer genauen Schilderung der sozialen Verhältnisse, einer detaillierten Wiedergabe der kirchlichen Hierarchie, der bäuerlichen Besitzverhältnisse und Familienstruktur, der Zehentleistungen, der Verkehrswege, eines Planes der Propstei, genauer Datumsangaben handelt es sich um keinen historischen Roman. Daher wurde auf Grund der vorhandenen Milieuschilderung die Bezeichnung pathologischer **Familienroman** gewählt, zumal die Beziehungen zwischen Marjeta und ihrer bzw. der Familie ihres Verlobten schon beim Auftauchen des ersten Verdachtes in die Brüche gehen, durch die verbreiteten Gerüchte ins Lächerliche gezogen und durch die Folter als grotesk hingestellt werden. Weder Marjetas

Familie noch die Familie ihres Verlobten unternimmt etwas zu ihrer Befreiung. So gesehen ist wirklich der gesamte Handlungsverlauf pathologisch, weil die Bergler nur nach Anordnung handeln und keinerlei Selbstinitiative entwickeln. – Man könnte ihn auch als **Dorf- oder Bauernroman** bezeichnen, wobei besagtes Dorf jedoch zur Zeit der Hinrichtung nur aus zwei nicht näher geschilderten Familien und am Tag der Prozession aus einem Kreuzträger und einer Masse von manipulierten Gläubigen besteht. Auch die Bezeichnung Roman ist gerechtfertigt, weil es um mehrere miteinander verwobene Handlungsstränge geht, die sich über mehrere Jahrhunderte erstrecken.

Interpretation: Auf Grund der Überblendung von verschiedenen Vergangenheitsstufen mit der Gegenwart wertet die Verfasserin die Aussagen des Erzählers, wonach Marjeta den Kreuzträger belastet, der als Bergler einen eigenartigen Gang aufweist, allerdings auch in Bezug auf die vier später vom Blitz getroffenen Holzknechte am Morgen vor der Prozession überhaupt der einzige Prozessionsteilnehmer mit einem unguten Gefühl ist, als verschleierte Ahnenangaben. Die Verfasserin nimmt demnach an, dass Marjeta in direkter Linie mit Florjan Lipuš verwandt ist und sie behauptet, dass der Kreuzträger einige Züge von Lipušs Vater im „Tjaž“ aufweist. Hiermit ist die als Motto gewählte Nachfolge in Lipušs Aufgabe zu sehen, an der Gesellschaft **permanente Kritik zu üben** und sich damit auch genügend Gehör im tauben Chor der Nachkriegszeit zu verschaffen. – Die Verfasserin vertritt den Standpunkt, dass die Handlung in diesem Roman jedoch von Lipuš frei erfunden wurde, weshalb keine genauen Daten zu Hexenprozessen in Südkärnten/južna Koroška erhoben wurden. Die Schul- und Pfarrchroniken sind nicht öffentlich zugänglich und das Studium der alten Gerichtsakte würde viel zu viel Zeit in Anspruch nehmen und sowohl die Kenntnis des Lateinischen als auch der einschlägigen Gesetze und Vorschriften voraussetzen. – Lipušs **absurde Idee**, die Zahl der durch die kirchliche Inquisition zu Tode Gekommenen mit der Zahl der durch das Dritte Reich Vernichteten zu vergleichen, der Vergleich des Marterls für die Holzknechte mit dem an der Straße stehenden Denkmal für die Opfer des Nationalsozialismus und dem Fehlen einer Gedenktafel für Marjeta, die fehlende Aufarbeitung der im Namen der einzig gültigen christlichen Wahrheit begangenen Verbrechen, bezeugen seinen Willen, durch diese **unbequemen politischen Botschaften** zumindest eine persönliche Nachdenkphase zu bewirken und die öffentliche Wiedergutmachung einzufordern. – Auf Grund der übertriebenen Erzählweise und der abschätzigen Kritik an der Kirche drängt sich der Verdacht auf, dass Lipuš hier den Wiener Arzt Franz Sartori imitiert. (Vgl. Herbert Stejskal, 1999: 192.)[8] – Der Stil des Romans deutet möglicherweise auch auf den noch jugendlichen Lipuš als Verfasser hin. – Im so genannten Heiligen Jahr 2000 erfolgte durch Papst Johannes Paul II. schließlich doch eine Entschuldigung für die Verbrechen der Kirche. – Grauzonen entstehen in diesem Roman z. B. durch die vielfältige Überblendung von Epochen und durch die Vernetzung von zu verschiedenen Zeiten lebenden Personen. Karikiert wird die Kirche, seltsame Blüten treibt der Aberglaube. – Zur Hexensalbe ist zu sagen, dass Charles de Coster im Roman Tyll Ulenspiegel die berauschende Wirkung des Hexenbalsams so schildert, dass „Nele und ihr Liebster von eines Riesen Faust gepackt [wurden], der sie gleich Kinderbällen in die Luft schleuderte, sie wieder auffing, übereinander hinrollte und zwischen seinen Händen knetete, ...“, sodass sie das Gefühl hatten, im Raum umherzufliegen. (Charles de Coster, Tyll Ulenspiegel, [o.J.]: 628. Übs. Friedrich von Oppeln-Bronikowski.)

Zusammenfassung: Der auktoriale Erzähler lässt hier auch die dunkelsten Zeiten der neuzeitlichen Kirchengeschichte hinter sich. Er wird von einem Dramaturgen gelenkt, der **wie ein Falke** in der Luft kreist, um blitzschnell in die Tiefe zu schießen und den Lauf der Dinge durch sein Eingreifen oft genug tödlich zu regulieren. Dieser ästhetische Trick erlaubt dem Autor einerseits die **Personalunion** von Einheimischem, Kreuzträger, Hellseher, Unheilsprophet, Vater und Holzknecht im einzigen Reflektierenden und andererseits die Erwählung der einzigen Hexe des Dorfes in Marjetas Person. – Der Dialog zwischen Dorfbewohnern und Marjeta beim Verhör bedeutet ein Aneinander-vorbei-Reden. – Der slowenische Titel verrät die Folgen, nicht aber den Auslöser.

[... Einen Schmarren halte man von so einem Haus, in dem Verirrungen, Ausschweifungen und Sünde und Unmoral herrschen, sagen sie. Ist es moralischer, erwidert sie, nachts einsame Wanderer zu verfolgen, die von der Arbeit nach Hause zurückkehren, ... (Lipuš, Prošnji dan, 1997: 26. Übs. L. M. R.)]

---

8 Vgl. dazu das 1829 in Wien erschienene Buch „Skizzen einer Fußreise durch Österreich, unternommen im Jahre 1826 von Joseph Kyselak“. Darin enthalten war Sartoris Beitrag: „Neueste Reise durch Österreich und Ungarn“. Dieser führte z. B. zu Richtigstellungen durch den Grafen Enzenberg und durch die „Carinthia“. > Stejskal: „In allen diesen Schilderungen werden neben den biedermeierlich idyllischen Bildern viel Elend und Rückständigkeit sichtbar.“ (Ebd.: 192.)

3.1.5 „Srčne pege"/„Herzflecken"

Der slowenische Titel wurde durch die auch im Deutschen neue Wortschöpfung direkt übersetzt und deutet analog zu den bekannten Sonnenflecken auf Vorkommnisse, die im Herzen irgendwelcher Menschen Spuren hinterlassen, die gewisse Folgen einschließen. – Erstveröffentlichung in Slowenisch 1991, in Deutsch 1999/2000. Die Grundlage für die folgende wissenschaftliche Besprechung bilden die slowenische Neuausgabe aus dem Jahre 1997 und die erwähnte deutsche Erstausgabe aus den Jahren 1999/2000, beide im Wieser Verlag.

Inhalt: Der Einzelgänger **Franc/Franz Buterna** war an einem Sommertag von der Stadt, in der er vor seiner Pensionierung Latein und Griechisch unterrichtet hatte, in sein Heimatdorf aufs Land gezogen, wo er im benachbarten Markt das Museum betreut, das im Sommer jeden Vormittag drei Stunden geöffnet ist. – An einem Samstagmorgen zeigt er einer Gruppe von Besuchern die Exponate und ist irgendwie nervös. – Im oberen Stock erklärt er gerade den Sarkophag, in dem eine Mutter mit ihrem Säugling bestattet liegt, als ihm klar wird, dass in der früheren Gruppe seine Jugendliebe anwesend war. – Franc/Franz Buterna erinnert sich an jenen Sommernachmittag, an dem er als Maturant in eine größere Stadt zum Auslandsstudium gefahren war, nachdem er beim vereinbarten Heuschober vergeblich auf sein Mädchen gewartet hatte. Er hinterließ ihr einen Zettel mit einer Botschaft, ein Etui mit einer Halskette und einem Anhänger. Ihre Eltern hatten jedoch das Treffen verhindert. – Im letzten Studienjahr lernte Buterna die Medizinstudentin **Hanna** kennen, die er später heiratete. Nach vollendetem Studium nahm er sich eine fixe Wohnung, Hanna blieb zu Hause, arbeitete als Krankenschwester, nahm ihr Studium dann aber doch wieder auf. Die Ferien verbrachten sie bei Hannas fortschrittlichen Eltern. – Eines Tages las Buterna einen Liebesroman, in dem die Verlobte die Klospülung nicht betätigt hatte, sodass der Verlobte ihren Haufen sehen konnte, worauf er sofort das Weite suchte. – Ähnlich verfuhr auch Buterna. Nach der vorläufigen Trennung versuchten sie es mit einer neuen Regelung, die jedoch mit der endgültigen **Scheidung** endete. – Nach seiner Pensionierung als Professor war Buterna dann in die Hütte seiner Kindheit zurückgekehrt. – Nach beendeter Führung sucht Buterna sein „Mädchen", seine **Helena**. Buterna kehrt nach erfolgloser Suche zu Mittag in seine Hütte zurück, findet dort jedoch keine Ruhe, sodass er am Nachmittag ganz gegen seine sonstige Gewohnheit noch einmal in den Markt hinunter geht, um seine verlorene Jugendliebe zu finden. – Buterna sucht Helena beim Umzug, im Kirchtagszelt in der Nähe einer lokalen Dichtergröße, am nationalen Tisch des Vagabunden, während der Vorstellung des Magiers, unter dem Trommelwirbel für den Seilakrobaten, am Klo im Wirtshaus. – In der Nähe der Zadruga (= Genossenschaft) kauft er um Mitternacht einen Blumenstrauß für Helena, weil er sie mit einer anderen Frau verwechselt. – Er geht am Friedhof vorbei zum Berggasthof hinauf, beobachtet überall Beischlafszenen, wirft während eines Wolkenbruchs die Blumen in den Bach und kommt in der Früh nach Hause. – Er liegt zwei Stunden im Bett, schläft aber nicht, wäscht sich am Brunnen. – Eine Woche später hilft er dem Nachbarn beim Einbringen des Heus. Dabei erfährt er, dass Helena bei ihren Verwandten zu Besuch ist. – Einige Tage später wird der **Heimatdichter** vom Ast einer Buche erschlagen. Auch Buterna folgt dem Leichenzug zur Kirche auf der Anhöhe des Marktes. Auch er hatte am Kirchtag in den Augen des mit dem Blauganspreis ausgezeichneten „Reimwerkers" die Nähe der **Totenfrau** nicht wahrgenommen. Während der Zeremonie in der prallen Sonne beginnt bereits die Zersetzung des schon zu Lebzeiten vom Krebs Gezeichneten, wovon die Holunderstauden am Friedhof sowie das Gemüse und Getreide unterhalb desselben profitieren. – Buterna hört der Heuchelei der Honoratioren nicht zu und entdeckt ganz plötzlich Helena in der Menge. – Er nähert sich ihr, erinnert sich an ihre erste sexuelle Vereinigung in ihrem Schlafzimmer während einer Frühmesse in der Pfarrkirche, aus der er sich fortgeschlichen hatte. – Sie verlassen das Begräbnis vorzeitig und lieben sich am Ort des einstigen Heuschobers. – In der ersten Nacht nach dem Dichterbegräbnis träumt Buterna, dass er sich im Sturzflug der Leere nähert. Durch die **Lust am Fliegen** verwandelt er seinen Todessturz in einen Vogelflug, sodass sein Altsein zur Jugend zurückkehrt.

Von einem fliegenden Teppich ins Bodenlose hinunter geworfen, stürzt und fliegt er der Erde entgegen, fest entschlossen, zu retten, was noch zu retten ist. Grimmig steuert er mit seinem Körper, mit eisernem Willen breitet er seine schaufelförmigen Glieder aus oder flacht sie ab, vergrößert ihre Oberfläche, fährt sogar die Ohren aus, streift Gewicht ab oder gibt seinem Körper Leichtigkeit, Elastizität, macht ihn flächig, hält den sausenden Leib und den flammenden Verstand im Gleichgewicht, Windstöße und Flauten, Sonnenkraft und Wolkennetz geschickt nutzend. So fliegt er in die Leere hinab, verwandelt seinen Todessturz in einen Vogelflug, mit der einzigen Entschlossenheit, nicht auf dem Felsen zu zerschellen, sondern nach dem Sturzflug weich aufzusetzen und gesund und munter auf den wiegenden Fichtenwipfeln, im Dickicht des Gezweigs zu landen, das, und darüber läßt sich während des Flugs nicht mehr entscheiden, den Aufprall entweder lindern oder gar verhindern wird. Und was schon fast nichts mehr mit dem Traum zu tun hatte, war der unumstößliche Vorsatz, die Lust des Fliegens von Beginn an auszukosten, von dem Moment an, als er den Boden unter den Füßen verlor, bis zur Landung im schwankenden Geäst; er schwor sich, keine einzige Nuance auszulassen. (Lipuš, Herzflecken, 1999/2000: 140 f. Übs. Johann Strutz.)

An den folgenden Nachmittagen treffen sie sich regelmäßig, bis sie an einem Samstag einen **Ausflug auf die Jedrtina** machen, wo er sie mitten in der Kapelle ausgiebig liebt. **Ihre Flecken** stören ihn dabei nicht. Er denkt an seine Geburt.

Sie zogen die Andacht in die Länge, wiederholten sie, versponnen sie bis zur Unerträglichkeit, dehnten diesen zarten, feinen Schleier in die Raum- und Zeitlosigkeit, doch sie hielten den Gewittersturm zurück. ... Die Flecken, die er an ihrem Körper entdeckte, störten ihn nicht und stießen ihn auch nicht ab, Pickel und Ausschlag konnten ihre Schönheit nicht beeinträchtigen, sie zerstreuten ihn sogar. Sowohl die Pusteln auf ihren Schenkeln wie auch die Male auf dem hervortretenden Thorax oder die Ausschlagnarben auf seinem Hals waren Bestandteil des Liebesspiels, eines Spiels voller Unzulänglichkeiten, verrichtet auf pfuscherhafte Weise von einer einfallslosen, pfuscherhaften Schöpfung und auf dilettantische Weise von zwei mit einem oberflächlichen Liebeswerkzeug ausgestattete[n] Menschen. Alle Flecken sind aus Unachtsamkeit entstanden, besann er sich, aus Vernachlässigung des Körperlichen, durch die Verweigerung von Zärtlichkeiten und den Mangel an Zartgefühl in unglücklichen Beziehungen, und alles ist heilbar durch die Beseitigung der Ursachen und Motive, durch die richtige Dosis des richtigen Heilmittels, in diesem Fall durch Helenas Panazee und die Zauberwurz, Buternas Ginseng[9]. ...

Aus der Umarmung setzte er Helena auf die liegende Statue, sie lehnte ihren Körper zurück und stützte sich mit den Händen im Rücken auf. Der Stein kühlte den erhitzten Leib. Buterna, kniete sich hin und legte seinen Kopf zwischen ihre Schenkel, sein Haar an ihrer Öffnung.

Von daher komme ich, fiel ihm ein, und er dachte dabei an seine Mutter, an die Wölbung ihres Bauches, unter der er ins Leben getreten war. Schon ganz am Anfang hatte er sich zwischen ihren Schenkeln befunden, dort hatte es begonnen, und dort geht es nun dem Ende zu. Dort hat mein Licht zu leuchten begonnen, und dort verliere ich nun mein Augenlicht, dachte er. Damals war er

9 „Die Panazee" bedeutet „Allheil-/Wundermittel"; „der Ginseng" (= Wurzel eines ostasiatischen Araliengewächses) steht für „Anregungsmittel, lebensverlängerndes Allheilmittel der Chinesen".

blind und unbewußt, ohne Gehör für das Schmatzen des Wassers im Kindsbett, unempfindlich für die Klebrigkeit des Blutes und das Wunderding des schmierigen Schleims, verklebt und verzerrt war er, zerknittert, abgetragen und niedergetreten. (Lipuš, Herzflecken, 1999/2000: 166 ff. Übs. Johann Strutz.)

Schließlich begleitet er sie zur Omnibushaltestelle. – Buterna denkt über seine Kindheit nach. Er geht auf den Friedhof außerhalb des Marktes, wo sein Bruder als Kind begraben wurde. – Er hatte das Vaterhaus reparieren lassen, bevor er an einem Jännermorgen endgültig aus der Stadt zurückgekehrt war. – Er erinnert sich an den Gendarmen Haart, der ganze Familien in Vernichtungslager und Gefängnisse geschickt hatte. – Als Bub erledigte Buterna Kurierdienste für die Partisanen. – Jetzt will der Pensionist die Identität vieler Personen im Ort überprüfen. – Als lediges Kind fühlte sich Buterna zurückgestellt. Da er von Zarka viel über Heilkräuter gelernt hatte, beschloss er seinen Vater damit zu vergiften, weil dieser behauptete, dass uneheliche Kinder an jener Stelle einen Pilz haben, an der andere ihre schöne Seele haben. Aus dieser **Erniedrigung** wuchs in Buterna der Bosheitspilz heran. – Seine Mutter war nur eine Groschenklauberin, die für die Familie nichts übrig hatte. So lebte seine Familie in der Todsünde und war mit der Hölle verbunden. Deshalb konnten die Schulen Buterna keine Seele mehr einhauchen. – Buterna erinnert sich an Hanna und vergleicht ihre Brüste mit denen von Helena. Er denkt an die Schule, an den heftigen Streit über die Geburtenregelung und ähnliches. – Buterna geht den Weg hinauf zum zusammenfallenden **Anwesen der Großmutter**, die selbst gepflügt hatte, wobei er die Ochsen führte. Die Decke war auf die Esse gefallen und der „škopnik“ (= der Schaub/die Garbe/das Strohbündel) auf den Pflug. – Als Bub trug er gelbe Barchentkniehosen. Im Markt gab es jetzt keine seiner Mitschüler mehr, nur noch halb so viele Gewerbebetriebe, jedoch alle Gasthäuser; die Schule, das Gemeindeamt, die Post und das Hotel sind neu, an der Stelle der Baracke des Hausierers steht ein Selbstbedienungsladen mit Kaffeehaus. – Während einer Seelenmesse für den Grafen hätte es einmal bald einen Toten gegeben, weil ein Mann Gotteslästerung beging, indem er hinten in der Kirche einen Tschick (Zigarettenstummel) rauchte, sodass man ihn hinaus beförderte und draußen noch mit einem Holzscheit auf ihn einschlug. – Helena vergleicht er mit Ruth, deren unehelicher Sohn König Davids Großvater war. – Buterna überdenkt die Zeit, als er das Kochbuch auswendig lernte und wie er den Vater während des Heimaturlaubes allein besuchte, weil die Mutter eine Woche vorher abgeführt worden war. – Ende August holt er Helena vom Bahnhof ab, **sie lieben sich ausgiebig**, in seinem Haus, im Gästebett. – Sie gehen spazieren und verabschieden sich. Sie muss aus beruflichen und familiären Gründen zurück in ihre Stadt. Im Herbst wollen sie sich für eine Woche bei ihr in der Stadt treffen. – Etwa einen Monat nach ihrem Abschied stirbt Helena völlig unerwartet nach einer **Herzoperation**, wonach sich Buterna in der städtischen Aufbahrungshalle von ihr verabschiedet.

Zu berücksichtigende **öffentliche Räume** sind in diesem Roman v. a. das **Heimatmuseum** und der **Marktplatz** im Markt, die im Roman relativ ausführlich beschrieben werden, wobei es paradox ist, in einem Heimatmuseum, das sich wohl in (Bad) Eisenkappel/Železna Kapla befindet, eine Mutter mit einem Kind in einem Sarkophag zur Schau zu stellen, was an die Kultur der alten Ägypter erinnert und als Anachronismus zu betrachten ist. – **Seiltänzer** traten in den fünfziger und sechziger Jahren des 20. Jahrhunderts noch auf Kirchtagen auf. – Auch dieser Roman ist voll Ironie. – Weitere öffentliche Räume sind der **Friedhof** und die **Kapelle**. Am Friedhof sucht Buterna nur seine Helena, die Lobhudelei für den verstorbenen Heimatdichter geht ihm auf die Nerven. Franc/Franz Buterna pflegt seine sexuellen Bedürfnisse, sodass er seine Helena anschließend in der Nähe eines Heuschobers, der mit Erinnerungen an seine Mittelschulzeit verbunden ist, körperlich liebt. Ausgiebig liebt er sie bei einem Ausflug in einer Kapelle, mitten am Kreuz des Erlösers. Dabei erinnert er sich an seine eigene Geburt. Buterna **verbindet die sexuelle Lust mit dem Wunsch zu fliegen**, der sich im Traum während des Liebesaktes verwirklicht, sodass er sich wie ein Vogel in die Lüfte erhebt. Weitere öffentliche Räume sind die Stadt, in der Buterna bis zu seiner Pensionierung Professor war, der gesamte Markt, in dem Buterna nun wieder kulturell tätig ist, sowie schließlich die Aufbahrungshalle in der Stadt, in der Helena lebte und starb. Beide Städte werden nur erwähnt, nicht beschrieben. Vom Markt werden dem Leser einzelne Gebäude oder Verkehrsflächen oberflächlich vorgestellt: der Marktplatz, die Kirche, der Friedhof, das Pfarrhaus, die „Zadruga" (Genossenschaft). – Lipuš nennt auch hier **keine Ortsnamen**. Auf Grund verschiedener Hinweise im Text handelt es sich aber eindeutig um (Bad) Eisenkappel/Železna Kapla. Solche Anhaltspunkte sind Bezüge aus Lipušs Biografie, wie etwa die Erinnerung an die Großmutter und die Erwähnung des Gendarmen, der Kärntner Slowenen verhaftete. – Als

privater Raum gilt Buternas Haus, das vom Erzähler skizziert wird, wobei er die Küche näher vorstellt. Im Gästezimmer liebt Franc/Franz Buterna seine Helena.

Zeitkonzept: Das Erzählen ist **extrem zeitdehnend**, besonders hinsichtlich der sexuellen Vereinigung des Pensionisten mit seiner ehemaligen Jugendliebe, u. zw. ausschließlich aus männlicher Sicht, sodass hier wirklich ein älterer Mann unablässig hinter Versäumtem herläuft. Zeitdehnendes Erzählen verwendet der Autor auch bei Buternas Besuch beim Kräuterweiblein, das ihm aber für sein Leiden keine Heilung mehr anbieten kann, weil sie zu alt und zu schwach ist und weil gegen unersättlichen Liebeshunger auch kein Kraut gewachsen ist. Zeitraffendes Erzählen kommt nur vor, wenn der Erzähler Buternas Erinnerungen an seine Zeit als Maturant bzw. Student und Junglehrer in der Stadt erwähnt oder aber auch wenn er über Helenas Vergangenheit berichtet. „Zeitdeckend" wird etwa die Vorstellung des Seiltänzers geschildert. – Der Roman spielt **um 1980** zur Zeit der sozialistischen Regierung unter Bundeskanzler Bruno Kreisky, als die Abtreibung frei gegeben wurde. Ein weiterer Anhaltspunkt ist Helenas Herzoperation. Die Handlung fällt also in eine Zeit, in der in Österreich oder Jugoslawien Herzoperationen bereits in größerem Umfang durchgeführt wurden. Um 1980 gab es in Österreich in jeder größeren Bezirksstadt mindestens ein Gymnasium, an dem noch Latein unterrichtet wurde, Griechisch-Unterricht gab es damals in Kärnten/Koroška z. B. nur noch in der Landeshauptstadt Klagenfurt/Celovec. Um diese Zeit begann die neusprachliche Welle, etwas später der Boom der technischen Unterrichtsgegenstände, also ein allgemeiner Trend zu den Naturwissenschaften. Um diese Zeit waren Ehescheidungen aus nichtigen Gründen bereits an der Tagesordnung. – Wäre also Lipuš Latein- und Griechischprofessor geworden, so hätte er Mitte der Achtzigerjahre auf ein anderes Lehrfach umsteigen müssen, weil er für eine Pensionierung noch viel zu jung gewesen wäre. – Um 1980 gab es auf dem Land einen Bauboom wegen der größeren Lebensqualität, sodass viele Pensionisten in ihre ländliche Heimatgemeinde zurückkehrten. – Ein weiterer Hinweis auf dieses Dezennium ist die Genossenschaft. Viele von ihnen mussten inzwischen auf Grund des Überangebots in den städtischen Baumärkten zusperren. – Zusammenfassend kann man sagen, dass dieser Roman in die Zeit der Abtreibungsdebatte, der ersten großen Scheidungswelle nach dem 2. Weltkrieg, der ersten erfolgreichen Herzoperationen und der vermehrt auftauchenden Diagnose „Krebs" sowie in die Periode der Streichung des Griechischunterrichts bzw. der Kürzung des Lateinunterrichts an Gymnasien fällt und vor der Schließung von (slowenischen) Genossenschaften im ländlichen Raum spielt.

Personen: Hauptperson ist der pensionierte Latein- und Griechischprofessor **Franc/Franz Buterna**, der in seinen Heimatort zurückkehrt, dort ein kleines Eigenheim bewohnt und halbtags das Gemeindemuseum betreut. Dieser Sonderling pflegt keine Kontakte zu ehemaligen Professorenkollegen oder Schülern, es gibt keine Verwandten, Bekannten und Freunde, die er besuchen könnte oder mit denen er Urlaubsreisen oder Fitnesstouren unternehmen könnte. So bleibt ihm nur die Pflege seiner in die Pensionszeit verlagerten **„midlife-crisis"**. Ob Lipuš einen konkreten Lateinlehrer karikiert, ist nicht bekannt. – Über Buternas **erste Frau Hanna** erfahren wir nicht besonders viel, nur dass sie Krankenschwester war, nach der Verehelichung eine Zeit zu Hause blieb, dann aber wieder arbeitete. Ferner, dass die Ehe nach einigen Jahren aus einem lächerlichen Anlass geschieden wurde. Über Hannas Körper liest man z. B. Vergleiche in Bezug auf die Brüste zwischen der Exfrau und der neuen Geliebten. – **Helena** wird fast ausschließlich **als Sexualobjekt** geschildert. – Zarka, **das Kräuterweiblein**, ist so etwas wie eine fossile Beraterin des Professors. – Auch der **Volksdichter** bleibt unbekannt.

Hier folgt in der Dissertation die **Graphik zur Raum-, Zeit- und Personenstruktur**. (Siehe Anhang im Buch.) Franc/Franz Buterna kehrt an einem Sommertag von der Stadt in sein Heimatdorf zurück, wo er als pensionierter Latein- und Griechischprofessor in der renovierten Hütte seiner Kindheit lebt. Im benachbarten Markt betreut er das Heimatmuseum, in diesem Sommer an jedem Vormittag drei Stunden. Dort spürt er an einem Samstagmorgen während einer Führung im ersten Stock seine frühere Jugendliebe unter den Besuchern. Am selben Tag kehrt er zu Mittag nach Hause zurück. Am Nachmittag geht er noch einmal in den Markt, um Helena an diesem Kirchtag am Marktplatz zu suchen. Er kehrt am nächsten Morgen über den Friedhof in sein Heim zurück. Dort rastet er zwei Stunden. Eine Woche später hilft er dem Nachbarn bei der Heuernte. Er erfährt, dass Helena bei Verwandten zu Besuch ist. Einige Tage später trifft er sie auf dem Friedhof beim Begräbnis des Heimatdichters in der Menge der Begräbnisteilnehmer. Sie verlassen das Begräbnis vorzeitig, um sich bei einer Heuharfe zu lieben. Dort gibt es jeweils am Nachmittag wiederholte Treffen. An einem Samstag machen sie einen Ausflug auf die Jedrtina, wo sie sich in der dortigen Kapelle ausgiebig lieben. Danach begleitet Buterna Helena zur Omnibushaltestelle in der Nähe seines Wohnhauses. Ende August holt Buterna Helena vom Bahnhof ab. Sie lieben sich in seinem Haus im Gästebett ausgiebig. Helena kehrt in ihre Stadt zurück. Einen Monat später stirbt sie dort nach einer Herzoperation. Buterna verabschiedet sich von ihr in der dortigen Aufbahrungshalle. – Insgesamt Schilderung eines Sommers, einzelne Ereignisse werden hervorgehoben wie die Führung, der Kirchtag, das Begräbnis, die Liebesakte, der Abschied. – **Der öffentliche Raum dient der Volksverblödung, der private Raum der körperlichen Liebe.** – Bedeutend sind die Wegstrecken, die Buterna zurücklegt. Wichtigster Ausgangspunkt ist sein Haus. Dorthin kehrt er immer wieder zurück. So erinnert er sich beim Begräbnis an die erste körperliche Liebe mit Helena während einer Frühmesse in ihrem Schlafzimmer nahe der Pfarrkirche. Dann erinnert er sich bei der Heuharfe an den dort verpatzten Abschied nach der Matura. In der darauffolgenden Nacht träumt er vom Fliegen, wobei er vom lustbetonten Objekt seiner sexuellen Begierde zum aktiven Gestalter seines Liebeslebens aufsteigt. Auf dem Ausflug überdenkt er unterwegs Zarkas Erzählungen und Fähigkeiten. Am Weg zur Omnibushaltestelle schließlich reflektiert er Erlebnisse aus Kindheit und Schule. Er betrachtet in Gedanken Leben und Tod seiner Großmutter und denkt über die Entstehung seiner Herzflecken nach. – Buternas körperliche Liebeserlebnisse steigern sich von der Heuharfe über die Kapelle zum Gästezimmer in seinem Haus. – Als **Haupthandlungsstränge** wurden isoliert: 1. Franc/Franz Buterna als Pensionist, 2. Helena als seine Geliebte, 3. die Darbietung des Seiltänzers, 4. das Begräbnis des Heimatdichters, 5. die Ratschläge des Kräuterweibleins Zarka.

Die Untersuchung ergab eine **Personalunion** zwischen Buterna als Lehrer/Professor, Pensionist, Liebhaber und dem Dramaturgen als dem Buben, der Botendienste für die Partisanen erledigt, der zu diesem Zweck das Kochbuch auswendig lernt, sowie zwischen Lipuš als dem Buben, der seinen Vater im Heimaturlaub besucht, nachdem die Mutter eine Woche vorher abgeführt worden ist, bzw. als Erwachsenem, der in Gedanken das Anwesen seiner Großmutter aufsucht, und dem Erzähler als Heimatdichter oder erfolglosem Reimwerker, schließlich zwischen dem Philosophen als Seiltänzer zwischen dem priesterlichen Amt und dem im Garten Eden schwelgenden Adam, sowie dem Maturanten bei der Heuharfe und dem Studenten in der Stadt, der sich vom Liebhaber über den Ehemann zum neuerlichen Single emanzipiert und in der Pension nach Hause zurückkehrt. – Sowohl zeitlich als auch räumlich und personell fiktiv definierte Story, in der sich der Kreis von der Rückkehr Buternas über das Durchwandern der Gegenwart bis zurück zu seinem Verlassen des Heimatdorfes schließt, von der unbedacht abgebrochenen Beziehung des Ehemannes über die abrupt endenden Liebesphantasien des älteren Mannes bis zurück zu der nicht erwiderten Liebeserwartung des Maturanten. – Teilweise autobiografisch, in den Erinnerungen ebenso politisch wie die vorherigen Romane, wobei hier vom Erzähler die Identität einzelner Dorfbewohner, wie etwa jene des Gendarmen Haart, gezielt verändert wird.

Lipuš verfasste diesen Roman demnach vermutlich in den Jahren vor seiner Erstveröffentlichung 1991, also **mit einem Abstand von etwa zehn Jahren** zur fiktiven Handlung. Hier geht es dem Autor v. a. um die Darstellung der in der Kindheit und Jugend versäumten Liebe, die im Herzen Flecken verursacht, die einerseits unheilbar sind und andererseits keinen Platz lassen für das Wahrnehmen der Verwundungen der Partnerin, sodass Franc/Franz Buterna als Hauptfigur nie wirkliches Subjekt werden kann, sondern infolge der **Leere in seinem Herzen** immer nur willenloses Objekt seiner Sehnsüchte und Wünsche bleibt. – Für eine genauere zeitliche und räumliche Zuordnung müsste man die Baugeschichte des Marktes (Bad) Eisenkappel/Železna Kapla an Hand von Plänen des dortigen Bauamtes studieren bzw. Lipušs soziales Umfeld sehr genau unter die Lupe nehmen sowie das Professorenkollegium des Gymnasiums Tanzenberg/Plešivec nach möglichen Hinweisen auf ein Vorbild für die Hauptfigur in diesem Roman durchleuchten. – Die absichtlich eingeflochtenen Anachronismen verstärken die Wirkung von Absurdität und Ironie.

Milieu: Für die Neunzigerjahre stellte daher dieser Roman meines Erachtens so etwas wie ein „Sex- und Erotik-Lexikon“ dar, von einem Mann, aus der Sicht eines Mannes, für Männer geschrieben. – Die Verfasserin bezeichnet diesen Roman als einen die Erotik verherrlichenden **Erziehungsroman**, weil Franc/Franz Buterna auf Grund seiner mangelhaften Erziehung nicht fähig ist, seine körperliche Liebesgier so zu zügeln, dass er Helenas Herzschwäche früh genug zu ergründen im Stande gewesen wäre.

Interpretation: Es könnte sein, dass Lipuš hier das Frauenbild der r.-k. Kirche im Verhältnis zur hellenistischen Literatur und Kultur einer ironisch-sarkastischen Zerreißprobe unterzieht. Da die Verfasserin die im Text zitierten klassischen Werke in der Originalsprache nicht zu lesen vermag und ihr überhaupt eine fundierte humanistische Ausbildung fehlt, kann sie dazu weder eine wissenschaftliche Stellungnahme abgeben, noch den besonderen Witz, Wert oder Sinn eines diesbezüglichen Erzählens erfassen. Lipuš hingegen war bereits als Priesterstudent in der vorkonziliaren Epoche gewohnt, seine Gedanken in Latein auszudrücken und philosophische Fragestellungen auch in dieser Sprache zu erörtern. Das hellenistische Ideal und das römische Leitbild, sowie das r.-k. Bild von der Frau als Lebenspartnerin, Mutter und Gespielin bleibt daher in dieser Arbeit als Untersuchungsgegenstand absichtlich weitgehend ausgeklammert. – Es gelingt dem Erzähler in diesem Roman, eine auch schon ältere Frau als bloßes Objekt der sexuellen Begierde eines in die Jahre gekommenen Mannes hinzustellen. Wie eine solche Darstellung in Bezug auf feministische Strömungen und Gender-Studies sowie Frauenforschung wissenschaftlich abzuhandeln wäre, entzieht sich auch der Kenntnis der Verfasserin. Jedenfalls erscheint ihr aber Lipušs literarisches Werk auf Grund der soeben erwähnten Fakten geradezu als besondere Fundgrube für derartige Studien.

Zusammenfassung: Einen möglichen roten Faden durch alle bisher besprochenen Romane bildet **der sich kontinuierlich steigernde Ekel**. Empfindet im „Tjaž“ der gleichnamige Hauptheld schließlich nur noch Abneigung vor dem sexuellen Höhepunkt mit seiner Freundin Nini, so verbindet in „Odstranitev“ der Primiziant höchst eigenartige emotionale Phänomene mit der Verwandlung der Hostie bei der Wandlung. Außerdem fördern weder die Fäkalgeschichte am Plumpsklo noch die Schilderung der Verhaltensweisen der Sänger im Dorf das Ansehen desselben. In „Jalov pelin“ fallen diesbezüglich die Schaben und anderen Ungeziefer auf, die in den Schamfalten der Trauergemeinde ihr Unwesen treiben, sowie die Schilderung von Sex hinter dem Sarg und in der Umgebung des Trauerhauses. In „Prošnji dan“ veranlasst der Dramaturg den Erzähler zur ausführlichen Berichterstattung über die Gepflogenheiten des Teufels während der Kommunion und des stattfindenden Gruppensex mit den Hexen im Zuge der schwarzen Messe. In „Srčne pege“ schließlich walzt der Autor die sexuelle Begierde des Franc/Franz Buterna sehr episch aus. Der Ekel wird als solcher jedoch nur dem

Zögling Tjaž bewusst. Durch diese ironisch-satirisch-sarkastische Erzählweise entsteht in der sich mit den Figuren identifizierenden Verfasserin **ein Gefühl der inneren Leere**, die ihrerseits wiederum die Erwartungshaltung aufheizt, doch noch aufbauende statt kontinuierlich zersetzende Inhalte vorzufinden. Man könnte sagen, dass sich **die sexuelle Emanzipation** vom Zögling Tjaž zum pensionierten Franc /Franz Buterna als immer wieder an die Oberfläche durchbrechendes Krebsgeschwür entpuppt, um den Dichter vor dieser Diagnose zu bewahren. – Lipuš arbeitet ebenso an einer sich kontinuierlich entwickelnden Identität, die vorwiegend durch Kriterien aus dem Privatleben des Reflektierenden und seiner Umgebung bestimmt wird, sodass sie zur alltagspolitischen Meinungsbildung beiträgt. Außer den bereits genannten autobiografischen Komponenten tritt hier die Diskrepanz in der Kultur zwischen dem dem Judentum entstammenden Franc/Franc Buterna und der dem Christentum angehörenden Helena zu Tage. (Buternas gelbe Kniebundhosen : Helenas Kirchtagsbesuch; Bekleidung : Feiern von Festen.)

3.1.6 „Stesnitev. Neogibni, a sumljivi opravki z zmedo"/„Verdächtiger Umgang mit dem Chaos"

Dieser zweigeteilte **Titel** bedeutet zunächst Einengung, Verengung, und leitet sich als Neuschöpfung vom Verb „stesniti" für „enger machen", in weiterer Folge für „einengen, verengen", ab. Jemand wird also zeitlich oder räumlich bzw. physisch oder psychisch eingegrenzt oder sein Verhalten ist dementsprechend kurzsichtig. Der zweite Teil, der in Besprechungen meistens weggelassen wird, heißt in der wörtlichen Übersetzung „Unvermeidbare, aber verdächtige Beschäftigungen mit dem Chaos". Irgendjemand muss sich also irgendwann, irgendwo, irgendwie mit chaotischen Zuständen befassen. Im deutschen Titel entfällt der Hinweis auf die Verengung. Der zweite Teil verrät im Deutschen somit auch nicht mehr als im Slowenischen. – Erstveröffentlichung in Slowenisch 1995, in Deutsch 1997. Die Grundlage für die folgende wissenschaftliche Besprechung bilden die slowenische Neuausgabe aus dem Jahre 1997 und die erwähnte deutsche Erstausgabe, beide im Wieser Verlag.

Inhalt: Im Jänner 1670 kommt der Erzdiakon Adam Glabotschnig zur Visitation nach Kappel/Kapla (= (Bad) Eisenkappel/Železna Kapla). – Der Marktrichter Daniel Obegger hatte seine Aufgabengebiete alle noch einmal gründlich durchgesehen. – Dem Pfarrer Gregorius Carbonarius ist es im Pfarrhof viel zu eng. Er unternimmt nichts, um bei der Visitation gut abzuschneiden. – Der Priester Pavel Ritter Vitezović erscheint in Kappel in geheimer Mission. Während er für Johann Weichard von Valvasor den Traktat „Opombe k sojenju na Karantanskem/Bemerkungen zur Rechtsprechung in Karantanien" verfasst, denken alle, Vitezović sei der Inquisitor. – Dem Erzdiakon wird eines Nachts eine schwarze Katze ans Bett geheftet. – Das Brüderpaar Jergen und Mathis Löb stiehlt in St. Paul im Lavanttal/Šentpavel v Labotu einem Gerber einige Häute, was als riesiges Verbrechen gilt. – Jergen wird auf der Grutschen/Gruča gehängt und in Ruden/Ruda verscharrt. – Mathis verschwindet im Hungerturm bei Kappel/Kapla. – Ritter Vitezović verliebt sich verbotenerweise in die Markthure Črnokruhova. Die Gerüchteküche brodelt. Ritter Vitezović flüchtet eines Nachts samt seinem fertigen Traktat in Richtung Krainburg/Kranj. Zur gleichen Zeit verschwindet auch die Prostituierte spurlos. – Der Visitator verlangt von der Pfarre Kappel/Kapla zahlreiche Änderungen, unter anderem soll die verkommene Pafnucius-Statue in den Karawanken/Karavanke in einer Wallfahrtskapelle untergebracht werden. – Der Pfarrer wird versetzt, während der Marktrichter zu Lebzeiten in der Michaelskirche eine Gedenktafel über seine exzellenten Leistungen anbringen lässt.

Öffentliche Räume sind **der Markt Kappel/Kapla**, von dem es auf Seite acht in der slowenischen Ausgabe (1997) und auf Seite sieben in der deutschen Übersetzung (1997) denselben Plan aus dem Jahre 1670 gibt. Die für den Roman wichtigen Gebäude sind nummeriert und beschriftet. Auf Seite sechs bzw. fünf befindet sich vor dem Inhaltsverzeichnis der Hinweis auf neu entdeckte Dokumente: „KOSI ŠE NERAZISKOVANE ZGODOVINE, RAZGRNJENI NA PODLAGI NOVO ODKRITIH SPOMENIKOV"; in Deutsch: „STÜCKE AUS DER NOCH UNERFORSCHTEN GESCHICHTE, DARGESTELLT AUF DER GRUNDLAGE NEUENTDECKTER DOKUMENTE". Um welche Dokumente es sich dabei im Einzelnen handelt, erfährt der Leser jedoch nicht. Im oben genannten Markt sind die beiden Kirchen, nämlich **die Pfarrkirche** zum heiligen Michael (farna cerkev svetega Mihaela) und die Filialkirche Maria Dorn (cerkev Marija v Trnju) sowie das Rathaus (magistrat) und **der Pfarrhof** (farof/farovž; standardsprachlich Pfarrhaus/župnišče mit Wohnung für den Pfarrer und Pfarramt/župnijski urad) von öffentlichem Interesse. Örtlich nicht genau definiert wird der

Platz vor der Kapelle, auf dem die Honoratioren und das Volk den Visitator erwarten. Anzunehmen ist, dass er sich mit dem Platz vor dem Pfarrhof deckt, weil beschrieben wird, dass sich die Menge der Wartenden bis zum **Gasthof Mažar** drängte. Auch besagter Gasthof ist von großer öffentlicher Bedeutung, hält dort z. B. die Zunft der Schuster den alljährlichen Standesfeiertag ab. Weitere öffentliche Räume sind **der Markt St. Paul/Šentpavel und die Hinrichtungsstätte auf der Grutschen/Gruča** sowie die Straße aus dem Twimberger Graben ober Wolfsberg durch das Lavanttal/Labot und das Granitztal, über Ruden/Ruda durch das Jauntal/Podjuna bis zur damals noch einzigen Draubrücke im Unterland vor Tainach/Tinje, über Eberndorf/Dobrla vas nach Kappel/Kapla und durch das Vellachtal/Vellacher Hochtal/die Vellacher Kotschna/Belska Kočna, über den Seeberg/Jezersko nach Krainburg/Kranj. Diese Straße diente jahrhundertelang der Beförderung von Eisenerz und Edelmetallen nach dem Süden. Sie war für Kappel /Kapla wegen der damit verbundenen Straßenmaut und den Zolleinnahmen von entscheidender wirtschaftlicher Bedeutung, bevor etwa hundert Jahre später die Straße über den Loiblpass/Ljubelj vorrangig wurde. Als **private Räume** werden das Schlafzimmer des Visitators sowie Kammern und Stuben in diversen bäuerlichen Anwesen und gewerblichen Baulichkeiten geschildert.

Zeitkonzept: In diesem historischen Roman dürften sich zeit raffendes und zeitdehnendes Erzählen die Waage halten. Immer wenn historische Begebenheiten geschildert werden, liegt **zeitraffendes Erzählen** vor, immer wenn einzelne Begebenheiten herausgegriffen werden, die gerade im Laufen sind, verwendet der Autor **zeitdehnendes Erzählen**. Dazu je ein Beispiel: „Trški sodnik, Daniel Obegger, zadnje noči domala ni zatisnil oči.“ (Lipuš, Stesnitev, 1997: 9.) / „Der Marktrichter Daniel Obegger hatte fast die ganze Nacht kein Auge zugetan.“ (Lipuš, Chaos, 1997: 9.) Der Roman beginnt also mit einer zusammenfassenden Schilderung der Kontrolltätigkeiten des Marktrichters Daniel Obegger. Einige Seiten weiter führt der Visitator den Gläubigen in einer Predigt sehr ausführlich vor Augen, welche Folgen ihr gottloses Handeln zeitigen kann. „Kdo skriva in kdo bere luteranske bukve in kdo je videl koga skrivati in brati, ...“ (Ebd.: 37.) / „Wer versteckt und wer liest lutheranische Bücher und wer sah jemanden solche verstecken und lesen, ..." (Ebd.: 49.) **„Zeitdeckendes“ Erzählen** liegt immer dann vor, wenn von einem unerwarteten oder ungeheuerlichen Vorfall die Rede ist, der äußerst unglaublich erscheint, als der Visitator in der Nacht vor obiger Predigt in seinem Schlafgemach am Fußteil seines Bettes eine schwarze Katze an einem Prozessionskreuz angeheftet vorfindet (ebd.: 30./40.) oder wenn Jergen Löb am Holztram/Deckenbalken der Stube den Spruch über die Heilkraft der Wundersalbe liest, obwohl er Analphabet ist. „Zerlassen Menschenfett ist gut für lahme Glieder, so man sich damit schmiert, sie werden richtig wieder*. / * Razpuščena človeška mast je dobra za ohromele ude; kdor jih z njo maže, jih z njo ozdravi." (Ebd.: 101./147.) – **Die Visitation Mitte Jänner 1670** ist historisch nicht nachweisbar, weil die ältesten Matrikeln der Pfarre St. Michael/Sveti Mihael in Kappel/Kapla verbrannten. Das Taufbuch ist seit 1727, das Sterbebuch seit 1770, das Trauungsbuch seit 1752 vorhanden. (Vgl. Diözese Gurk, 1917/18: 92.) Ein Grund für die Visitation ist im Roman die geheime Mission des Priesters Pavel Ritter Vitezović, der Johann Weichard Freiherr von (= Janez Vajkard) Valvasor bei der Sammlung der Daten für dessen Enzyklopädie "Die Ehre des Herzogtums Krain" (1689) half. Darin werden für die Jahre 1673, 1677 und 1682 sehr milde Winter beschrieben. (Vgl. Valvasor, Ehre, XV. Buch, XXIII. Kapitel, 1877: 602.) – **Die fiktive Visitation** dauert eine Woche. Während dieser Zeitspanne werden einzelne Ereignisse besonders herausgegriffen. – Um diese Zeit ist der Umbruch vom Mittelalter zur Neuzeit anzusetzen, worauf v. a. neue Entdeckungen hinweisen. – Voraussetzung für die Beschäftigung mit diesem Roman sind selbstverständlich Kenntnisse über die Zusammenhänge der damaligen kirchlichen und weltlichen Macht. So erfährt man z. B. im Roman, dass auf der Keffer-Ebene /Kefferjeva ravnina in Kappel/Kapla zur Zeit der Inquisition die Scheiterhaufen brannten, wobei interessant ist, dass die Familie Keffer ihren Hauptwohnsitz am Gute „Meier am Hof" im Einflussbereich des Stiftes St. Paul im Lavanttal/Šentpavel v Labotu hatte.[10]

Der Roman spielt

- ❖ zur Zeit der beginnenden Sozialdisziplinierung, also **vor Errichtung des Zuchthauses in Klagenfurt**, in einer Zeit, in der Visitationen als Kontrollmaßnahmen gegen das Bettlerunwesen üblich wurden;

---

10 Vgl. private Quelle. Die Verfasserin ist eine geborene Hasenbichler. > Direkte Vorfahren sind auch die Käfer = Keffer aus St. Paul im Lavanttal/Šentpavel v Labotu, die Besitzer der Hube „Meier am Hof".

- zur Zeit umfangreicher Klostergründungen; das Stift St. Paul im Lavanttal/Šentpavel v Labotu wurde 1618 begonnen und 1883 fertiggestellt, der Neubau des Stiftes Eberndorf/Dobrla vas erfolgte im zweiten Drittel des siebzehnten Jahrhunderts;
- vor der Gründung der Juristenakademie in Laibach/Ljubljana im Jahre 1693. (Vgl. Moritsch, Alpen-Adria, 2001: 284 ff.);
- vor dem Druck von Valvasors Kupferstichen, seiner Kärnten-Topographie und seiner Enzyklopädie (1689);
- vor dem Ausbau der Loiblstraße (1728) und in einer Periode milder Winter;
- einige Jahre vor dem großen Brand in Kappel/Kapla;
- zurzeit großer Umwälzungen, also an der Schwelle vom Mittelalter zur Neuzeit;
- vor der Aufklärung und zur Zeit der Reformation.

Während Helfried Valentinitsch im obigen Sammelband die Verelendung breiter Bevölkerungsgruppen (vgl. Moritsch, Alpen-Adria, 2001: 291.) beschreibt, spricht Lipuš von einem Aufschwung. Auch das ist einer von vielen Anachronismen in diesem historischen Roman.

Personen: Der Marktrichter Daniel Obegger (1657-1699) und der Pfarrer Gregorius Carbonarius (1660-1670) sind für den Markt Kappel/Kapla bei Stephan Singer bezeugt. Der Visitator, Erzdiakon Adam Glabotschnig, konnte in obiger Quelle nicht gefunden werden. Es ist aber durchaus möglich, dass Lipuš für seine Recherchen andere Schriften bzw. Dokumente zur Verfügung standen, wie z. B. das Visitationsprotokoll von Tainach/Tinje, das der dortige Propst und damit auch Erzdiakon Georg Marco (1645-1672) führte (vgl. Singer, Tainach, 1995: 21.), oder Quellen aus dem Bischöflichen Archiv in der Mariannengasse in Klagenfurt/Celovec. Der Priester Pavel Ritter Vitezović wurde bereits oben erwähnt. Gegenspieler sind Glabotschnig und Ritter Vitezović, während vom Erzdiakon sowohl Obegger als auch Carbonarius visitiert werden. Dabei entsteht der Eindruck, dass das Chaos erst durch die Visitation entsteht. – Weitere bedeutende Einzelpersonen sind **die Markthure Črnokruhova** und **der Seher Zaboden** sowie **die beiden Brüder und Diebe Jergen und Mathis Löb,** die alle unliebsame Tätigkeiten ausüben, daher schon an sich verdächtig sind, auf diese Weise für Gerüchte sorgen und als Angehörige der gesellschaftlichen Randschicht schließlich auch verschwinden, u. zw. drei von ihnen sang- und klanglos,

Jergen Löb hingegen wird zwar unter großer Beteiligung der Volksmassen auf der Grutschen/Gruča gehängt, dann jedoch in Ruden/Ruda heimlich verscharrt. – Dieser Roman stellt eine **exzellente Sozialstudie** der damaligen Zeit dar, sodass selbstverständlich auch Adelsgeschlechter, Äbte, Landeshauptleute, Pfleger und Gutsbesitzer vorgestellt werden, die namentlich benannt sind. Wichtiger scheint mir jedoch die Charakterisierung bzw. **Typisierung von Berufsgruppen** zu sein, so z. B. die **Vermittlung von Klischees über die Schuster, die Bauern, die Knechte und Mägde, die Bettler**. Darüber geben zeitdehnende Szenen Aufschluss, wie etwa die Beschreibung der versammelten Menge vor Ankunft des Visitators oder die Schilderung des Zunfttages der Schuster, der jährlich am ersten Dienstag nach Dreikönig, den „Kleinen Weihnachten", im Gasthaus Mažar begangen wird.

Alles, was Ansehen und Geltung hatte, und alles ohne Ansehen und Geltung, solange nur die Knochen sie aufrecht hielten, war an diesem arbeitsfreien Jännertag auf den Beinen, um den Archidiakon zu erwarten. Die Potentaten des Marktes standen in den ersten Reihen, vorn in der Mitte die neun Räte, der Marktvorstand und Richter, daneben der Kämmerer und Kanzlist, der Pfarrer und die beiden Kapläne, der Kommendator von Rechberg und der Pfarrherr von Obvirsko, der über Abtei und Gallizien angereist war, weiters warteten vor der Kapelle der Provisor aus Jezersko und der Kaplan des Grafen Thurn, der Graf von Rosenberg und der Baron Ungnad aus Sonnegg, die Schloßherrschaften und Schönheiten, mit kleinen, schnellen Schritten fast auf der Stelle tretend, der Kirchenkämmerer und der Schulmeister, die Mitglieder der Bruderschaften und die kirchlichen Wohltäter, die Zunftmeister, die Verwalter der Eisenhütten, Bleibergwerke und Kohlengruben der Umgebung sowie einige Beamten aus dem Markt. Carbonarius hatte seine Nachricht ausgesandt an Freunde und Bekannte, und alle waren erschienen.

Hinten kamen einander die breiten Hüte der Umwohner in den Weg. Männer und Frauen in dicken Wollkleidern und derben Bundschuhen reckten sich an den Schultern vorbei, und all jene, die im Markt nicht mit dem Namen, sondern mit Er und Sie angesprochen wurden: die Keuschler und Pächter, die Rechberger Nagelschmiede und Fuhrleute, die Holzknechte, Flößer, Soldaten und Händler, die Landstreicher und solche, die sich zufällig und nur kurz im Markt aufhielten oder auf der Durchreise waren. ... (S. 19 f.)

Um den großen Tisch [im Gastzimmer beim Mažar] machen sich die Honoratioren aus Lomnik und Vellach breit, aus Lepanca und Obvirsko, von den Bäuerinnen nur Hudopiskovka, die den Greis um nichts in der Welt nehmen wollte, sich vor aller Augen gegen ihn sträubte, mit allen Kräften sich gegen ihn verschwor und ihn dann doch nahm. Štegar und Zaboden, der Geisterseher aus

Rembšenik, sind darunter, der Vollhübler Vrbnik, Untertan der Sonnegger Herrschaft und Mitglied des Pfarrbenefiziums; Stopar, der Knauserer, der seit die Welt sich dreht noch nie ein Geld fürs Trinken ausgab, und all die anderen Teufel und Klügler, die es fertigbrächten, eine Gelse zu beschlagen, so tatendurstig, wenn sie im Wirtshaus sind, daß sie es mit jedem Helden aufnehmen könnten, und so mutig, daß sie die Welt in Stücke reißen würden. Sie wenden und wetzen ihre Zungen, klopfen sich gegenseitig auf die Schultern und ziehen stänkernd und stichelnd übereinander her, aber so ist eben das Fest der Zunftgenossen. (Lipuš, Verdächtiger Umgang mit dem Chaos, 1997: 68 f. Übs. Johann Strutz.) [Stopar, ..., der ... noch nie Geld fürs Trinken ausgegeben hatte, ... – so tatendurstig > vor lauter Tatendrang, ...]

Seit 1553 ist für (Bad) Eisenkappel/Železna Kapla ein Schulmeister verbürgt. (Vgl. Singer, Eberndorf, 1938: 358 f.) Es ist also kein Anachronismus, wenn sich ein solcher unter die auf den Visitator Wartenden einreiht.

In der Dissertation folgt hier die **Graphik zum Raum-, Zeit- und Personen-Konzept**. (Im Buch im Anhang beschrieben.) Im Jänner 1670 kommt der Erzdiakon Adam Glabotschnig als Visitator mit dem Pferdeschlitten von (seiner Propstei in Eberndorf/Dobrla vas oder Tainach /Tinje) in den Markt Kappel/Kapla (heute Bad Eisenkappel/Železna Kapla), um dort eine Woche lang die Pfarre unter der Leitung von Pfarrer Gregorius Carbonarius und den Magistrat unter der Obhut des Marktrichters Daniel Obegger zu überprüfen. Etwa zur gleichen Zeit kommt der Priester Pavel Ritter Vitezović als Wissenschafter aus dem im Süden gelegenen Ort (Laibach/Ljubljana bzw. Krainburg/Kranj) in geheimer Mission zu Pferd über den Seeberg/Jezersko ebenfalls nach Kappel/Kapla, also in das heutige Bad Eisenkappel/Železna Kapla, um dort für Johann Weichard Freiherr von (Janez Vajkard) Valvasor einen Traktat über die Rechtsprechung in Karantanien/Karantanija zu verfassen, von wo er nach Vollendung der Studie nach einigen Tagen flüchtet. Die Schusterzunft feiert dort im Gasthaus Mažar, am Dienstag nach Dreikönig ihren alljährlichen Standesfeiertag; ein Tag. Die Brüder Jergen und Mathis Löb stehlen im Markt St. Paul im Lavanttal/Šentpavel v Labotu einem Gerber einige Häute. Geschildert werden vermutlich zwei Tage. Mathis flüchtet von dort mit einem Eisentransport nach Kappel/Kapla. Das dauert einen Tag oder einige Tage. Jergen wird gefasst und auf der Grutschen/Gruča gehängt; ein Tag. Mathis fällt irgendwann in einem Wirtshaus in Kappel/Kapla auf, wird in der Landeshauptstadt Klagenfurt/Celovec verurteilt und verschwindet im Hungerturm vor Kappel/Kapla. Dauer: jeweils einige Stunden. – **Der öffentliche Raum ist gezeichnet von Heuchelei, Angeberei und Oberflächlichkeit einerseits und von einem ungeheuren Erfolgsdruck andererseits.** Die privaten Räume funktionieren als esoterische Tummelplätze. – Folgende **Haupterzählstränge** sind von besonderem Interesse: 1. die Visitation durch Adam Glabotschnig, 2. die geheime Mission des Priesters Pavel Ritter Vitezović, 3. die Lebensgeschichte der Brüder Jergen und Mathis Löb, 4. die Liebschaften der Markthure Črnokruhova, 5. die Prophezeiungen des Sehers Zaboden.

Milieu: Die Visitation findet in einem wirtschaftlich florierenden Markt statt, der an einer wichtigen Durchzugsstraße liegt, sodass er von den Gütertransporten enorm profitiert. Man merkt beim Lesen förmlich **das pulsierende Leben im Markt** Kappel/Kapla, der in den Mittelpunkt des Geschehens rückt, sodass man eine Zeitreise in die Vergangenheit antritt, die mehr als dreihundert Jahre zurück liegt. Selbst wenn man alles im Geschichteunterricht Gelernte oder Gehörte hervorkramt und in der Literatur nach entsprechenden Beispielen sucht, an die man anknüpfen könnte, wird man kaum etwas finden, das diesem ausgesucht spezifischen Mikrokosmos entspricht. – **Dieser historische Roman beschwört nach Meinung der Verfasserin geradezu die soziale Enge der Akteure herauf.**

Interpretation: Sowohl die kirchlichen als auch die weltlichen Machtverhältnisse ändern sich. Der Pfarrer wird routinemäßig versetzt. Was jedoch über den Bürgern, Bauern, Handwerkern und Außenseitern schwebt und sie entscheidend hemmt, ist die Tatsache, dass sie sowohl von den Geistlichen als auch von der weltlichen Herrschaft manipuliert und zwischen deren Machtgelüsten zerrieben werden, ohne die geringste Chance zur Verteidigung oder Rechtfertigung zu haben, zumal es für die unteren sozialen Schichten keine Möglichkeit zur Ausbildung gibt. Daher nehmen die gelernten Handwerker unter ihnen einen besonderen Rang ein, den sie bei öffentlicher Aufmerksamkeit durch Angeberei missbrauchen und durch Sauferei besiegeln. – Eventuelle Verbindungen zu Lipušs Ahnenliste bleiben unerforscht.

Lipušs Zynismus verkehrt auch hier die Wertigkeiten, indem er

- die chancenlosen Außenseiter beim Namen nennt;
- den Marktrichter nur auf sein eigenes Image und seinen Stellenwert in der Zukunft bedacht sein lässt;

- den Priester und Wissenschafter Pavel Ritter Vitezović wegen der „liebevollen" Anwesenheit der Markthure Črnokruhova in ausweglose innere Konflikte verwickelt,
- den Visitator Chaos hervorrufen lässt und die r.-k. Kirche ein weiteres Mal machtgierig und sensationsgeil zeichnet.

Hervorzuheben ist, dass der Alltag gerade regional gesehen sehr genau geordnet ist, dass **weder die kirchliche noch die weltliche Hierarchie** irgendeinen Zweifel an der Notwendigkeit der von Gott geschaffenen Machtverhältnisse aufkommen lässt, dass es keinerlei Spielraum für konstruktive Veränderungen gibt. Dies bewirkt und unterstützt das Gedeihen einer Flut von althergebrachten Traditionen, die es unter allen Umständen aufrecht zu erhalten gilt. – Mangelnde Bildung und Ausbildung der Massen sorgen für Legendenbildung, die Verbreitung von Gerüchten nährt die Unsicherheit unter breiten Teilen der Bevölkerung und trägt das ihre zur **Verbreitung des Aberglaubens** bei. Statt als Visitator einige Grundübel der Gesellschaftsstruktur zu erkennen und für Abhilfe zu sorgen, redet der Erzdiakon ins Leere, prangert er die mangelnde Glaubenstiefe der Marktbewohner an und verlangt neuerlich unermessliche Beiträge vom einfachen Volk.

Zusammenfassung: Dieser historische Roman unterbricht **die kontinuierliche Weiterentwicklung der Rolle des Reflektierenden** scheinbar. Man könnte aber im Wissenschafter und Schriftsteller Pavel Ritter Vitezović einen autobiografischen Bestandteil wahrnehmen. Dann ergibt sich ein kontinuierliches, intellektuelles und emotionales Wachsen einer die kosmischen Phänomene immer tiefer erkennenden Persönlichkeit, vom Zögling Tjaž über den Schriftsteller, der das Kratzen am öffentlichen Image seiner Erzieher begräbt, über den abgesprungenen Primizianten, der die chronischen Leidenschaften seines Dorfes verzeichnet, bis zum Sohn, der die Vormundschaft seines Vaters beendet, dann vom sensitiv die Vorsehung wahrnehmenden Gläubigen, der einen Anstoß zur Aufarbeitung der Gräuel in der Kirchengeschichte gibt, über den seiner Jugend nachlaufenden älteren Mann, der erfahren muss, dass ungezählte sexuelle Praktiken nur immer wieder eine neue unstillbare Begierde nach körperlicher Lust hervorrufen, bis zum geistlichen und vergeistigten Wissenschafter, der seine Mission erfüllt, indem er die theatralische Rechtsordnung Karantaniens beim Namen nennt und in einer dementsprechend angesehenen, höchstwahrscheinlich fingierten Zeitschrift publiziert. – Ebenso könnte man **die gefühlsmäßige Enge** gewisser

Figuren durch alle Romane verfolgen und einen direkten Zusammenhang mit nur oberflächlich oder gar nicht erfahrener Liebe als Basis für die fehlende Ausbildung von emotionaler Kompetenz feststellen. In „Stesnitev" gipfelt das Manko an Zuneigung und Anerkennung im Pfarrer Carbonarius, der v. a. die räumliche Beengtheit im Pfarrhof anprangert.

3.1.7 "Boštjanov let"/„Boštjans Flug"

Der Titel des letzten Lipuš-Romans bedeutet, dass sich der Hauptheld Boštjan (= Sebastian) in die Lüfte erhebt. Was im „Tjaž" angekündigt wurde, tritt jetzt ein. Der namentlich bekannte Held ist also frei genug, befreit sich oder wird befreit, sodass er „wirklich fliegt". Nachdem es im „Tjaž" um eine geistige Befreiung ging, erwartet der Leser hier eine ähnliche, jedoch umfassende Befreiung. Es ist also keine konkrete Reise mit einem Fluggerät zu erwarten. – Erstveröffentlichung in Slowenisch 2003, in Deutsch 2005. Diese beiden Ausgaben bilden auch die Grundlage für die folgende wissenschaftliche Besprechung.

Inhalt: Wegen der ungewöhnlichen Erzählweise wird der Inhalt genau nach den einzelnen Kapiteln wiedergegeben. [1] Boštjan geht die „Otavarjeva steza" (= Grummetpfad, Grummet entsteht bei der zweiten Heumahd) leichten Fußes entlang. – Damals, als sich ihm dort Lina angeschlossen hat, ist er wirklich durch „die Enge" im Ort Tesen (= Enge, Ortsbezeichnung) gegangen. – Doch sie kommt nur das Pferd ausleihen. Vater, Großmutter und Mutter leben noch. – Vaters Fahrrad kündigt die Jahreszeiten an. – [2] An einem Morgen holen zwei Gendarmen die Mutter. – Einer ist ins Haus gegangen, einer hat draußen gewacht. – Boštjan wird namenlos. – Seither versäumt er Mutters Erzählungen, die die Regenbogenfarben spiegeln würden. – Boštjan versucht am nächsten Tag, die Schritte des Gendarmen zu durchkreuzen. Er entknotet die Strähnen des Hasses, geht oft den Weg durch Tesen. Der Graben vereinsamt, alle werden zu Aussiedlern, nur die Kreuze und Kirchlein bleiben. – Auch der am Kreuz hat zur Zeit des Schlachtens geschwiegen. – [3] Gendarmen marschieren mit der Mutter im Gänsemarsch durch den Markt. Die Großmutter ist zum Abtransport zu krank, die Kinder sind zu lästig. – Boštjan träumt, dass die Nägel aus dem Dach hüpfen und das Haus zerfällt. – Matilda, die Tödin, holt am darauffolgenden Morgen die Großmutter. – Boštjan fühlt einen starken Wind. – Die Großmutter hat ihn auch vor der Schule beschützt. Im folgenden Herbst wird er eingeschult. – Die Großmutter wird begraben. – Boštjan hat den „škopnik“ (= ein einer brennenden Garbe, einem brennenden Vogel ähnelndes Wesen, das in der Nacht umherfliegt und Unglück ankündigt = ein Mythos) schon vor dem Tod der Großmutter gespürt. – [4] Boštjan fehlen die beiden Frauen. Er geht weder zum Bauern, wo die Mutter Tagelöhnerin gewesen ist, noch zum Lenart-Bauern, wo er Halterbub gewesen ist. Er geht mit dem kleinen Bruder durch Tesen hinunter nach Poden (= Ort im Tal). Dort sehen sie Ugav, der die Mutter abgeholt hat. Sie verstehen seine Sprache nicht. Sie sind also Fremde. Deshalb kehren sie nach Hause zurück. Sie gehen nicht zu den Verwandten. [5] In jenem Frühling, Sommer, Herbst, als das Fahrrad des Vaters die Jahreszeiten nicht ankündigt, ist Boštjans Vater aus dem Krieg zurückgekehrt. – Sie übersiedeln vom Cimper (Holzhaus), vom Vaterhaus im engen Seitental, in den Poden, ins Tal auf den Hof der Stiefmutter. Boštjan prägt sich den Weg, die Brücke, das Vaterhaus, den Brunnentrog, den Felsen, die Mühle ins Gedächtnis ein. – Im neuen Haus hat er Angst, dort fühlt er sich nicht zu Hause, er verkrampft sich. Er träumt gelbe und graue Träume. Er spürt die Rute des Vaters, der „škopnik“ fliegt vom Nussbaum direkt auf Boštjan zu. – Hier hilft kein Beten, auch Boštjans eigenes Zeremoniell versagt, das in der früheren Umgebung folgende Prozessionsordnung vorgesehen hat: vorne ist sein Bruder Vanč (= Koseform von Ivan/Johann) gegangen, in der Mitte hat er selbst den Zeremoniär gebildet, dann ist die Großmutter gefolgt. – Vater verbietet das Spielzeug, weil damit nur Arbeitszeit „verplempert“ (= sinnlos vertan) wird. Boštjan besitzt aber heimlich „frnikole“ (= Schlatzkugerl/Spielkügelchen/Murmeln). – Boštjan geht oft hinauf zum ehemaligen Haus. Jedes Mal überschreitet er dabei vor der Ortschaft Tesen, wo die „Otavarjeva steza“ beginnt, eine Grenze vom Unbequemen zum Sicheren. Er beobachtet, wie der Stall verfällt. – Boštjan erinnert sich, wie er sonntags mit dem Vater in den Wald gegangen ist, wie sich einmal beim Schlägern eine Fichte auf einer Buche aufgehängt hat. – Boštjan hat Schuldgefühle. Er liegt am Boden und schreit um seinen Ball. Die alte Justa streichelt ihn und betet seine Angst vor dem „škopnik“ ab. – [6] Boštjan kennt Lina schon aus der Zeit, bevor er sie in Tesen getroffen hat. Mutter und Großmutter haben mit ihr eine Wallfahrt zum heiligen Leonhard/Lenart gemacht. Damals hätte er sie festhalten sollen. – Lina muss am neuen Haus vorbei, wenn sie in die Messe geht. Deshalb geht auch Boštjan nach Šmarjeta/St. Margarethen in die Kirche.

Vanč darf ministrieren. Wenn Boštjan Lina sieht, fällt ihm die Arbeit leicht. – Boštjan verletzt das dreifaltige Bekleidungsgesetz. – Er erinnert sich daran, wie er zwei Tage, nachdem er Lina in Tesen begegnet ist, sie sehen wollte und deshalb zur Črtelovka, die Hebamme, Kräuterweiblein und Wahrsagerin zugleich war, gegangen ist, um sich die Zukunft mit Lina voraussagen zu lassen. Doch die alte Frau, die früher selbst durch die Luft geflogen ist, ist zu schwach dazu. – Boštjan geht weiter, kommt in die Nähe des „žinganje" (= Schachtbrunnen mit Kolbenpumpe = Grundwasserbrunnen mit einem Schwengel). Dort wartet er auf Lina. – Sie holt Wasser, geht aber ins Haus. Boštjan ist unglücklich. – Boštjan denkt an die Wallfahrt zum hl. Leonhard/Lenart, dann an die Mutter und an die Großmutter. – Sie halten die Mutter zurück. – Vor dem Michaelsmonat (= September) beschäftigen sich die Leute mit der Grummet- und Kleeernte (Grummet ist das bei der zweiten Mahd getrocknete Gras, also „feines Heu"; Klee ist eine besondere „Grassorte".) – Die Kirche in Šmarjeta/St. Margarethen ist eine sichtbare Festung des Unsichtbaren im Dorf. – [7] Die Leute zeigen in der Kirche ihr zweites Gesicht, tanken Kraft für die Rohheiten im Alltag. – Im Vorjahr hat es weniger Lawinen gegeben, aber doppelt so viel Unglück im Stall und auf der Weide. – Boštjan ist allein in der Kirche, er nähert sich dem Presbyterium und sieht sich den Altar an. – Er setzt sich in die erste Bank und denkt über das Erscheinungsbild der Heiligen und die Moral der Kirche nach. Der Pfarrer freut sich beim Ordnen der Sünden, die hl. Margaretha bietet Boštjan ihre Krone an. Linas Vater, der Mesner, kennt Gottes Wille ganz genau. Hinsichtlich der Mutter weiß auch die Dorfpatronin keinen Rat. – [8] Der Vater wäscht sich an einem Samstag am Abend. Am darauffolgenden Sonntag, am Anbetungstag in Šmarjeta/St. Margarethen, folgt seine Hochzeit mit der neuen Frau. – Boštjan will keine neue Mutter bekommen. Er denkt daran, dass er manchmal im Gras liegt, die Augen schließt, zu Lina fliegt und Liebe spürt. – Er ist ein lediges Kind, ein Kind der Sünde, der Furche. Er möchte das von seiner Mutter korrigiert wissen. – Boštjan beobachtet die Leute und die Zeremonie mit kritischem Blick. – Er denkt an die Leiden der Kinder und an Lina. Er stellt sich vor, auf einer Wiese zu liegen und in Gedanken zu ihr zu fliegen. Ihr Lachen ist für ihn wie Orgelmusik zu Ostern. – Er verlässt um Mitternacht das „Speiben" (= Erbrechen) und Saufen und geht zu Lina hinauf, wo er kurz vor der Morgendämmerung an ihr Fenster klopft. – [9] Beim Hinaufgehen erinnert er sich an die Schlange auf dem Steig, die von der

Großmutter mit ihrem Stock vertrieben worden ist. – Er sieht von der Hochebene aus Lina beim Brunnentrog. Sie und seine Mutter verschmelzen. – Boštjan hat die Vision von Gott Vater, der an jenem Morgen das Schicksal seiner Mutter angeordnet hat. Die Gendarmen haben nur Gottes Wille erfüllt. – Über die Gegend schweift sein Blick zum Felsen hinauf, wo sich einst ein Knecht erhängt hat, dessen Eheschließung der Pfarrer nicht verkündigen wollte. – Eis bildet sich in seinem Körper, das die Zersetzung vorantreibt. Zuerst sind ihm die Hoden abgefallen. Aus dem Samen des Knechtes ist ein Strauch gewachsen. Der Baum, an dem er sich erhängt hat, ist verdorrt. – Boštjan ist die halbe Nacht bis vor Linas Fenster gewandert, doch der Mesner hat als Vater das Prenteln (= Fensterln/Einsteigen durch das Fenster) verhindert. – [10] Lina geht an Boštjans neuem Heim vorbei nach Šmarjeta/St. Margarethen. Diese Straße ist Boštjans Lebens-Elixier. – Eines Tages hat er Mitte der Woche das Haus verlassen, um dem Vater das Essen nachzutragen. Er hat an die Mutter gedacht, sie gesehen und ihre Todesnachricht empfangen, die sich selbst auf den Weg zu ihm gemacht hat, weil sich seine Mutter an Wittgensteins Grundsatz gehalten hat: "Was nicht gesagt werden kann, darüber muss man schweigen." – Die Großmutter ist bei ihm, seit man sie aus der Stube getragen hat. – Boštjan vergleicht das Sterben der Großmutter mit dem der Mutter. – Der Morgen, an dem sie die Mutter abgeholt haben, ist zugleich der Morgen, an dem Boštjan die Nachricht vom Vergasen der Mutter erreicht hat. Dieser Tag wird zu Mutters Tag.

Ihm schien, als würde er wieder von einem Wesen angesprochen, obwohl sich keine Menschenseele in der Nähe befand, so wie er schon vorher oft angesprochen worden war; zu sehr in seine Stille eingeschlossen und zu tief ins Schweigen zurückgezogen, hatte er darauf nicht reagiert. Es lag nicht in seinem Sinn, die Geister herauszufordern, darauf war er nicht vorbereitet, weil er einen Schleier vor den Augen und zuviel Angst im Blut hatte. Doch diesmal blieb Boštjan sofort stehen und hörte hin, als es sich zu entwirren begann und ihm blitzschnell klar wurde, als es aus dem Nichts zu kommen begann und mit einem Knall dastand. Es tat sich auf, plötzlich sah er ein, der Schleier löste sich, die Mutter ist es, die sich ihm hier zu erkennen gibt. Er sieht sie zwischen den Baracken, zu zweit mit einer aus dem Ort, zu dritt auf der Holzpritsche, beim Antreten in der Reihe zwischen den Baracken. Vorher konnte sie sich ihm nicht offenbaren, bis zuletzt hielt sie die Nachricht zurück, weil sie sie an diesen Tagen nicht zu übermitteln vermochte. Die Ungewißheit, ob sie dem Schrecken der Gaskammer entkommen würde oder nicht, war es, was sie bis zum letzten zögern ließ. Noch in der Gaskammer, unter den Düsen, wo sie sich dann zwischen den Frauen zusammengedrängt fand, versuchte sie es sich zu verheimlichen, und auch der Wald der über die Köpfe erhobenen Hände täuschte sie, das jähe Gedränge drückte sie nieder. Einige Hände ragten einzeln in die Höhe, andere klammerten sich aneinander fest, die straff emporgestreckten Hände hielten die entkräfteten, damit sie nicht heruntersanken. In dieser Schwebung, auf diesem wogenden Feld von Händen und Fingern kam hundertfaches Leben zum Ermatten und zum Stillstand. Seit Ugav ums Haus gefegt war, hatte sie angefangen, mit dem Leben abzuschließen, war als Todgeweihte schon öfters damit fertig, doch immer mit dem Quentchen Hoffnung, es könnte ein Wunder geschehen und das Leben an einem wenn auch dünnen Faden hängenbleiben. Noch unter den Düsen wollte sie es nicht wahrhaben, die rosarote Optimistin, die leichtgläubige Entführte, die junge Berglerin, die sich Hügel und Täler erwartet hatte, sie wollte es nicht glauben, daß sich die Wunder erschöpft hatten, daß in dieser Einzwängung, auf diesem schmalen Acker, kein Platz mehr für ein Wunder war. Noch unter den Gasdüsen wehrte sie sich gegen das Wort, hielt sie die Nachricht zurück und leugnete das Geschehen, aus Furcht, sie könnte es durch die Bestätigung selbst beschleunigen, in Gang bringen, durch die Benennung allein schon über sich und die Gefährtinnen herabbeschwören. Es war ja nicht ausgeschlossen, daß diesmal tatsächlich das versprochene Wasser aus der Dusche träufeln würde, ausnahmsweise Wasser, das sie alle vom Schmutz befreien, ihnen die Läuse aus dem Haar schwemmen, das Jucken mildern, die Krätzen, Entzündungen und Eiterungen, die Erfrierungen und den Hunger lindern würde. Als die Düsen an der Decke dann das Ihre getan hatten und die Veränderung auch sie erfaßte, als sich die eingepferchten Körper ein wenig setzten und auch die erhobenen Hände durcheinander Wellen schlugen; als sich die Körper stehend völlig in den Tod auflösten, in ihrer Qual entäußert, und die Menge um einen Knick im Knie zusammensackte, sich als ganze etwas zur Seite neigte, doch noch immer stand; als die zusammengepreßten Leichen bei der Tür dann als erste nacheinander in die Öffnung stürzten, entwand die irre Nachricht sich von selbst dem Leib, entflatterte der Gaskammer, flog heimwärts und erreichte Boštjan, der mit den für den Vater eingepackten Lebensmitteln im Rucksack mitten auf der Straße dastand. (Lipuš, Boštjans Flug, 2005: 222 ff. Übs. Johann Strutz.)

Die Eule hat Mutters Tod nicht angekündigt. – Alle sind jetzt einmal in der Woche um den Tisch versammelt. Boštjan sieht wieder Licht. – Oben am Plateau ist später der Busch erblüht. – Er trägt gelbrote Früchte. – [11] Lina zeigt sich lange Zeit später in der Kurve. Boštjan beginnt zu fliegen. Er denkt an die Starken, die den Rosenkranz beten und jedem das Messer in den Rücken rammen. Boštjan erkennt, dass man sich ändern muss. – Er geht vom Hof und wird mit Lina die Mutter betrauern.

– Er ist unterwegs in das Schwarze der Sünde. – Hinter der Mühle ist Lina verschwunden. Boštjan hat sie eingeholt, sie sind gemeinsam diesen Teil des Weges gegangen. – Boštjan erinnert sich an Mida, die ins Kloster geschickt worden ist, um dem Dorf Ruhm zu verschaffen, um dort zu verdorren und keinem Mann die Sinne zu verdrehen. – Er denkt an Vanč, der ministriert und schon „puella" deklinieren kann. – Boštjan heftet die Mühle am Hang fest und geht erst weg, nachdem er sich vergewissert hat, dass noch alles da ist.

Im letzten Lipuš-Roman stehen **die öffentlichen Räume** weniger im Interesse des Erzählens, weil sie durch die Reflexionen des Hauptthelden insgesamt **private Räume** werden. Als solche sind von besonderer Bedeutung: Boštjans Elternhaus beim vulgo Cimper oben im engen Gebirgstal, dann das Bauernhaus seiner Stiefmutter im Poden unten im Tal, ferner das Wallfahrtskirchlein zum hl. Leonhard/Lenart sowie die Kirche Šmarjeta/St. Margarethen, schließlich noch das Mesnerhaus, in dem Lina wohnt, und der Wassertrog, an dem sie Wasser holt, von wo aus man zum Felsen hinaufsieht, wo sich einst ein Knecht auf einem Baum erhängte. Von größter Wichtigkeit ist **die Wegstrecke durch die Ortschaft Tesen**, die Lipuš kennt und die er seinen Helden Boštjan durchwandern lässt, wobei dieser jedesmal ein Stück reifer wird. Auf diesem Weg erreicht Boštjan die Nachricht vom Tod seiner Mutter und der anderen mitgefangenen und vergasten Frauen. Nachdem er dort Lina schon in der Kindheit begegnet ist und diesen Wegabschnitt öfter mit ihr durchwandert hat, beschließt er, die Mutter mit ihr gemeinsam zu betrauern. Er will sein zukünftiges Leben mit Lina verbringen und beginnt zu fliegen.

Zeitstruktur: Zeitraffende Elemente verwendet der Autor, wenn sich der Hauptheld an autobiografische Begebenheiten erinnert, wie z. B. daran, dass das Fahrrad des Vaters normalerweise die Jahreszeiten ankündigte, weil er es immer im Frühjahr vom Dachboden holte und im Herbst wieder dort verstaute. Das zeitdehnende Erzählen setzt der Autor dann in der Folge ein, um diese Gewohnheit des Vaters zu erläutern. Immer wenn der Autor fiktive Logistikprobleme wälzt, kommt es zum „zeitdeckenden" Erzählen. Diese Erzählstrukturen sind bereits aus den vorigen Romanen bekannt und wurden von Lipuš in jedem neuen Roman etwas verfeinert. In seinem letzten Roman spielen jedoch diese altbekannten Strukturen eine untergeordnete Rolle. Hier bevorzugt Lipuš **ein spiralenförmig sich entwickelndes Zeitgebilde**, indem er ausgehend von einem ganz bestimmten Punkt auf der Zeitenachse die Gegenwart durchschreitet, über die Vergangenheit nachdenkt und in die Zukunft vorausschweift, sodass sich nach jedem einzelnen Kapitel der Erzählkreis schließt und zum Ausgangspunkt auf der Zeitenachse zurückkehrt. Diese Kreise erweitern sich ständig, sodass der vorletzte Erzählabschnitt zu einer Zusammenfassung der Geschichte anwächst, aus der das letzte Kapitel als Zukunftsvision hervorbricht. Diese besondere Erzähltechnik bewirkt, dass Lipuš in seinem letzten Roman traditionelle Raum- und Zeitstrukturen endgültig hinter sich lässt und neue Maßstäbe setzt, in denen sowohl räumliche als auch zeitliche Kategorien verschmelzen. Auf diese Weise führt der Weg durch den Ort Tesen schließlich zur **Befreiung des Haupthelden von räumlicher, zeitlicher und persönlicher Enge**. Ähnlich bedingt dieses „spiralenförmige Erzählen" auch, dass Räume mit immer neu hinzukommenden Inhalten und Metaphern belegt werden, um zu einem abgerundeten Ganzen zu verschmelzen. Auf diese Art und Weise verlieren Gegenwart, Vergangenheit und Zukunft ihren konkreten historischen Anspruch, denn sie verfließen zu individuell reflektierten Zuständen, die sich jederzeit beliebig erweitern lassen. Die durch den Dramaturgen in letzter Konsequenz aufgehobenen räumlichen Positionierungen und zeitlichen Abläufe schaffen **statt äußerlich wahrnehmbaren Strecken neue Innenräume** für die Erlebnisse der Figuren. – **Die öffentlichen Räume verlieren hier ihre manipulierende und damit einengende Position**, sodass der Hauptheld in den befreiten fiktiven Räumen in seiner Vorstellungswelt seine gesamte Kindheit und Jugendzeit letztlich so weit aktiv und damit endlich subjektiv aufarbeiten kann, dass er innerlich zu fliegen beginnt.

Personen: Der positive Hauptheld heißt **Boštjan**, der über sein Leben als kleiner Bub, als Jugendlicher und Erwachsener nachdenkt. Den Hauptteil seiner Reflexionen füllen die Erinnerungen an seinen Vater, seine Mutter und an seine Großmutter aus. Seine Gegenspielerin **Lina** beflügelt ihn durch ihr Verhalten. Die Institutionen Dorf bzw. Markt sowie Internat und Kirche spielen keine wesentliche Rolle mehr, einzig Linas Vater besitzt als **Mesner** solange noch einen direkten Draht zu Gottes Vorsehung, bis Boštjan auch dessen Spiel durchschaut. Der erfolgreiche Titelheld reflektiert alle seine zum Teil sehr schmerzhaften Erinnerungen so lange, bis er sie schließlich so umfassend verinnerlicht hat, dass er seinen ganz persönlichen Weg in die Zukunft findet. Dabei beschreitet der Erzähler unkonventionelle Wege und bricht endgültig mit unzeitgemäßen Tabus. – **Der Vater** wird zum Inbegriff von Arbeit und Disziplin, er symbolisiert das mit Brettern vernagelte Haus, einen beschränkten Geist. Er steht für die Gegenwart, während **die Großmutter** Rettung bedeutet, auch nach ihrem physischen Tod anwesend bleibt und so die unübersehbare Schutzmacht des Hauptdelden darstellt. Sie verkörpert eigentlich die Vergangenheit. Allein **die Mutter** gibt ihrem Sohn durch ihren Namen eine Identität und sorgt durch ihre liebevolle Anerkennung seiner auserwählten Lina für eine geordnete Zukunft.

Im Original folgt hier die **Graphik zum Raum-, Zeit- und Personen-Konzept**. (Im Buch siehe Anhang.) Boštjan wandert, ausgehend von einem Punkt vor dem Ort Tesen, durch diesen und über die „Otavarjeva steza“ (= Grummetsteig) zu seinem Elternhaus. Lina begleitete ihn schon als Kind durch die Ortschaft Tesen. Boštjans Mutter und seine Großmutter wallfahren mit Lina zum Kirchlein des hl. Leonhard/Lenart. Dann wird die Mutter im Elternhaus von Gendarmen abgeholt und ins Tal gebracht. Dorthin geht Boštjan am nächsten Tag mit seinem Bruder. Später stirbt die Großmutter im Elternhaus und wird begraben. Sie bleibt dort jedoch für Boštjan anwesend. Anschließend zieht Boštjans Vater mit der Familie vom Cimper (Elternhaus) in den Poden (Flachland im Tal), ins Bauernhaus von Boštjans Stiefmutter. Noch während der Hochzeit seines Vaters geht Boštjan hinauf zu Linas Elternhaus, wo ihn jedoch Linas Vater am Fensterln/Prenteln/Einsteigen hindert. Lina geht an Boštjans neuem Aufenthaltsort vorbei in die Kirche nach Šmarjeta/St. Margarethen, wo auch er fortan die Messe besucht. Boštjan beobachtet Lina oberhalb der Otavarjeva steza, wo sich ein Brunnentrog und eine alte Mühle befinden. Von dort aus sieht er hinauf zum Felsen, auf dem sich einst ein Knecht auf einem Baum erhängte. – Die geistige Anwesenheit der Großmutter wird durch ein Rechteck, die Idee von der Todesnachricht der Mutter durch eine Gerade markiert. – **Zeitstruktur zunehmend verwischt.** Boštjan geht den Weg durch den Ort Tesen unzählige Male. Die Hochzeit seines Vaters dauert einen Tag und eine Nacht. Die erste Begegnung zwischen Boštjan und Lina in Tesen löst eine **Wellenbewegung** aus, die durch immer wiederkehrende Erinnerungen immer größere Kreise zieht, bis die Verinnerlichung des Todes der Mutter Boštjan schließlich zum Fliegen befähigt. – Als **Haupterzählstränge** wurden herausgeschält: 1. Boštjans Entwicklung, 2. Linas Einfluss auf ihn, 3. die Rolle des Vaters, 4. die Großmutter als

Beschützerin, 5. die Mutter als Vermittlerin von Weisheit. – Auch hier bleiben Familiennamen ausgeklammert.

Milieu: Boštjan kennt Lina von klein auf. Sie kommt jedoch nur bei ihm zu Hause vorbei, um das Pferd auszuleihen. Dass Mutter und Großmutter mit ihr wallfahren, flößt Boštjan Vertrauen ein. Obwohl die Großmutter stirbt, beschützt sie ihren Enkel sogar vor den dunklen Machenschaften des „škopnik". Im neuen Heim fühlt sich der Bub nicht zu Hause, sodass er seinen Vater mit Verschlagenheit gleichsetzt. Boštjan setzt all seine Hoffnung in Lina, welche ihm jedoch lange Zeit von ihrem Vater verwehrt wird. Als Boštjan realisiert, dass er durch Trauerarbeit frei werden kann, löst er sich von den Fesseln der kirchlichen Exegese und beginnt ein neues Leben. – Die Verfasserin wählte für diesen Roman die Bezeichnung „autobiografisch-mythologischer **Heimatroman**", geht es doch um Boštjans individuelles Schicksal und seine Reaktion auf die für seine ganze Familie katastrophale Wirkung der ethnischen Säuberungspolitik im 2. Weltkrieg, was auch hier die ganz im Vordergrund stehende politische Willensbekundung des Autors unterstreicht. Die Verfasserin gibt noch zu bedenken, dass der Autor selbst alle sieben hier besprochenen Werke der Langprosa als „Romane" bezeichnet hat.

Interpretation: Boštjans Fliegen kündigt sich schon in früheren Romanen an. Stürzt sich Tjaž aus Rache an seinem Vater vom Hochhauscafé in die Tiefe, so wandert der Reisende in „Jalov pelin" nach der Begegnung mit seinem toten Vater zusehends unbeschwerter durch das gemeinsam Erlebte. In „Srčne pege" löst sich Franc/Franz Buterna zunächst im Traum während der sexuellen Vereinigung vom Gefühl des Sturzfluges, Boštjan findet schließlich im angestrebten Zusammenleben mit Lina seine innere Erfüllung, sodass das Abstreifen der Schwerkraft der Sünde ein durchgehendes Romanmotiv darstellt, das sich zum Positiven entwickelt. Bearbeitet man alle sieben Lipuš-Romane, so stellt man auch das Abhandenkommen der Mutter als wiederkehrendes Motiv fest, das sich in „Boštjanov let" massiv weiter entwickelt.

Zusammenfassung: Tjaž will durch das Kratzen an bestehenden Heiligen-Klischees in der kirchlichen Hierarchie hoch hinauf klettern. Die in ihm erwachende Sexualität putscht ihn zusätzlich derart auf, dass er als Journalist wie nach einem freien Fall von einer Hochhausterrasse am Gehsteig verschiedenster Meinungen hart aufprallt. Seine berufliche Entwicklung vom Zögling zum Schriftsteller entpuppt sich als tödlicher Sturzflug. Dann träumt der pensionierte Mittelschulprofessor Franc

/Franz Buterna von der Erfüllung unbändiger sexueller Lustgefühle. Nach dem Begräbnis des Heimatdichters greift er im Traum während des Liebesspieles mitten im drohenden Todesflug aktiv ein und erhebt sich als Vogel in die Lüfte. Schließlich beobachtet Boštjan Lina lange und oft genug, um sich eines Tages für sie zu entscheiden, zumal sie ähnliche Wärme ausstrahlt wie seine Mutter, obwohl gängige Klischees beiden Frauen die Verführung zur Sünde anheften.

Ein Kind ohne Mutter, das ist wie unter einem Strauch zur Welt kommen, eine Strafe Gottes. Seine Mutter, wenn sie noch da wäre, hätte nicht so getan, als sei er einer Baumgabel entsprungen oder beim Ackern aus einer Furche geschlüpft und daß dieser Makel allein durch eine kirchliche Zeremonie gutzumachen sei, wie sie etwa dem Vater am morgigen Tag bevorstand. Sie hätte ihn bewahrt vor dieser verlogenen Gelehrsamkeit und Hohlheit, doch die Mutter ist weggebracht worden, und nun ersteht ihm aus dem dampfenden Badebottich des Vaters und aus den Schaumbläschen der Aschenseife die Stiefmutter. (S. 172 f.)

Boštjan, überdrüssig der Lehren, aller gewohnheitsmäßigen Erziehung und Stallprivilegien satt, will keine Sonderstellung, was er unter diesen Gegebenheiten möchte, ist Lina. Noch immer trauert er der Mutter nach, mit Lina wird die Trauer beendet sein. Im Waschbottisch liegend, streckte er die Arme zur Decke, daß die Wassertropfen an ihnen herunterrieselten und wie ein sexuelles Vorgefühl über die Haut glitten. Ob Himmel oder Hölle, aus Scheintugenden heraus ist er auf dem Weg zur Sünde, zur Leidenschaft, aus langweiliger Biederkeit in ein immer junges, immer neues, aufrüttelndes Verlangen, nicht länger auf dem Weg in die kleine graue, sondern in die tiefschwarze Sünde. (Lipuš, ebd.: 238. Übs. Johann Strutz.)

3.1.8 Zusammenfassung der Raum-, Zeit- und Personen-Struktur

Die Untersuchung der konkreten öffentlichen bzw. privaten Räume in den Romanen ergab folgendes Bild:

- im „Tjaž“ sind Internat und Seminar sowie der Weg dorthin von öffentlichem Interesse, weitere Räume sind das Hochhauscafé und der sich unter der dortigen Terrasse befindende Gehsteig sowie der Friedhof; das Keuschleranwesen der Eltern tritt als privater Raum in den Hintergrund;
- in „Odstranitev“ sind das Dorf mit der Linde und die Dächer der Gebäude sowie der Marktplatz als öffentliche Räume ungemein wichtig, der Pfarrhof und der Wald stellen private Plätze dar;

- in „Jalov pelin“ bilden das Wirtshaus und das Trauerhaus sowie die Eisenbahn und der Begräbniszug parallele öffentliche Räume, die ebenso wichtig sind wie Stall und Feld sowie die ehemalige Holzknechthütte des Vaters und der Schutthaufen des Vaterhauses als private Erinnerungsräume des Reisenden;
- in „Prošnji dan“ thematisiert der Autor die Keffer-Ebene in Kappel/Kapla als Schandplatz und den Prozessionsweg bis zur Lichtung vor der Filialkirche des heiligen Leonhard/Lenart sowie die nahegelegene Propstei als Schauplätze öffentlichen Geschehens, während die landwirtschaftlichen Besitzungen von Marjeta bzw. dem Vater ihres Verlobten als private Anwesen eine untergeordnete Rolle spielen;
- in „Srčne pege“ erleben wir das Heimatmuseum und die Kapelle als geschlossene sowie den Marktplatz und den Friedhof als offene öffentliche Räume, Buternas Haus nimmt im Verhältnis dazu weniger Platz als privater Raum ein;
- in „Stesnitev“ dominieren die öffentlichen Räume: der Markt Kappel/Kapla und der Markt St. Paul im Lavanttal/Šentpavel v Labotu, die Pfarrkirche zum heiligen Michael/Mihael und die Hinrichtungsstätte auf der Grutschen/Gruča sowie das Gasthaus Mažar, private Räume sind etwa das Schlafzimmer des Visitators sowie Kammern und Stuben der Bauern und Keuschler;
- in „Boštjanov let“ gibt es auf Grund der Reflexion des Haupthelden nur private Räume: Cimper, das Vaterhaus; das Bauernhaus der Stiefmutter im Poden, die Kirche in St. Margarethen/Šmarjeta, die Filialkirche zum hl. Leonhard/Lenart.

Während also im „Tjaž“, in „Odstranitev“ und in „Srčne pege“ konkrete öffentliche Räume den Ton angeben, halten sich diese in „Jalov pelin“ mit privaten Räumen die Waage, in „Prošnji dan“ und in „Stesnitev“ hingegen sind die öffentlichen Räume auf Grund der historischen Entfernung von der Gegenwart dominant, im „Boštjanov let“ wiederum überwiegen die konkreten privaten Räume. Auf die Bedeutung der öffentlichen und privaten Räume als abstrakte Gebilde der Innen- bzw. Außensicht der Romanfiguren kommt die Verfasserin später noch zu sprechen. Dort werden auch Ursache und Wirkung von Grenzerfahrung bzw. Grenzüberschreitung behandelt. Jedenfalls berechtigen der häufige Perspektivenwechsel und die eingehende Milieuschilderung bei Lipuš auch zur durchgehenden Klassifizierung der besprochenen Langprosa als zur Gattung der Romane gehörend.

Die Darstellung der Zeitstrukturen ergibt nachstehendes abschließendes Bild:

- zeitraffendes Erzählen überwiegt im „Tjaž“ als Autobiografie und in „Odstranitev“ als Chronik;
- ebenfalls zeitraffendes Erzählen hält sich in „Jalov pelin“ durch die Betrachtung der Erinnerung des Reisenden mit dem zeitdehnenden Erzählen die Waage, bedingt sonst aber meistens eine aus dem Roman-Rahmen fallende Textsorte wie die „Hausordnung“ im „Tjaž“ und das „Telefonat“ in „Odstranitev“ bzw. die Einflechtung mythologischer Erscheinungen;
- in „Prošnji dan“ überwiegt das zeitdehnende Element bereits, weil Verhör und Folter entsprechend ausgewalzt werden;
- in „Srčne pege“ schließlich wird die Sucht nach sexueller Befriedigung episch ausgewalzt, sodass das zeitraffende Erzählen nur sporadisch vorkommt;
- den historischen Roman „Stesnitev“ müsste man noch genauer untersuchen, jedenfalls werden die historischen Ereignisse zeitraffend nacherzählt und im Laufen befindliche Begebenheiten zeitdehnend wiedergegeben;
- „zeitdeckendes“ Erzählen kommt selten vor, wird aber hauptsächlich dann angewendet, wenn der Autor ein logistisches Problem erörtert, wie z. B. das Stapeln der Stühle im „Tjaž“, das Problem mit der Seilbahn für die Bringung der Garben in „Jalov pelin“ oder die Entdeckung der schwarzen Katze durch den Visitator in „Stesnitev“; es geht aber teilweise in zeitdehnendes Schwafeln über;
- wirklich „zeitdeckendes“ Erzählen gibt es in „Prošnji dan“ beim aneinander vorbeigehenden Gespräch zwischen Marjeta und den Dorfbewohnern hinter dem Holunderstrauch;
- wie bei den konkreten öffentlichen und privaten Räumen gibt es auch in den zeitlichen Abläufen der einzelnen Romane immer wieder Parallelen, die in „Prošnji dan“ besonders ausgeprägt sind;
- zyklisches Erzählen verwendet Lipuš in „Odstranitev“;

- jede Erinnerung des Reflektierenden löst die zeitlichen Grenzen zwischen Gegenwart, Vergangenheit und Zukunft auf, sodass es in „Boštjanov let“ zu einem „spiralförmig“ sich ausbreitenden Erzählkorpus kommt.

Lipuš gestaltet die Zeit vielfältig gebrochen, sodass sich die Erlebnisse des jeweils Reflektierenden als sein persönlicher Innenraum spiegeln. Einige Beispiele sollen die einzelnen Zeitstrukturen veranschaulichen, u. zw. in dieser Reihenfolge: 1. zeitraffend; 2. zeitdehnend; 3. „zeitdeckend“; 4. parallel; 5. zyklisch; 6. „spiralförmig“.

Er [= Vitezović] kam bis Laibach, machte Halt, um im Valvasorhaus, einem zweistöckigen Gebäude, Aufträge zu erledigen, und setzte dann den Ritt nach Krain fort. (Lipuš, Verdächtiger Umgang mit dem Chaos, 1997: 99. Übs. Johann Strutz.) [Zu 1. zeitraffend.]

Endlich hat unter dem Gebüsch der blanke Boden aufgeblinkt, jeden Augenblick wird sich die Stirnseite seiner Heimstätte zeigen. ... Da erscheint weder die Vorderfront noch die Rückwand eines Gebäudes, eine Schutthalde erscheint, die von allen Seiten von Unkraut, Flechtwerk, Wuchergras und Dickicht eingefaßt ist, die Kuppe der bewachsenen Schutthalde erscheint, ein schoberförmiges Konglomerat von Sand, Stein und Moderzeug. (Lipuš, Verweigerung der Wehmut, 1997: 146 f. Übs. Fabjan Hafner.) [Zu 2. zeitdehnend.]

[Sie [= Marjeta] verteidigte sich, kehre sie doch nach der Abkürzung vom Nachbar zurück, wo sie bei der Arbeit am Besitz geholfen habe, auf welchem sie sich mit dem jungen Hausherrn zusammengewöhne, ...

Schau einer an, erwidern sie [= die Dorfbewohner], ..., ihr schwirren die Männer im Kopf herum, ...

Das ist nicht wahr, das mit den Männern, sagt sie, ... (Lipuš, Prošnji dan, 1997: 24. Übs. L. M. R.)] (Zu 3. „zeitdeckend“.]

[...: früher einmal war am Unglück eine einzige Hexe schuld, ..., heute wird das Unglück von der ganzen Bevölkerung des Ortes verschuldet. (Lipuš, Prošnji dan, 1997: 50. Übs. L. M. R.)] [Zu 4. parallel.]

Im Sommer befindet sich unter dem Lindenbaum ein Gastgarten, wo man Getränke ausschenkt und Speisen auftischt; im Winter ist dort ein grauer und schmutziger Plan. (Lipuš, Beseitigung meines Dorfes, 1997: 80. Übs. Fabjan Hafner. > Plan = (veraltet) ebene, freie Fläche.) [Zu 5. zyklisch.]

Und nur dieses eine Mal, als sie [= Lina] ihm [= Boštjan] zugestoßen war, ging er wirklich durch Tesen, war er zum ersten Mal ganz hindurchgegangen, wirklich und wahrhaftig, alle anderen Male schienen nicht zu zählen. ... (7.)

Lina hat sich in Boštjans Gedächtnis von Kindheit an eingeschrieben, nicht erst seit damals, als sie einen Teil des Weges gemeinsam gingen, weil es sich so ergab. ... (116.)

Nicht die zwei waren schuld, die Straße war es. An der ausersehenen Stelle, Boštjan könnte schwören, daß sie seit Ewigkeit für ihn vorbereitet war, von der Großmutter gekennzeichnet und von der Mutter vorbestimmt, an der Stelle, wo sich die Ränder annäherten und die Straße ungewöhnlich schmal war, heute waren sie ringsum zurückgeschnitten und spürbar verengt, stießen sie wegen des unwahrscheinlich engen Straßenhalses aufeinander, fanden sich eng nebeneinander. (Lipuš, Boštjans Flug, 2005: 245. Übs. Johann Strutz.) (Zu 6. „spiralförmig".]

Nicht immer kann man die Zeitstrukturen so klar voneinander trennen, weil Lipuš sie ineinander verwebt, Grenzen verschwinden lässt und überwindet. Die Untersuchung zeigt, dass alle angesprochenen Strukturen schon im „Tjaž" grundgelegt sind, im „Boštjanov let" aber eine meisterhafte Vollendung erfahren.

Am Tag der Beerdigung kam der Regen [zeitraffend/zyklisch], ... Wenn ich [= Mitschüler] mich recht entsinne [Innensicht], hat in unserer Geschichte der Regen bisher nirgendwo und nirgendwann mitgemischt [zeitraffend/zyklisch], daher ist es Zeit, daß er [„spiralförmig"] das jetzt tut, solange noch Zeit ist [zeitdehnend]. ..., der Zug soll also abkürzungshalber durch den Park gehen, dieser Weg wird wohl der kürzeste sein [Innensicht]. ..., man erzählt sich, daß sich heuer alles verteuern wird [zyklisch], höchste Zeit, daß wir es regnen lassen, daß wir die Schleusen der Wolken auftun und die schwersten Tropfen vom Himmel fallen lassen [Dramaturg], derer ich mich entsinne [Innensicht], sofern man sich überhaupt auf mein Gedächtnis verlassen kann [zyklisch], und Gott sprach [zeitraffend, zyklisch], es werde Regen, und es ward ein Regen [„zeitdeckend"], wie er sich nicht jeden Tag ereignet [zyklisch], und Gott lenkte lange und harte Strahlen auf alle diese Hüte und feiertäglichen Rücken, ein rechtes Ungewitter ergoß sich über sie, ein pures, weitgespanntes Geregne ohne Blitze und Gedonner dampfte hernieder und verschlug ihnen allen die Stimme [zeitdehnend/mythologisch/„spiralförmig"]. ... Ich muß bekennen [Innensicht], daß ich zu spät kam und mich dem Zug erst am Friedhofstor anschloß, denn Geschäfte hatten mich aufgehalten [zeitraffend], da ein Herumstehen und dort ein Plausch, überall hältst du dich kurz auf, eine Kleinigkeit hier, eine Kleinigkeit dort, und nichts der Rede wert [zeitdehnend/parallel/zyklisch], aber es wächst sich aus [mythologisch], jedenfalls genug, um sich zu verspäten und sich dem Zug gerade erst in dem Moment anzuschließen [zeitdehnend], da er noch ein Zug ist und noch nicht eine zerstreute Menge, sich ihm also anzuschließen im letzten Moment vor seiner Mutation, gerade bevor er sich auflöst und in jene Masse verwandelt, die sich dann gewöhnlich über den Friedhof ausbreitet [zeitdehnend/„spiralförmig"]. (Lipuš, Zögling Tjaž, 1997: 309 ff. Übs. Peter Handke und Helga Mračnikar.)

Früher kam er [= Franz Buterna] regelmäßig auf den Hofplatz, entriegelte die Tür zur Schmiede, zum Stall, trat unter den Heuboden, wo einige Geräte abgestellt waren. Mit dem Pflug da ackerte die Großmutter und er führte die Ochsen, zog das allzu langsame Gespann hinter sich her, bändigte am Ackerrand den öchsischen Eigensinn. Bevor die Pflugzeit begann, ging die Großmutter murmelnd die Ackererde ab, um nachzusehen, wo der Fels von neuem aus dem Boden hervortrat und den Ochsen schüttete sie Getreide auf. Das schwerfällige Vorrücken der Pflugtiere schonte das Gerät, auch wenn die Pflugschar auf einen Stein traf [zyklisch]. Nun rostet das einst schimmernde Eisen langsam vor sich hin, verkrustete Erde klebt an den Teilen, Pflugbalken und Vordergestell sind mit Geriesel vom darüberliegenden Gangboden bedeckt, die Wende ist zerbrochen, das Pflughaupt mit einer grauen Schicht überzogen, Schiene, Schar und Messer sind in den Boden eingesunken, Deichsel, Handzug, Waagscheit und Griffe von Spinnweben umgarnt [parallel]! Seit die Geräte zerfallen und verrosten [zeitraffend], seit die Decke auf die Esse und der Schaub auf den Pflug gefallen sind [mythologisch], bleibt er dem Haus fern, kommt nicht mehr in seine Nähe, er kann die Trümmer nicht sehen. Weiter weg setzt er sich auf der Böschung nieder und späht hinüber [zyklisch], wie es voll ist, seit es leer ist [mythologisch]; er tastet im Gras nach den Spuren der Ahnfrau im Haus [mythologisch], horcht, wie der Schüttboden zerfällt und nicht verfällt [mythologisch/Innensicht], wie die alten Maschinen auf der Tenne schnurren, wenn sie schweigen [mythologisch], und beim Vieh, dessen Klauenabdrücke um den Stall herum von den Jahren zugedeckt wurden [zeitraffend], wie er nicht aufhören kann, unter den Bäuchen die Fliegen zu verscheuchen [Erinnerung/„zeitauflösend"/Innensicht/zyklisch]. (Lipuš, Herzflecken, 1999/ 2000: 240 f. Übs. Johann Strutz.)

Bezüglich des Inhaltes und der Figurenkonstellation kann man zusammenfassend Folgendes festhalten:

- Lipušs Romane enthalten brisante politische Aussagen im Hinblick auf die menschenvernichtende Maschinerie im 2. Weltkrieg und „Stesnitev" solche hinsichtlich der Kärntner Rechtsgepflogenheiten im Jänner 1670;
- die Wahrung der Tradition durch die ländliche Bevölkerung in Dorf und Markt verkommt zu einer oberflächlichen Folklore;
- die Disziplinierung der unteren Bevölkerungsschichten durch kirchliche und weltliche Amtsträger erfolgt ohne Rücksicht auf elementare Menschenrechte;
- die Manipulation der Gläubigen durch die r.-k. Kirche treibt ganz seltsame Blüten;

- die innere Leere der Romanfiguren wird durch teils neu entstehende Mythen gefüllt;
- die autobiografischen Bestandteile künden von einer sehr frühen Todeserfahrung des Autors, für den im Alter von sechs Jahren die heile Welt auseinandergebrochen war;
- die uneheliche Geburt belastet die männlichen Hauptheldem Tjaž, Franc/Franz Buterna und Boštjan massiv;
- die autoritäre Erziehung durch den Vater und die konservative Leitlinie der Erzieher im Internat wirken sich auf die Herzensbildung der eben erwähnten Figuren katastrophal aus;
- der Hauptheld entwickelt sich ungeachtet seines geschilderten Alters vom aufmüpfigen Untertan zum liberalen Kämpfer;
- gibt es in jedem Roman einen Reflektierenden, der durch die fortwährende Aufarbeitung seiner Erinnerungen schließlich in der Figur des Boštjan zu sich selbst findet.

Zusammenfassend wird festgehalten, dass Ivan Cankars Romane großen Einfluss auf die Lipuš-Romane ausüben, besonders was das parallele Erzählen und das Motiv der unbewältigten Beziehung zwischen Autor und seiner Mutter betrifft. Weitere wesentliche Einflüsse aus der Geschichte des slowenischen Romans können im Original am Beginn dieses Kapitels nachgelesen werden. Die von der Verfasserin vorgenommene Klassifizierung der Romane stützt sich auf das vom Autor geschilderte Ambiente. In den abstrahierten Graphiken zum Raum-, Zeit- und Personenkonzept werden auch aktives und passives Verhalten der Protagonisten sichtbar gemacht. Am auffallendsten gekennzeichnet sind darin die toten Helden. Die Orte A und B, C und D sowie E und F besitzen Parallelfunktion, worauf auch im Kapitel „Identifikationsfaktoren“ bei der Besprechung der Handlungsmuster als Grundlage für die Identitätsfindung der Protagonisten noch genauer eingegangen werden wird. Insgesamt zeigt die sehr umfangreiche, praktische Studie, wie sich **Lipušs vielfältiges Erzählrepertoire** in seinen Romanen niederschlägt, was darauf schließen lässt, dass die durch die Handlung der Protagonisten begründete Identität ebenso schillernd ausfallen wird.

3.2 Von der Skizze zum Roman

Nach der eingehenden Untersuchung der Lipuš-Romane hinsichtlich ihrer Raum-, Zeit- und Personenstruktur folgt eine exemplarische

Besprechung einiger Themen in Skizzen, die der genannte Autor in seinen Romanen erweiterte. Hier folge ich zunächst den Ausführungen von **Jože Blajs** in seiner Diplomarbeit aus dem Jahre 1982. Zu den Seiten 9 bis 25 kann man zusammenfassend feststellen, dass Lipuš in den im „Kres" (Johannisfeuer) veröffentlichten literarischen Kurztexten die Aussiedlung der Mutter, die Krankheit und den Tod der Großmutter und die Lage des dadurch verarmten Kindes aus der Perspektive eines Kindes schildert. Nach ersten Zweifeln ändert er seine eindeutig statische Schreibweise, sodass man in den in „Vera in dom" (Glaube und Heim) abgedruckten Texten bereits ein mehrdeutiges und verflochteneres Ausdrücken feststellen kann. Zu Ende dieser Phase veröffentlicht Lipuš vermehrt experimentelle Kurzprosa. Ein durchgehendes Thema bleibt nach Blajs das Verhältnis des Internats als Erziehungsanstalt (= „zavod") zum Partisanentum. Lipuš streift in dieser Zeit das Liebesthema nur am Rande, behandelt die Nationalitätenfrage pessimistisch, konzentriert sich auf den alltäglichen Existenzkampf des Einzelnen, der in Krisensituationen absolut verloren ist. Ferner ortet Blajs bereits in dieser frühesten Schreibphase einen leichten Widerstand gegen die Anstalt, was im „Tjaž" jedoch zum zentralen Problem ausgebaut wird. Auf den Seiten 31 bis 42 erläutert Blajs Lipušs Einarbeitung von **Skizzen aus der „mladje"-Zeit** in die Erstausgabe des Romans „Zmote dijaka Tjaža" im Jahre 1972. Daraus ist v. a. die in „mladje" 1/1960 (S. 7 ff. Jungholz) veröffentlichte Skizze „Drobni utrinki" (Winzige Sternschnuppen) von besonderem Interesse. Blajs hält fest, dass Lipuš hier den Vater des Protagonisten aus dem ländlichen Raum in die Stadt verpflanzt, wobei er ihm eine neue soziale Rolle zuschreibt und gleichzeitig die emotionale Beziehung zwischen Sohn und Vater verändert. Im zweiten Teil dieser Skizze denkt Lipuš über die Veränderungen nach, die aus natürlichen Burschen vom Land im Kirchendienst stehende, angepasste Individuen machen, während das entsprechende Resultat im Roman die Folge von unbemerkten erzieherischen Zwangsmaßnahmen ist (S. 32 f.).

Blajs untersucht des Weiteren folgende Texte: „Prva ljubezen" (S. 33 f. Erste Liebe), „Veronika" (S. 34.), „Dve pesti spominov" (S. 34 f. Zwei Faustvoll Erinnerungen), „One v kupeju in še kaj" (S. 35 f. Jene im Kupee und noch was), „Fant, ki je hodil" (S. 36. Der Bub, der hinterher ging), „Vsi sveti na peronu" (S. 36. Alle Heiligen auf dem Bahnsteig), „Črnokruhovi" (S. 36 f. An die Schwarzbrotbäuerin), „Prazne roke" (S. 37. Leere Hände), „Perspektive z ljudmi" (S. 37 f. Perspektiven durch

Leute), „Napis“ (S. 38. Niederschrift), „Ne oziraj se, Lili“ (S. 38 f. Schau nicht zurück, Lili), „Brez naslova“ (S. 39. Ohne Überschrift), „Mrtvo oznanilo“ (S. 39 ff. "Verkündigung ohne Echo"), „Odmev današnjega dne“ (S. 41. Echo des heutigen Tages), „Ples z ljubico“ (S. 41. Der Tanz mit der Geliebten) und erwähnt „Zemlja in vse druge zemlje“ (Die Erde/Welt und alle anderen Welten), „Zimska igra s sončnicami“ („Winterliches Spiel mit Sonnenblumen“/„Das Wintersonnenblumenspiel“), „Mimo drevesa žalosti“ (Vorbei am Baum der Traurigkeit), „Dan“ (S. 42. Der Tag) als weitere Skizzen, die Lipuš 1964 in **„Črtice mimogrede“** (Skizzen im Vorübergehen) in Buchform herausbrachte. Blajs fasst jene Lipuš-Skizzen in einer Tabelle auf Beilage 1 (= „Priloga 1“, nach der Seite 44) zusammen, die auch in „Črtice mimogrede“ entweder unter dem gleichen oder einem anderen Titel und mit mehr oder weniger verändertem Inhalt vorliegen. Bemerkenswert sind noch die Hinweise darauf, dass obiger Skizzenzyklus bereits 1962 unter dem Titel „Vlak ima svoj ritem, črtice mimogrede“ (Der Zug hat seinen Rhythmus, Skizzen im Vorübergehen/Vorüberfahren) von den Auslandsslowenen in Buenos Aires, Argentinien, hätte herauskommen sollen (S. 42.), dann aber 1964 in Ljubljana in der Sammlung „Tokovi časa“ (Zeitströmungen) unter dem Redakteur Kajetan Kovič (vgl. Blajs, 1982: 43.) erstmals in gebundener Form erschienen ist.

Die Verfasserin wählte aus Gründen der thematischen Breitenstreuung folgende Vorgangsweise:

- die dramatischen und novellenhaften Skizzen entfallen als Bausteine von Romankapiteln, weil Lipuš in letzteren fast keine Dialoge einbaut und keine tagespolitischen Themen vorkommen;
- Naturskizzen werden sowohl aus der Periode der Veröffentlichungen vor 1960 als auch aus den ersten „mladje“-Nummern besprochen, die sich in „Črtice mimogrede“ (1964) wiederfinden;
- dieselben anakreontischen Skizzen werden hinsichtlich ihrer Erweiterung zu Romankapiteln diskutiert.

In diese nähere Auswahl fallen folgende Titel, u. zw. in chronologischer Reihenfolge ihrer Erstveröffentlichung:

- **„SPOMINI“** (Erinnerungen) aus „Vera in dom“, XII (1960), S. 77, woraus in „mladje“ I (1960) 1, S. 28 f., „dve pesti spominov“ (Zwei Faustvoll Erinnerungen) wurde, dessen Haupterinnerungsinhalte außer in „Prošnji dan“ und „Stesnitev“ in allen fünf anderen Romanen vorkommen.

- **„MATI ZEMLJA“** (Mutter Erde) aus „Vera in dom“, XII (1960), S. 97, woraus in „Črtice mimogrede“ (1964) „Zemlja in vse druge zemlje“ wurde und schließlich als zehntes und letztes Kapitel im „Tjaž“ wieder auftaucht, wobei der deutsche Titel mit „Das Kapitel von der irdischen Welt und allen anderen Welten“ übersetzt wurde.
- **„črtica o kozolcu“** (Skizze über eine Heuharfe) aus „Vera in dom“ XIII (1961) 7, S. 106, woraus in „mladje“ I (1960) 1, S. 7 ff., „drobni utrinki“ (Winzige Sternschnuppen) wurde, die Heuharfe dann im „Tjaž“ ebenso zum Ausgangspunkt für das Hinterhergehen des Sohnes hinter dem Vater wird, in „Srčne pege“ jedoch zunächst zum zwar vereinbarten, aber verpassten Treffpunkt des Maturanten und seiner Geliebten sowie schließlich zum ersten der Erfüllungsorte der späten Liebe des Franc/Franz Buterna wird.
- **„veronika“** (Veronika) aus „mladje“ I (1960) 1, S. 37 f. wurde zum Makel des unehelich geborenen Protagonisten in den Romanen „Tjaž“, „Srčne pege“ und „Boštjanov let“.
- **„črnokruhovi“** aus „mladje“ II (1961) 2, S. 12 f., woraus in „Črtice mimogrede“ (1964) die Skizze „Padanja“ (das Fallen) wird, im Roman „Stesnitev“ hingegen die Markthure Črnokruhova auftritt.
- **„ne oziraj se, lili“** (Schau nicht zurück, Lili) aus „mladje“ III (1962) 4, S. 53 ff., woraus in „Črtice mimogrede“ (1964) „Žalostinka za Lili“ (Trauerlied für Lili) und im „Tjaž“ das Kapitel 3 „Poglavje o ubijanju vranov“ („Das Kapitel vom Erschlagen der Raben“) wird.
- **„čarovnice“** aus „mladje“ VIII (1972) 12, S. 16 ff. als Grundlage für den Roman „Prošnji dan“.

Da Lipuš also in seinen Romanen die in seiner frühesten Schreibphase ausgewählten Motive verschiedenartig ausbaut, werden hier inhaltliche, strukturelle und persönlichkeitsbildende **Veränderungen im Sinne von Metamorphosen** beschrieben. Die Skizze „črnokruhovi“ wurde stark gekürzt als „Padanja“ in den „Črtice mimogrede“ im Jahr

1964 und nochmals geringfügig verändert 1997 veröffentlicht. Geht es in der primären Version v. a. im ersten Absatz um die stilistisch hervorstechende Frage, ob etwas so geschehen sei oder nicht, und um die Bemerkung, dass die Nachricht von der marschierenden Soldatenkarawane auch eine alte Frau in einem Dachbodenzimmer erreicht, die wegen ihrer Zugehörigkeit zur anderen Volksgruppe weniger wert ist, so erhalten wir gegen Ende einen konkreten Hinweis auf das **Haus Nummer 3 mit der Vulgarbezeichnung „Črnokruh"** sowie schließlich die Pointe, dass damals das Feuer im Herd ausgegangen war. In „Padanja" gibt es diese Konkretisierung nicht mehr, weil ohnehin klar ist, dass es beim Abtransport von fünf an einer Wand in einer Reihe Erschossenen in der Nähe einer Feuerstelle um Gräueltaten während des 2. Weltkrieges geht. – **Das Motiv des Feuers** taucht in „Jalov pelin" während der Erinnerung des Reisenden am Schutthaufen seines Elternhauses wieder auf, als die Mutter abgeführt wurde und den Kindern auftrug, das Feuer im Herd zu hüten. – Vom konkreten Motiv der Fallenden nach dem Erschießen könnte man im übertragenen Sinne auf das moralisch gesehen im Markt Kappel/Kapla im Jahre 1670 gesellschaftlich durchaus anerkannte Motiv der auch den vermeintlichen Inquisitor Ritter Vitezović emotional in Verlegenheit und schließlich höchstwahrscheinlich zu Fall bringenden Hure Črnokruhova schließen. – Möglicherweise gibt es auch Parallelen zwischen dem Hunger der Soldaten nach Brot in der Skizze und dem Verlangen des Priesters nach körperlicher Liebe im Roman, also **die Befriedung körperlichen und seelischen Verlangens**.

In der anakreontischen Skizze „veronika" thematisiert Lipuš einerseits die dienende Rolle der Frau, dargestellt in der 6. Kreuzwegstation, und andererseits die den Priesterstudenten auferlegte Einsamkeit, die „Veronikas" nicht einmal in Träumen erlaubt. Hier sind der Austritt des „Tjaž" aus dem Priesterseminar und die abgesagte zweite Primiz in „Odstranitev" bereits grundgelegt. Auch **der dem Helden durch die uneheliche Geburt anhaftende Makel** in „Tjaž", „Jalov pelin", „Srčne pege" und „Boštjanov let" nimmt in dieser Skizze seinen Anfang.

Der aus neun Unterkapiteln bestehende Prosatext „čarovnice" (aus „mladje" VIII (1972) 12, S. 16 ff.) kann als Skizzenzyklus bezeichnet werden, wobei es sich beim ursprünglichen Konzept offensichtlich um eine Einladung zu einem Treffen in der Hermagoras/Mohorjeva oder zur 1972 stattfindenden Synode in Klagenfurt handelte. Aus diesem Sachtext wurde die objektive Aussage getilgt und er wurde zur subjektiven Prämisse verändert, wonach die erfahrene „Oberhexe" im Keller der Hermagoras/Mohorjeva residiert und die Kirche weder eine „Mutter", nicht einmal eine „Stiefmutter" ist. Nach vollzogenem Perspektivenwechsel erstellte Lipuš vermutlich das Grundkonzept für die Polemik gegen obige Institutionen, welches sich in den Überschriften spiegelt: Einführende Vorbereitungen zum Zaubern, Verhexen der äußeren Umstände, Verhexen der Gegenwart, Verhexen der Vergangenheit, Vorbereitungen kurz vor dem Hexen, Verhexen der Vorvergangenheit, Verhexen der Sinne (Gesichtssinn, Gehör, Geruch, Geschmack, Tastsinn), Verhexen der Eingeweide, Verhexen der Zukunft.

In dieser sarkastischen Programmschrift mit dem Titel „čarovnice" lädt die Oberhexe ihre Kolleginnen und Kollegen zu einem „synodalen Treffen mit den Teufelinnen und Teufeln" ein. Zunächst beschreibt sie die Baulichkeit am Viktringer Ring 26, wobei sie besonders den Zugang durch die Kellerfenster auf der Rückseite empfiehlt. Dann verweist sie auf die üppige Verwendung des Zauberfetts und gibt die Tagesordnungspunkte bekannt. In Abschnitt drei ruft sie alle Rosen-, Jaun- und Gailtaler zum Treffen auf und ergeht sich in Lobeshymnen für die Kirche, die durch ihr Handeln jedoch das Gedeihen der Wissenschaften verhindert. Dann folgen zwei Unterkapitel mit Berichten aus der Kirchengeschichte in Deutschland und Slowenien, die die Hexenverfolgung betreffen. Thomas von Aquin wurde als Urheber heiliggesprochen, Papst Gregor IX. erließ dazu eine Bulle und Papst Innozenz VIII. verfügte die Strafverfolgung jener, die die Inquisition behinderten. Generalvikar Kadras und beide Päpste werden verunglimpft. Obwohl hier viel Zahlenmaterial vorliegt und Namen genannt werden, erfährt man nicht, wann die letzte Hexenverbrennung auf „slowenischem Territorium" stattgefunden hat. Die Oberhexe spricht der Kirche angesichts ihrer Blutrünstigkeit das Prädikat „Mutter" ab, nicht einmal „Stiefmutter" ist angebracht. Im Abschnitt 6 wird die Kirche also miserabel bewertet, nachdem im vorigen Abschnitt darauf hingewiesen wird, dass der Reichtum derselben in ursächlichem Zusammenhang mit der Hexenverfolgung steht. Dann folgen Beschreibungen der zahlreichen Proben zum Beweis der Unschuld der Hexen und solche der verschiedensten Foltergeräte, die in der Aussage gipfeln, dass die Kirche entscheidet, was Wahrheit und Lüge ist. Besonders zynisch gestaltet Lipuš den Weg der Hexe zum Scheiterhaufen, auf dem sie von Geistlichen begleitet und umsorgt wird. **Die Einladung zum Treffen** endet mit Ratschlägen für die Zukunft und der Feststellung der Oberhexe, dass sie und ihre Kolleginnen und Kollegen illegal und anonym arbeiten, sowohl Gestalt als auch Methoden „čire čare“ (Hokuspokus) verändern und dass ihre Identität niemand kennt. Diese Prosa enthält einen Aufruf zur Aufarbeitung des Grauenhaften in der Kirchengeschichte und die Einladung an die Frauen, sich in der Kirche zu engagieren. Der vorgenommene Perspektivenwechsel zeigt, wie brüchig von Institutionen in Anspruch genommene Prädikate sind, wenn sie durch Dogmen erreicht werden.

Diese **Groteske** bildet die Grundlage für den Roman „Prošnji dan“, in den obige Zauberformel wörtlich übernommen wurde. Die Geschichte der Hexenverfolgung wird in die Vergangenheit verlegt, findet in Kappel /Kapla und vermutlich in der Propstei Eberndorf/Dobrla vas statt, die „Oberhexe“ erhält den Namen Marjeta, aus dem „krvnik“ (Scharfrichter) wird der „rabelj“ (Henker). – Fühlt sich die Oberhexe im Skizzenzyklus als Chefin einer Gemeinschaft, so ist Marjeta im Roman vollkommen auf sich allein gestellt. Sie kann sich nur mit sich selbst unterhalten, ihre Gefühle testen und ihr Bewusstsein hinterfragen, um mit ihrem Schicksal fertig zu werden. Zahlreiche Proben für ihren Unschuldsbeweis werden mit ihr angestellt. Bei der Vorstellung der Folterwerkzeuge verwendet Lipuš eine Projektion, die den **Zustand der Angst** vermittelt: Marjeta sah sich schon ihre Daumen in die Daumenschrauben stecken (vgl. Prošnji dan, 1997: 39.). Im Geist sah sie sich schon auf der Folterbank aufgespannt (vgl. ebd.). Marjeta sah sich schon in den Qualen hängen, bekleidet mit einem Sack und angeschmiedet am Hexenstuhl (vgl. ebd.: S. 40). Besonders zynisch wirken in diesem Zusammenhang die Erklärungen des Henkers hinsichtlich des Erfindungsreichtums der Dominikaner, Jesuiten und Päpste: eine besondere Ehre aber ist für die Verurteilte, auf Werkzeugen gefoltert zu werden, die Konzepte der Päpste selbst sind (vgl. ebd.). Lipuš abstrahiert die kirchengeschichtlichen Daten und baut die Hexenverfolgung zu einem spannenden Plot aus.

Boro Kostaneks Aufsatz „SPOMINI“ enthält Erinnerungen an den Abtransport seiner Mutter, die Krankheit und den Tod seiner Großmutter und die dadurch für ihn und seine Geschwister mitten in der Kälte des Winters entstandene Armut. Diese veröffentlichte Erstlingsskizze ist ganz aus der Perspektive eines Kindes niedergeschrieben. Die von den Engländern im darauffolgenden Frühjahr abgeworfenen Flugzettel werden von ihm als großer Schatz betrachtet, den er mit seinen Geschwistern auf der Hauswiese einsammelt und den sie auf der Bettdecke der Großmutter ausbreiten. Jahre später findet Lipuš so ein Flugblatt in einem alten Messbuch und er entdeckt zu seinem Erstaunen, dass darauf Glückwünsche zum Muttertag ausgesprochen wurden. Seit damals sind ungefähr fünfzehn Jahre vergangen. An einem Abend denkt nun Lipuš über den Sinn von Muttertagen nach, der wahrscheinlich im Lächeln der Mutter liegt, und er prophezeit Nini, dass sie ihre Zeit an der Seite eines kranken Kindes verbringen wird müssen. Während im obigen Aufsatz hauptsächlich die Beziehung der Kinder zu ihrem heimatlichen Umfeld skizziert wird, enthält die Kurzprosa mit dem Titel „dve pesti spominov" die Erinnerung an jenen Tag im Gymnasium, an dem Lipuš von einem Professor die Nachricht vom Tod seiner Großmutter überbracht wurde. Er erinnert sich sofort an die vielen Verstorbenen in seiner Familie.

[Von den Meinen legten sich so viele in die Erde – und ich wusste nichts über sie. Die Großmutter von Vaters Seite hat man begraben – ich weiß nicht, wie und wann. Damals ruhte die Mutter meiner Mama schon lange in der Erde. Und alle anderen, die der Reihe nach ins Loch rutschten – was ist mir von ihnen anderes geblieben als die Erinnerung, dass es sie gab und dass sie nicht mehr sind? Und dann meine Mama. Niemals haben wir sie begraben, trotzdem wusste ich, dass ich sie nicht mehr habe. Gott weiß, wo sie sich ins Grab zur Ruhe legte ...

Und jetzt die Großmutter, die ich nur so gerufen habe. (slovenec, „dve pesti spominov", mladje, 1/1960: 28 f. Übs. L. M. R.)

Dann hört man die Lautsprecherstimme am Bahnhof, die den Personenzug nach Bleiburg ansagt. Zwischen dem vorigen und diesem Absatz gibt es also **eine Leerstelle**, die der Leser aus dem Zusammenhang ergänzen kann: im 1. Teil befinden wir uns in der Klasse, dann am Bahnhof. Der benachrichtigte Schüler befindet sich also schon auf der Anreise zum Begräbnis, das dann im vorletzten Absatz nach einer weiteren Leerstelle kurz angesprochen wird, weil es sich hier nicht um Lipušs richtige Großmutter handelt. Beide Skizzen sind sehr persönlich abgefasst und enthalten eine unkomplizierte Schilderung der Gefühle ihres Verfassers sowie die Hoffnung, das Grab der Mutter doch noch irgendwo zu finden.

Die Haupterinnerungsinhalte: das Verbleiben der Mutter, die Krankheit und der Tod der Großmutter mütterlicherseits und die dadurch ausgelöste emotionale Armut der Kinder thematisiert Lipuš in allen fünf Romanen, deren Haupthandlung sich in der 2. Hälfte des 20. Jahrhunderts abspielt. Er bearbeitet **das Motiv des persönlichen Verlustes** immer wieder aus einer anderen Perspektive, was im „Boštjanov let" sogar in der Gegenüberstellung des Sterbens der Großmutter mit dem Verschwinden der Mutter gipfelt. Während Boštjan den Tod der Großmutter herannahen spürt und ihn in mehreren äußeren Zeichen erkennt, wie z. B. dem Klappern des Geschirrs in der Kredenz (= im Schrank), so hadert Boštjan mit seinem Schicksal so lange, bis er die Botschaft vom Vergasen seiner Mutter zeitlich sehr verspätet empfängt und immer wieder alle seine Toten bei sich zu Hause um den Tisch versammelt, um den bis dahin versäumten Abschied von der Mutter so nachzuholen, dass er mit Lina ein neues Leben beginnen kann.[11]

Die Einarbeitung der anderen oben genannten Skizzen in die Romane soll hier nur kurz gestreift werden, weil sie ähnlich umfangreich sind wie das Verlustmotiv. – In „črtica o kozolcu“ schildert Lipuš den Weg von Vater und Sohn über die heimatlichen Wege, im „Tjaž“ verlegt er diesen Weg, wie bereits oben ausgeführt, in die Stadt. In „Srčne pege“ wartet der Maturant bei der Heuharfe vergeblich auf seine Geliebte. Er hinterlässt ihr dort einen Brief und eine Halskette. Später liebt er dann als Pensionist genau dort seine Helena zum ersten Mal sehr ausgiebig. – Es handelt sich hier um **das Motiv der Nachfolge**, was also der Sohn aus dem Vorleben des Vaters macht, ob er sich dazu entscheidet, die ausgetretenen Pfade beizubehalten, und inwiefern er fähig ist, neue Wege zu beschreiten sowie durch seine Handlungen neue Maßstäbe zu setzen. Dementsprechend wurde auch das Motto dieser Arbeit ausgewählt, was nicht zuletzt noch durch Valentin Omans Spurensuche und Erinnerungskunst unterstrichen wird. Beim Motto handelt es sich um die Bibelstelle Lukas 14,33 in Deutsch, Slowenisch und Italienisch samt eines Kommentars aus „der Kärntner slowenischen Kirchenzeitung“. Sowohl das „Motto“ als auch der Bildausschnitt von Omans Triptychon, das sich im Oman-Saal der Klagenfurter Universität befindet, entfielen im Vorspann dieses Buches aus reproduktionstechnischen Gründen.

Auch in „ne oziraj se, lili“ bzw. „Žalostinka za Lili“ geht es um das Gefühl der Geborgenheit oder um **das Motiv der erotischen Liebe** zwischen einem jungen Mann und einer jungen Frau. Während Lipuš in beiden Skizzen eine abstrahierte Begegnung der beiden schildert, die in einem Zimmer in der Stadt in der Abenddämmerung und im Herannahen des Lichtes des einzigen Sternes nur mystisch stattfindet, nachdem sie sich im Park getroffen hatten und er eines Tages von ihr gegangen war,

---

[11] Dieses Verlustmotiv wäre ein Thema für eine weitere wissenschaftliche Arbeit.

verkehrt Tjaž des Öfteren mit Lili, wobei ihre Beine genauso strahlen wie in den Skizzen. Im Roman baut Lipuš diese Beziehung jedoch aus, lässt sie aber auch unglücklich enden, weil Tjaž im körperlichen Beisammensein nur Ekel empfindet. – Während beide Skizzen gleich statisch angelegt sind und nur das Vorstellungsvermögen des namenlosen männlichen Protagonisten bemühen, bringt Lipuš bereits in seinem Erstlingsroman in der weiblichen Hauptrolle den Wechsel vom Objekt der Liebesbegierde zum Subjekt einer missglückten Beziehung zum Ausdruck, indem er Lili nach Tjažs Selbstmord erkennen lässt, was er in ihr gesucht hat, was sie ihm jedoch nicht geben konnte. – Schon allein die Vornamen „Lili“, „Nini“ und „Nina“ (in der Skizze „Spomini“) sowie „Lina“ drücken die Veränderung in der Beziehung aus.

Schließlich behandelt Lipuš in der Naturskizze „MATI ZEMLJA“ die Beziehung des Menschen zur Erde als Ernährerin desselben: erst fordert und schindet der Mensch die Erde, sodass sie unter der Last stöhnt, den Menschen erschaffen und ernähren zu müssen, dann fordert sie vom Menschen, dass er sich in ihr zur Ruhe legt und selbst zu Erde wird. – Daraus entsteht in „Zemlja in vse druge zemlje“ eine lyrische Studie einer impressionistischen Getreidelandschaft, die die Schritte des Wanderers verschluckt und in der Morgendämmerung immer wieder in Geburtswehen das Brot für ihre Besucher zur Verfügung stellen muss. **Das Motiv des gegenseitigen Nehmens und Gebens** schildert der Autor im „Tjaž“ sehr konkret am Beispiel des Begräbnisses im letzten Kapitel, in dem der Schulkamerad **die Wechselbeziehung zwischen der Erde und dem Menschen** auslotet, wobei aber mit „Die irdische Welt und alle anderen Welten“ einerseits die von den alten Griechen stammende Interpretation von der Seele des Kosmos gemeint ist und andererseits **die philosophische Diskussion um Wahrheiten** angedeutet wird.

Wie bereits ausgeführt, bearbeitet Lipuš Motive aus seinen Skizzen in den Romanen so vielfältig, dass man darüber eigene Studien anstellen müsste. Auch die von ihm veröffentlichten Romanausschnitte weichen vom späteren Konzept in den Büchern ab. Weiters wären die einzelnen Ausgaben der Romane noch miteinander zu vergleichen. Hier soll nur festgehalten werden, dass die Leerstellen zwischen einzelnen Absätzen in den Skizzen bzw. zwischen Kapiteln in den Romanen einerseits zur Spannung beitragen und andererseits den Leser dazu anregen, das Fiktive durch Imaginäres zu ergänzen. Die weitgehende Vermeidung von Eigennamen fördert zudem die Verallgemeinerung der Handlung, die dadurch trotz vieler stilistischer Merkmale die Regionalität verlässt und sich in Richtung Internationalität begibt. (Siehe Kapitel über den Schreibstil.)

Dass Lipuš seine Romane nicht aus Skizzen zusammensetzt, sondern letztere als beweglichen Teil rund um einen feststehenden Kerntext anordnet und beliebig schnell rotieren lässt, wird im Kapitel „Identifikationsfaktoren" dargestellt, wo dann der Begriff vom „Identitätenkarussell" insofern konkrete Gestalt annimmt, als Lipuš das jeweilige Romanmilieu von einem ganz bestimmten gesellschaftlichen Postulat abhängig macht, von dem sich nur der reflektierende Protagonist nicht vereinnahmen lässt. Strukturell gesehen ist die Verfasserin daher der Auffassung, dass Florjan Lipuš in seinen Milieuschilderungen jeweils einen ästhetisch verfremdeten **Sachtext als alles bestimmendes Zentrum** fixiert, um den er wiederkehrende Skizzenmotive wie in einem Karussell rotieren lässt. Die Verfasserin widerlegt daher die Blajssche These, wonach sich der Erstlingsroman „Zmote dijaka Tjaža" nur aus vorher veröffentlichen Skizzen zusammensetzt, zumal die Hausordnung einen Sachtext darstellt, der vom Autor literarisch verfremdet wurde.

4 Lipušs Erzählstil

Die in diesem Hauptkapitel vorgenommene Stiluntersuchung zu Lipušs Skizzen und Romanen sowie die Vorstellung ausgesuchter Motive aus seiner Kurz- und Langprosa werden die besprochenen Inhalte und Strukturen des fiktiven Weltbildes derart ergänzen, dass im nächsten Hauptkapitel ausgesuchte Handlungsmuster aus allen Romanen Identitätsfaktoren ergeben, die zeigen, wie sich das jeweilige Kollektiv im von der Gesellschaft betriebenen Karussell amüsiert, dessen Antriebsgeschwindigkeit auch vom Zentrum vorgegeben wird. An dieser Stelle wird auf die Notwendigkeit kommentierter Lipuš-Ausgaben verwiesen, die zumindest sprachliche Besonderheiten, kulturelle Eigenheiten, literarische Zusammenhänge, antikes Quellenmaterial und kirchliche Einflüsse in Lipušs Kurzprosa und Romanen besprechen müssten, um einerseits das Verständnis von Zusammenhängen zu fördern und andererseits den Kunstgenuss von **Ironie und Groteske** zu erleichtern, was ganz besonders den Lesegenuss des Romans „Srčne pege" für alle nicht humanistisch Gebildeten wesentlich steigern würde.

In diesem Kapitel werden nun ausgesuchte stilistische Merkmale der Lipušschen Sprache in den umfangreich besprochenen Skizzen und Romanen diskutiert, u. zw. stellt die Verfasserin im Original von Slowenen erstellte Stil-Profile vor. Hier in diesem Buch kommen jedoch nur Literaturkritiker zu Wort, die ihre Stiluntersuchungen bereits in Buchform veröffentlicht haben. Dann setzt sie sich mit der von Johann Strutz v. a. in seiner Habilitation „Regionalität und Interkulturalität" (2003) vertretenen These von den „kleinen Literaturen" auseinander, schließlich erwähnt sie einige rhetorische Figuren nach der Terminologie von Janko Kos im „Očrt literarne teorije" (1996, Abriss der Literaturtheorie) und sie versucht eine eigene Zuordnung der Lipušschen Stilmittel, die sein typisches „Kärntner Standard-Slowenisch" ergeben, wobei es sich um keinen Dialekt sondern um die **Ästhetisierung der slowenischen Hochsprache** handelt, in die Lipuš regionale Komponenten wie Dialektismen und Germanismen sowie intertextuelle Elemente einbringt. Außerdem bespricht die Verfasserin wesentliche inhaltliche Aspekte, die Lipušs Romane zu Sittengemälden machen.

4.1 Sprachliche Elemente

Dieses Unterkapitel wird also dreigeteilt, wobei zuerst Stil-Profile von Helga Glušič, Marjeta Novak Kajzer, Boris Paternu und Franc Zadravec vorgestellt werden, dann wird die These von den „kleinen Literaturen" aus der Habilitationsschrift von Johann Strutz zusammengefasst und schließlich werden Stilmittel in Lipušs Skizzen und Romanen besprochen, die weder nach sprach- noch nach literaturwissenschaftlichen Kriterien geordnet werden, sondern nach ihrem kommunikativen Sinngehalt, das heißt dass ihrer Zuordnung die Fragen zu Grunde liegen: Welche sprachlichen Gegebenheiten hat Lipuš unverändert übernommen? Welche Normen hat er jedoch verändert? Es wird nochmals darauf hingewiesen, dass die umfangreiche Literaturkritik aus slowenischen Periodika hier in diesem Buch weggelassen wird, weil die Verfasserin diese nämlich gemeinsam mit der deutschsprachigen Kritik, die in der Dissertation wegen ihres Umfangs und ihrer andersgearteten Themenwahl nicht besprochen wurde, in einem weiteren Buch veranschaulichen wird. Hier werden demnach nur die in Büchern erschienenen Beiträge exemplarisch besprochen.

In Büchern erschienen folgende **Stil-Profile von slowenischen Literaturwissenschaftern**: je ein Essay von Boris Paternu und Franc Zadravec sowie eine Besprechung von Helga Glušič. Marjeta Novak Kajzer beschäftigt sich in ihrem Buch „Kako pišejo ...“ (Wie schreiben ...) mit Inhalten und Stilmerkmalen zeitgenössischer slowenischer Literaten. Schließlich befasst sich Franc Zadravec in zwei Büchern ganz speziell mit Inhalt und Stil im slowenischen Roman des 20. Jahrhunderts. Außerdem verfassten Franz Krištof die Diplomarbeit[12] sowie Johann Strutz die Habilitation an der Klagenfurter Universität mehr oder weniger zur Stilfrage bei Lipuš. Hier wird ausdrücklich angemerkt, dass noch immer keine einzige umfassende sprachwissenschaftliche Stil-Untersuchung zu Lipušs Romanen vorliegt. Konkordanzen könnten v. a. hinsichtlich der regionalen Sprachmerkmale wie Dialektismen, Germanismen und Archaismen sehr interessant sein und bezüglich der Intertextualität Aufschlüsse über literarische, philosophische, pädagogische u. a. Quellen bieten.

Boris Paternu betont, dass Lipušs Stil unruhige, verschiedenartige und suchende Elemente aufweist, weil sich der Inhalt seiner Werke immer mit dem Kärntner Slowenentum beschäftigt. Auffallend ist am Roman „Tjaž“, dass der Autor den alltäglichen Kulturkampf der Kärntner Slowenen scheinbar verlässt und genaue Ortsangaben verwischt, um im Gegensatz zur traditionellen Kärntner slowenischen Literatur den Widerstand des Helden gegen die Institution „Heim“ durch ein sehr subjektives, philosophisch geprägtes und artistisch gestaltendes Schreiben wettzumachen. (Vgl. Boris Paternu, Esej o Lipušu, Škorenj, 1976: 251.)

[Selbstverständlich veranlasst uns die Literatur Lipušscher Art, bis zu einem gewissen Maß ähnlich wie die Literatur des Kärntner Schriftstellers Janko Messner, dazu, dass wir zuerst ihre innere Spannweite zwischen der Aktualität und dem beobachten, was darüber hinaus drängt, besser gesagt, was der unmittelbaren Aktualität zusätzliche und widerstandsfähigere Bedeutungsdimensionen verleiht, die über den Augenblick hinaus bestehen bleiben, über das Vorkommnis zum Geschehen, über die Geschichte in den tiefliegenderen menschlichen Wesenskern und über die pragmatisch eindeutige Sprache zur

12 Die Diplomarbeit von Stefan Halapier an der Klagenfurter Germanistik bleibt hier unberücksichtigt, weil der Autor die Handke-Übersetzung des „Tjaž“ als Grundlage für seine Ausführungen verwendet. Diese Art wissenschaftlicher Literatur fällt ebenso wie die Diskussion in deutschsprachigen Zeitungen und Zeitschriften in das Gebiet der deutschsprachigen Lipuš-Rezeption.

Künstlersprache beweglicher, zusätzlicher, niemals bis zum letzten festgelegter Bedeutungen. (Boris Paternu, Esej o Lipušu. In: Škorenj, 1976: 261. Übs. L. M. R.)]

Die Metaphorik in Lipušs Skizzen wird im Tjaž durch lexikalische und grammatikalische Besonderheiten abgelöst, die die ironischen Aussagen über sarkastische Bemerkungen zum grotesken Geschehen steigern. Besonders bemerkenswert sind Lipušs Hang zu Autoironie und Autosatire, die bei anderen slowenischen Autoren nicht zu beobachten sind. (Vgl. ebd., 1976: 277. f.) **Helga Glušič** spricht im Zusammenhang mit den Romanen „Zmote dijaka Tjaža" und „Odstranitev moje vasi" von psychologischen Werken, in denen das sprachliche Experiment des Autors darin besteht, dass Lipuš Bilder und Symbole aus der Volksüberlieferung übernimmt, um mittelbare Geheimnisse des menschlichen Lebens und Gesetzmäßigkeiten des Zusammenlebens in der Welt zu entdecken, die fremd, feindlich und verletzbar ist und sowohl geistig als auch geographisch gesehen aus einem engen und kleinen Kollektiv besteht. (Vgl. Helga Glušič, Slovenski sodobni roman, SSJLK, 1991: 116.) Gegenüber **Marjeta Novak Kajzer** äußerte Lipuš, dass es ihm wichtig sei, nicht der Masse der Kärntner slowenischen Lyriker anzugehören, weshalb er auch als Schriftsteller einen ganz eigenständigen Weg gehen wollte. So ist für ihn einzig und allein die Sprache wichtig, die über den Inhalt entscheidet, denn nur wer sich aller sprachlichen Mittel bedient, darf sich auch Künstler nennen. Die Sprache ist zugleich auch Lipušs Refugium. Am Anfang des kreativen Schreibens steht ein Gedanke, der sich der sprachlichen Gestaltung durch den Autor zu unterwerfen hat. Aus gesammelten Phrasen und Wörterbuchanregungen entstehen die Texte sehr, sehr langsam. (Vgl. Marjeta Novak Kajzer, 1993: 294 ff.)

[Ich schrieb von innen heraus, ich nahm aus meiner inneren Welt, aus jener von Ihnen apostrophierten Landschaft, und sehr wenig oder nichts von außen. In diesem Fall war kein unbedingt festes und sicheres Gerüst notwendig. Der Text, der z. B. einen geschichtlichen, sozialen, realistischen Stoff erfasst, kann freilich nicht auf solch fließenden und erschlafften Grundfesten beruhen. Wenn der Stoff (Inhalt) schon nicht die Sprache bestimmt, so bestimmt er aber doch, auf welch fest oder auf welch wackelig aufgestelltem Gerüst der Autor aufbaut. (Marjeta Novak Kajzer, 1993: 298. Übs. L. M. R.)]

Franc Zadravec führt zum Roman „Srčne pege" aus, dass es darin weder die vom Leser erwarteten Dialoge noch irgendeinen Monolog gibt, sodass Lipuš ein Erzählen in der dritten Person gelingt, das Miško

Kranjec nach heftiger Kritik an seinen überreichen Dialogen in der ersten Person verwirklichen wollte, aber schlussendlich doch versagt blieb. (Vgl. Franc Zadravec, 1997: 311 ff.)

[Die ironisierte, groteske Kunst der geistigen Peripherie ist etwa auch eine Opposition zu Helenas Schönheitssymbol; die Seiltänzerei, die Reimeschmiederei und die Fäkalkunst, all diese Peripherie existiert, damit die wirkliche Kunst, damit die Suche nach Helena – Schönheit – ihre Dynamik bekommt, einen höheren und tieferen Sinn und eine Bedeutung, ihren menschlichen Imperativ. Erst nach dieser Distanzierung, erst am Begräbnis des Reimeschmiedes und auf dem um nichts weniger glamourösen Friedhof, am Schauplatz aller Zirkuskultur, kann Buterna die ideale Helena voll entgegenleuchten. (Franc Zadravec, 1997: 314. Übs. L. M. R.)]

Zadravec erklärt das Liebes-Motiv in obigem Roman und dessen Einflüsse auf Lipušs Stil wissenschaftlich und analysiert auch die Sprache sehr genau. Dabei stützt er sich auf praktische Beispiele, sodass seine Schlussfolgerungen nachvollziehbar werden. Er hebt hervor, dass der Autor keine Schönrederei betreibt, Archaismen kreativ wiederbelebt, viele Dialektismen verwendet, Textzitate auch aus Valentin Vodniks Kochbüchlein stammen, dass er Schachtelsätze verdichtet, ein artistisches Sprachsteigerungsspiel veranstaltet und die verlogene christliche Moral entlarvt. (Vgl. Franc Zadravec, 1997: 317 ff.) **Franz Krištof** hingegen analysiert in seiner Diplomarbeit Lipušs Schreibstil nach kommunikativen Kriterien. Die vom Autor bewusst eingesetzte Sprache bietet demnach dem modernen Lipuš-Helden ungeahnte Möglichkeiten zum subversiven Widerstand. Anhand der ersten drei erschienenen Romane bespricht Krištof einzelne literarische Stilfiguren, verweist er auf die Umkehrung der Werte nach Nietzsche und bespricht schließlich die Instrumentalisierung der Sprache zum Zwecke der literarischen Umorientierung, die durch Desorganisation des Textes und sprachliche Innovationsfülle den Leser manipuliert. Durch die Verlagerung der Zeitwörter an das Satzende etwa erzielt Lipuš eine psalmenhafte Ironisierung des Inhaltes. Die subversive Absicht des Autors gilt dem Traditionellen und Etablierten in Kultur und Literatur, wodurch die Sprache zum Rebellionsinstrument wird. Krištof führt z. B. aus, dass die Bewohner in „Odstranitev moje vasi“ ihr Dorf selbst beseitigen, weil sie auf Grund des mangelnden Lebenswillens nichts zur bewussten Erneuerung der Sprache beitragen. (Vgl. Franz Krištof, 1994: 64 ff. u. 75.) Eine genau strukturierte Untersuchung der literarischen Stilmittel in Lipušs Romanen wäre von rezeptionsästhetischem bzw. kommunikationswissenschaftlichem Interesse. Man kann sagen, dass Lipuš demnach sowohl regional geprägt als auch modern orientiert schreibt, was seine durch und durch eigenständige Kreativität auch eigentlich ausmacht.

Während Franz Krištof die Wirkung der Stilmittel auf den Leser im Blickpunkt behält, beschäftigt sich **Johann Strutz** mit der Dialogizität innerhalb des Textes. Bereits in den Profilen 1998 geht er in seiner **These von den „kleinen Literaturen"** davon aus, dass sich Dialogizität nach Michail Bachtin bei Lipuš etwa in der Enttabuisierung der Sexualität bzw. durch die Verwendung verschiedener Sozialregister ausdrückt, denn durch die besondere Situation sind zweisprachige Autoren ständig damit befasst, einerseits der Tradition verhaftet zu sein, andererseits aber etwas bewusst Neues schaffen zu wollen, zumal sie mit der Mehrheitskultur Schritt halten wollen und sich schon aus der Verschiedenheit der beiden Sprachen und Literaturen kreative Denkansätze ergeben. (Vgl. Johann Strutz, Profile, 1998: 30.) Diesen Ansatz erweitert Johann Strutz in seiner Habilitationsschrift thematisch und methodologisch, indem er seine These an Texten ausgewählter Autoren aus dem Alpen-Adria-Raum demonstriert, wie z. B. an Florjan Lipuš und Josef Winkler für Kärnten/Koroška, Pier Paolo Pasolini für Friaul und Milan Rakovac für Istrien. Strutz bezieht sich hinsichtlich Lipuš v. a. auf dessen „mladje"-Texte und die Romane „Zmote dijaka Tjaža" und „Odstranitev moje vasi". Er stellt in ein und demselben Prosatext konträre sprachliche und ästhetische Elemente fest, wie z. B. Satire und Groteske, Komisches und Tragisches, Lyrik und Prosa. Die karnevalistische Vermittlung verbindet Lipuš-Texte mit der neueren deutschsprachigen Regional- und Dorfliteratur in Österreich, wobei die subversive Schreibweise sowohl das zur Folklore tendierende Konfessionelle als auch den programmatischen Realismus unterläuft. Johann Strutz entwickelt seine These von den „kleinen Literaturen" aus Kafkas Tagebucheintragung vom 25. Dezember 1911, die im Wesentlichen besagt, dass

- das Gedächtnis einer kleinen Nation nicht kleiner ist als das einer großen;
- jeder immer zur Verteidigung der Literatur bereit sein muss;
- die alten Schriften total überbewertet werden;
- mit Befangenheit gearbeitet wird;
- zusammenhängende Aktionen entfallen;
- nur „kleine Themen" behandelt werden;

- polemisch interpretiert wird;
- Triviales unheimlich an Bedeutung gewinnt;
- eine plötzliche Aufregung zum Existenzproblem für die gesamte Nation werden kann;
- Literatur untrennbar mit Politik verknüpft wird.

Gilles Deleuze und Félix Guattari entwickelten Kafkas Idee weiter und sprechen von Deterritorialisierung der „kleinen Literatur" und der „Sprache". In weiterer Folge bezieht Johann Strutz seine These auf folgende stilistische und inhaltliche Merkmale bei Lipuš:

- Deterritorialisierung der Sprache;
- Koppelung des Individuellen ans unmittelbar Politische;
- kollektive Aussageverkettung.

Besagte Deterritorialisiserung führt aus sozialen Gründen zur Reterritorialisierung, was nach anderer Diktion den Begriffen Regionalität und Modernität bzw. Tradition und Avantgarde entspricht. (Vgl. Johann Strutz, Habil., 2003: 124 ff. u. 286.) Strutz verweist dort des Weiteren auf zahlreiche sozialwissenschaftliche Arbeiten, die sich mit der Entsozialisierung und Globalisierung der dörflichen Sozialstruktur seit den fünfziger Jahren des 20. Jahrhunderts auseinandersetzen. (Vgl. Johann Strutz, Habil., 2003: 286.)

> Unter diesen Voraussetzungen sind einige der Prosatexte von Lipuš, Tomizza, Handke und anderen nicht nur Varianten der Dorfprosa, sondern auch zumindest funktional politische Formen, in denen das Spannungsverhältnis zwischen Tradition und ästhetischer Modernität, das für dieses Sujet spezifisch ist, ausgetragen wird (auch die friulanische Lyrik von Pasolini läßt sich unter diesem ‚dialogischen' Gattungsaspekt beschreiben). (Johann Strutz, Habil., 2003: 286.)

Diese Dialektik führt in Lipušs Romanen natürlich einerseits weder zu Inter- noch zu Multikulturalität in den von Lipuš geschilderten Institutionen, Familien und beim Reflektierenden, noch andererseits zu irgendeinem erfolgreichen Dialogansatz auf der Figurenebene, wenn man von dem Aneinander-Vorbeireden zwischen den Dorfbewohnern und Marjeta in „Prošnji dan" absieht. Es entstehen auch zwischen dem Reflektierenden und dem Kollektiv keine konstruktiven Kontakte. Die Verfasserin ist der Meinung, dass es sich in Lipušs Romanen um eine Polarisierung von Gegensätzen handelt, die immer tödlich endet. Alle kommunikativen Elemente zwischen dem Reflektierenden und der Masse werden eingefroren und erstarren auf einem absoluten Null-Punkt.

Die Verfasserin verfolgt jedoch keinen der hier besprochenen Ansätze weiter, sie untersucht auch Lipušs Stil in seinem literarischen Werk weder nach sprachwissenschaftlichen Kriterien, wie etwa nach lexikalischen, grammatikalischen, syntaktischen oder semantischen Blickpunkten, noch aus bekannter literaturwissenschaftlicher Sicht, indem sie sich z. B. an die rhetorischen Figuren hält. Solche beschreibt Janko Kos in seinem „Očrt literarne teorije" (1996, Abriss der Literaturtheorie) im 6. Kapitel von Seite 120 bis 126 sehr eingehend. Einige dieser Phänomene werden nur kurz erwähnt, u. zw. jeweils mit dem slowenischen und deutschen Terminus und seiner Bedeutung:

- „metafora", „die Metapher" als logische Übertragung der Bedeutung von Wörtern;
- „metonimija", „die Metonymie" als nicht nur logischer Austausch von Wörtern;
- „sinekdoha", „die Synekdoche" als Vertauschung von Begriffen;
- „personifikacija", „die Personifikation", in der ein Ding zum Subjekt wird;
- „komparacija", „die Komparation" als Vergleich;
- „anafora", „die Anapher" als Wortwiederholung am Satzanfang;
- „epifora", „die Epipher" als solche am Satzende;
- „geminacija", „die Gemination" als Wortwiederholung in knappen Abständen;
- „epanalepsis", „die Epanalepsis" als Verdoppelung einer Phrase am Satzanfang und Satzende;
- „klimaks", „die Klimax" als Wortwiederholung mit ansteigender Bedeutung;
- „oksimoron", „das Oxymoron" als Bedeutungsverbindung von zwei sich gegenseitig ausschließenden Begriffen;
- „asindeton", „das Asyndeton" als Satzverbindung ohne Konjunktion;
- „polisindeton", „das Polysyndeton" als solche mit der Konjunktion „in"/"und".

Die Verfasserin folgt in ihrer Stiluntersuchung aus mehreren Gründen keiner der erwähnten Klassifikationen, sie untersucht auch keine rhythmischen Strukturen oder Reimschemata, müsste sie dann auch das Prosagedicht definieren und besprechen. Sie stellt längere Textpassagen vor und versucht folgende Fragen zu beantworten: Welche sprachlichen Gegebenheiten hat Lipuš unverändert übernommen? Welche Normen hat er jedoch verändert? Um ein möglichst **umfassendes Bild vom äußeren Lipuš-Stil** zu geben, übersetzt die Verfasserin die ausgewählten Zitate absichtlich selbst sehr nah am Slowenischen ins Deutsche, gibt allerdings am Schluss jedes Zitates die in Buchform veröffentlichte deutschsprachige Übersetzung an, damit sich der Leser selbst ein Bild über den Lipuš-Stil machen kann. Es wird auch je ein Zitat aus der Kurzprosa vorgestellt, um **die Kontinuität der von Florjan Lipuš verwendeten regionalen und intertextuellen Stilmittel** zu veranschaulichen. Dabei werden die vorgestellten Phänomene durch druckgraphische Mittel gekennzeichnet und eventuelle Abweichungen vom österreichischen bzw. bundesdeutschen Standard-Deutsch erklärt.

Für Lipušs Skizzen und Romane ist ein Kärntner Standard-Slowenisch bezeichnend, das regionale Bestandteile wie Dialektismen, Germanismen, Archaismen und eine heute als veraltet geltende Höflichkeitsform aufweist. Im Gegensatz zu Cesare Pavese, etwa in "Paesi tuoi" (1941, Deine Länder), wertet aber Lipuš diese Formen auf, indem er ihnen ungeachtet der geltenden Norm schriftsprachlichen Status verleiht. Angesichts der starken Assimilierungstendenz seit dem 2. Weltkrieg knüpft Lipuš ganz gezielt an der Umgangssprache seiner Kindheit an, die wegen der jahrhundertelangen Randlage teilweise noch aus Primus Trubers Zeiten stammt, und führt diese zu einer literarischen Perfektion bzw. manchmal zu einer Überkorrektheit, wie sie innerslowenisch auf Grund der wesentlich geringeren Bedrohung bis 1991 und des Vollwertigkeitsstatus seither bzw. auf Grund der Europäisierung mehr oder weniger niemals wirklich notwendig war. Es folgen zahlreiche Beispiele für die einzelnen Stil-Phänomene.

Dialektismen:

[Murn schwamm nun im wahrsten Sinne des Wortes in der stinkenden Godla und im fahlen Mist, Scherbendorfs Dreck fraß ihn auf. Doch aus Trotz setzte er sein Drecksgeschäft fort, ... (Lipuš, Škorenj, Filip Murn dela težave, 1976: 210. Übs. L. M. R. – Godla = dickflüssige Drecksbrühe.)]

[... sie mussten ihre Gier unterdrücken, auf später verschieben, wenn es gut geht, aber wenn nicht, dann für eine verflixt lange Zeit verschlingen oder gleich ganz vergessen, denn zuvor war es noch nötig, sich der Pflichten zu entledigen, sich das Vertrauen der Hausleute und der Gesellschaft zu erplappern, welches diese sich bereits ersabbert hat. ... (S. 49.) ...

Die Ankömmlinge, die so ungelegen wie nur möglich zu ihrer verdienten Reindling- und Teezeit herbeigepoltert sind, bringen beide um beides. Sie können das jetzt weder auf einen Zahn noch unter einen Zahn geben, denn die ganze Schar muss demjenigen antworten, der irrsinnig schnell voraus vorleiert, so ist das Gesetz der versammelten Skapulierbruderschaft, und jeder weiß, dass es befohlen ist, beim Essen und Trinken zu beten, nicht aber zu essen, zu trinken beim Beten. ... (S. 50.)

Die auf dem Boden Knieenden beginnen schon die Kniee, das Kreuz weh zu tun, ein Ameisenlaufen befällt ihre Gelenke, das Beten aber zieht sich hin und hört nicht auf und zieht und zieht sich hin. (S. 50. – Lipuš, Jalov pelin, 1997: 49 f. Übs. L. M. R. – verflixt = teuflisch, Reindling = traditionelles, mit Rosinen gefülltes, rundes Germteiggebäck, Ameisenlaufen = Kribbeln, weh tun = schmerzen. Für „beten" gibt es im slowenischen Rosentalerdialekt einen eigenen Mundartausdruck, etwa so wie es im österreichischen Deutsch die Verben „kriegen" für „bekommen" und „schmeißen" für „werfen" gibt. – Vgl. Übs. Fabjan Hafner, Verweigerung der Wehmut, 1997: 77 ff.)]

Germanismen:

[Tschrepina, Gott weiß durch welchen unglücklichen Zufall das Dorf diesen Namen bekommen hatte. Da Tschrepinach, Tschrepein, Tschreppen und ähnliches die Spuren nicht verwischt und nur allzusehr an den Ursprung dieses Wortes erinnert, haben die Deutschen Tschrepina kurzerhand nochmals zerkleinert, endgültig in kleine Stückchen zerschlagen, um daraus ihr Scherbendorf zusammensetzen zu können. (Lipuš, Škorenj, Filip Murn dela težave, 1976: 205. Übs. L. M. R. – Tschreapn (dialektal) = alte Schüssel, črepine (Plural, dialektal) = Scherben, črepinja = Scherbe.]

[Am Tag Mariä Oberschenkel sind die Birken an der Reihe, wenn sie in einer gottgefälligen Form gewachsen sind, ähnlich wie die Lindenäste, bindet man sie vor die Fenster, in die Dachluken, an die Balkone, man befestigt sie in den Türen, ganze Bäume setzt man auf den Höfen und im Pflaster. Feierlich ist es überall im Dorf, am feierlichsten im Zentrum, am Markt, wo alles auf den großen Kirchtagsumgang konzentriert ist. An bestimmten exponierten Stellen setzt man die Birkenäste dichter, man verstärkt ihre Wirkung und stellt weiß gedeckte Tischchen in die Mitte hinein. Mit dem Allerheiligstenumzug durch das Dorf, den Markt, steuert der Festtag seinem Höhepunkt zu, die Rundungen des Oberschenkels erglühen in all ihrer Lieblichkeit und Unwiderstehlichkeit: aus allen Gräben und Winkeln kommen sie schnell herbeigelaufen, um mit dabei zu sein; an diesem Tag bäumen sie sich vom Schwanz zum Gipfel gesellschaftlichen Geschehens im Dorf auf, verloren, scheu versammeln sie sich zwischen den Häusern, bleiben vor den Auslagen stehen, jeder kehrt seine schönste Seite nach außen hinaus, sie zeigen einander, wie sie sind und wie sie nicht sind, was sie haben und wer sie sind, ... (Lipuš, Odstranitev moje vasi, 1997: 53 f. Übs. L. M. R. – Kirchtagsumgang = Kirchweihfestumzug, pranganje = das Prangen/Prôngn = Fronleichnamsumzug, setzen = pflanzen. Das Deutsche „in einer Form" entspricht dem Dialektausdruck „po furmu", „in den Türen" entspricht „v durih", „auf den großen Kirchtagsumgang" entspricht „na veliki žegnanjski obhod", „Prangen" entspricht „pranganje", „aus allen Gräben" entspricht „iz vseh grabnov". Ein Kärntner slowenisches Wort für „Kirchtag" leitet sich von „Segen" ab und wird zu „žegen". – Vgl. Übs. Fabjan Hafner, Beseitigung meines Dorfes, 1997: 83 f.)]

Archaismen:

[Es ist schon wahr, er hätte sein ganzes Leben um den geringsten Lohn gearbeitet gehabt, um nicht zu sagen umsonst, und einem ungesicherten Lebensabend würde er hinüber entgegen starren. Trotzdem hätte er all das auf sich aufgeladen, nur um dieser Stunde willen. Auf eine unüberschaubare Reihe von Hausfrauen könnte ich mich berufen, die aus meinen Händen das Stricken, das Weben, Zierstiche, die Kocherei gelernt haben, und eine merkfähige Hausfrau in Kärnten zählt heute sehr viel. (Lipuš, Škorenj, Krinke si poiščejo obraze, 1976: 227. Übs. L. M. R. – Als archaisch gelten im Slowenischen heute die Verwendung des Plusquamperfekts, die Doppelkodierung des Adverbs, die Bezeichnung bäuerlicher Handfertigkeiten und das Adverb „zavoljo" für „um ... willen", das schon in Trubers Schriften vorkommt.)]

[Heute steht der Markt wieder auf festen Beinen, der Magistrat hält die Wirtschaft aufrecht, verwaltet mit Gewinn die Güter in Lomnig und Ebwriach, nutzt die Weiden und die Wälder, profitiert von der Jagd auf Wildkatzen und Bären, Luchse und Wölfe, treibt bei den Bauern die Steuern ein, bei den Pächtern und Keuschlern die Abgaben, zahlt der Landesherrschaft und dem Schirmherrn die Gebühren. Er unterhält den Nachtwächter und die Büttel und sorgt dafür, dass nachts niemand handelt und vor den Mauern schmuggelt; lediglich der Verkauf von daheim gekochter Seife ist ausgenommen. Der Sonnegger Pfleger, der sich überall in Kappel herum großmacht und im Kopf Pläne wälzt, wie er den Markt zertrampeln könnte, kann ihm nichts nicht anhaben. Die Finanzverwaltung hat der Kämmerer, der Kanzelist führt die Schreibstube, für die Gesundheit sorgt der Heiler, der Marktvorsteher selbst für die verarmten Mitbürger. (Lipuš, Stesnitev, 1997: 10 f. Übs. L. M. R. – Ausgestorbene Berufsbezeichnungen, Doppelkodierung des Adverbs, doppelte Verneinung im deutschen Dialekt. ... hält aufrecht = ... hält in Schwung, Lomnik/Lomnig = Lobnik/Lobnig, Obvirsko/Ebwriach = Obirsko/Ebriach, daheim gekocht = heimisch, ... nichts nicht ... = ... nicht das geringste ... – Vgl. Übs. Johann Strutz, Verdächtiger Umgang mit dem Chaos, 1997: 12.)]

Veraltete Höflichkeitsform, **überkorrekte Kindersprache**:

[Der Chronist wehrte sich gegen dieses Geschäft, zumal er die Verdienste des Pfarrherrn trotz seiner grauen Mähne nicht würde angemessen **hervor ziehen** können und sie **hin** in ein gefälliges Licht **hineinhängen**. Für das Gute auf dieser Welt sei kein sprachliches Können wichtig, ..., belehrten ihn Hochwürden, ... auch Hochwürden selbst würden Fehler machen und ach was für ein Draulandwindisch Hochwürden erst von seinen Standesgenossen hören, ...; an den Grafen solle er denken, der nur mit Gewalt einige Wörter im heimischen Dialekt radebricht, aber so viel Gutes, Verdienstvolles in Gang bringt. Überhaupt würden Hochwürden selbst absichtlich Fehler begehen, um sich so auf den Stufen **nach unten hinunterzulassen** zu den sündigen Gläubigen und überhaupt und Hochwürden würden sich ihnen anzugleichen versuchen, sagten Hochwürden. Manchmal würden Hochwürden sogar gefällige Verse für den Hausgebrauch dichten und auch im Radio **herunter vorlesen**, eine Chronik zu schreiben ..., und Hochwürden selbst würden nicht dazu kommen wegen der zu großen Anstrengung jetzt, ..., überhaupt würden sich Hochwürden halt zu sehr betroffen fühlen und wegen der Verdienste schwer was von sich selbst vermelden können, wo Hochwürden überhaupt die ganze Restaurierung, alle Arbeiten **voran angetrieben**, und alle Lauferei am Haupt gehabt haben und überhaupt, solle er sich nur darauf einlassen und zur Feder greifen, ... in den Radio werden sie [= die Angelegenheit] aber schon Hochwürden selbst hineinstopfen, sie unter die Sendeleiste Kulturschaffen **hinein einbringen** ..., für die Sprachschäden werden schon Hochwürden selbst Sorge tragen und die größten Böcke **heraus stochern**, und werden Hochwürden dann schon selbst ein bisschen saubermachen nach ihm, ein bisschen durchlüften, sein Geschreibsel ein bisschen durchseihen und durchsieben und überhaupt, bevor Hochwürden ihn in das Pfarrbuch zurechtritschratschsägen werden. (Lipuš, Odstranitev moje vasi, 1997: 82 f. Übs. L. M. R. – Siezen von Respektspersonen, Doppelkodierung von Richtungsangaben durch Adverb und Verb, so rekli = sagten Hochwürden, oni sami delajo = Hochwürden selbst machen, Draulandwindisch = žlobudravščina = žlobudra + dravščina = Kauderwelsch im Gebiet an der Drau/Krämerlatein, radebrechen = lomiti = gebrochen sprechen, vermelden können = ziniti = zu Wort melden, zurecht-ritsch-ratsch-sägen = prežigažagati = pre- + žiga-žagati = zu-[recht] + Geräusch der Säge beim Holzschneiden; **hinein einbringen = hinein einetuen** (dialektal), **heraus stochern = heraus außastochan** (dialektal), diese Doppelkodierung ist auch in archaischen deutschsprachigen Kärntner Dialekten gebräuchlich; statt „zurecht-ritsch-ratsch-sägen“ kann man auch „zurecht-schnipp-schnapp-schnippseln“ nehmen, wenn man einen zu Papier gebrachten Text mit der Schere zurechtschneidet. – Vgl. Übs. Fabjan Hafner, Beseitigung meines Dorfes, 1997: 128 ff.)]

[Der Herr Bischof geruhten zu entscheiden, das ganze Dorf möge das Kreuz in einer Prozession zur Kirche geleiten und auf dem Hauptaltar solle man es aufstellen, dabei sollen alle bloßfüßig und bloßhäuptig sein, und die Hosen solle man bis zu den Knien aufstreifen, angreifen aber dürften das Kreuz nur Jungfrauen. (Lipuš, Odstranitev moje vasi, 1997: 88. Übs. L. M. R. – Siezen von Respektspersonen, bloßfüßig und bloßhäuptig = barfuß und barhaupt, aufstreifen = aufkrempeln, angreifen = berühren. – Vgl. Übs. Fabjan Hafner, Beseitigung meines Dorfes, 1997: 140.)]

Einzelne Phänomene wie Dialektismen, Germanismen und Archaismen kommen in Lipuš-Texten gemeinsam vor. Im längeren Zitat zur veralteten Höflichkeitsform fühlt man sich direkt in die Mitte des 16. Jahrhunderts zurückversetzt, als Primus Truber die slowenische Kirchenordnung verfasste. Aus dieser Zeit stammen alte Verbformen und die Tradition, einen Fachbegriff durch einen volkstümlichen Ausdruck zu erklären. Die heute nicht mehr gebräuchliche Anrede (im Slowenischen in der 3. Person Plural, im Deutschen in der 2. Person Plural, beide Formen zur Unterscheidung von der standardisierten Höflichkeitsform) galt gegenüber allen Respektspersonen, also gegenüber den Eltern, dem Pfarrherrn, den Adeligen. Für meine Generation, die in den vierziger Jahren des 20. Jahrhunderts geboren wurde, war es im slowenischen Dialekt durchaus noch üblich, die eigenen Eltern und Großeltern zu „siezen". Diese lexikalischen Bestandteile und besonderen grammatikalischen Gepflogenheiten der Ehrerbietung bezeugen eine tiefe historische Verwurzelung im zweisprachigen Gebiet Südkärntens/južna Koroška.

Weitere Bestandteile der von Lipuš bevorzugten regionalen Sprache sind Aufzählungen und Wiederholungen. Beide Stilmittel erzeugen einen pädagogischen Hintergrund oder dienen der Steigerung von Ironie, Satire und Groteske. Vermutlich sind zumindest die Romane so angelegt, dass die hier behandelten stilistischen Phänomene einzelnen Kommunikationsträgern zugeordnet werden können, was aber nur durch ein spezielles Konkordanzprogramm nachzuweisen wäre. Als besonderes Beispiel sei hier auch die Hinterfragung eines Inhaltes mit „oder" angeführt, die eine ganz feine Ironie mitschwingen lässt, sodass man den Erzähler für seine Aussage nicht zur Verantwortung ziehen kann.

Aufzählungen:

[Wir werden eure Bottiche, Fässer, Mülltonnen besetzen, ... Richtig kindlich freuten sie sich über das Müllfass, das sie aus den Händen des gefährlichen Wunderlings befreit hatten und das nun wieder wie einst zur Verfügung stand für ihre Kaspel, Abfälle, Dosen, Konserven, Schachteln und all das andere Glump. ... Scherbendorf entwickelt sich, blüht, sprießt. ... Durch das Drücken auf einen Knopf entleeren sie sich, unsichtbar, unhörbar, unriechbar, unglaublich. (Lipuš, Škorenj, Filip Murn dela težave, 1976: 208, 211 f., 213 u. 214. Übs. L. M. R. – Kaspel [sprich: KASCHPEL/KÔSCHPL] = Abwasser nach dem Abwasch, ohne Spülmittel, wurde als Schweinefutter verwendet, Glump = unbrauchbare Sachen/nutzloses Zeug/Gerümpel.)]

[Mit dem Wundklee wusch man Schürfwunden, Beulen, Geschwülste, Druckstellen und Geschwüre. Auch ihnen [beiden] trug sie auf, sie sollen ihre Wunden der Sonne aussetzen. ... Johanniskrautöl hilft bei stark verschmutzten Wunden und Verbrennungen, bei Erfrierungen, Geschwüren und Verätzungen. Huflattich ist gegen Husten und Asthma, lehrte sie sie, gegen Schorf und unerträgliches Beißen hilft Seidelbast. Die Königskerze heilt die Magenschleimhaut, Katarrh und Brandwunden, Sonnenbrand verheilt am besten durch Löwenzahn, ... Gegen Gicht, Nervenschmerzen und Gemütserregung hilft die Einbeere. Das Maiglöckchen hilft bei Herzrhythmusstörungen. (Lipuš, Srčne pege, 1997: 150. Übs. L. M. R. – Beißen = Jucken/Juckreiz. – Vgl. Übs. Johann Strutz, 1999 /2000: 200 f.)]

Wiederholungen (wörtlich, **sinngemäß**, *steigernd*):

[Vorbei am Theaterpark **trippelte pulsierend eine Schar** grüner **Schritte**. ... Die Bank war lang und zwischen ihnen [beiden] gab es *viel* grünen Raum. ... Auf ihrer Bank gab es *viel* grünen Raum. ... Der grüne Raum zwischen ihnen [beiden] war *durch und durch* grün. ... Auf der Bank **öffnete** ein **großer**, leerer grüner Raum **seine Augen**. ... und nun **schaute** *noch mehr* grüner Raum aus der Bank. ... Der grüne Raum auf ihrer Bank schloss die Augen **in ihnen [beiden]**. ... Er hatte leere Hände. Er hatte leere Hände. ... Er hatte leere Hände. ... Er hatte leere Hände. ... Er hatte leere Hände. Im Park wartete der grüne Regen **in den geöffneten Augen** der Bank. **Die Leute begaben sich wie aufgefädelt** ins Theater. ... Der Regen fiel leise. **Sie [beide] waren allein**, **er und der Regen**. Sie [beide] hatten leere Hände. ... (kostanek, prazne roke, mladje 3/1961: 15 ff. Übs. L. M. R. – Imeti prazno glavo = sehr wenig wissen > *imeti prazne roke = sehr wenig haben/besitzen.)]

[**Die Liebe** will Geist und Körper, stark und wahr ist **sie**, um eine Steinlawine auszulösen, und wenn **sie** will, stoppt **sie** das Fallen eines Baumes. **Der Herr Pfarrer plagen sich** *umsonst* **mit dero** erlogenen Wahrheiten, und *um nichts weniger* plag**en sich die Leute** mit dem Wiederholen **des** vo**m Herrn Pfarrer Gesagten**; **sie** gehe**n** bei**m Herrn Pfarrer** in die **Lehre**, wo **sich** doch **der Herr Pfarrer** große Mühen aufbürde**n**, bevor sich aus *dem Wiederholen ein und desselben* die Wahrheit herausschält, bevor die wiederholte Behauptung **gefestigt** genug ist, um standzuhalten. Nur **beharrlich** genug und **lange** genug wiederholte Wahrheiten stellen die Wahrheit sicher. (Lipuš, Boštjanov let, 2003: 93. Übs. L. M. R. – Vgl. Übs. Johann Strutz, Boštjans Flug, 2005: 172.)]

Hinterfragung des Gesagten mit „oder“:

[Man stellte sie entlang der Wand oder wohin in eine Reihe. Niemand weigerte sich, sich zur Wand zu stellen. Währenddessen, als sie so dastanden, wurde in den Fenstern über ihnen die Sonne schwarz und über den Schindeldächern verband der faule Rauch oder was die Erde sinnlos mit den Nebelfetzen. Und dort Gott weiß wo strengte sich der Krieg oder was erbärmlich an, um die letzte Bosheit loszubrechen, die noch in ihm war. ... So pflegte die Heimat oder was ihre Soldaten zu bezahlen. Die Wanderung aus den Heimstätten diente der Heimat, und unsere Leute pilgerten in Legionen in deutsche Konzentrationslager oder wohin. Wir Kinder begegneten immer wieder solchen Aufmärschen, und unwissend, was sie bedeuteten, flüchteten wir instinktiv vor ihnen. Das waren Leichenzüge oder Totengräberzeremonien. Der Tod, früher so eine Außerordentlichkeit, war nichts Besonderes mehr. Er hockte hinter Zäunen oder hing quer, nach unten, nach außen auf Stacheldrähten, oder erbrach Blut in Gräben, oder hustete harzig auf den Bummelplätzen, oder stürzte mit einem Höllenlärm um die Ecke ... Wir Kinder gewöhnten uns an ihn wie an die Milch oder an den Frühstückssterz. Und der Tod war gut wie das Brot, wie das frische, noch warme, weiche Bauernbrot, gerade eben aus dem Ofen herausgenommen. (BORO KOSTANEK, črnokruhovi, mladje 2/1961: 12. Übs. L. M. R. – Sterz = gekochter Maisbrei.)]

Die Aufzählungen entsprechen dem Sprachniveau des Rebellen bzw. jenem des Kräuterweibleins und die Wiederholungen versinnbildlichen die Predigt des Pfarrers. Alle wollen dem Volk ganz bestimmte Wahrheiten beibringen. Durch die wörtliche Übersetzung lässt sich z. B. bei den Wiederholungen zeigen, dass Lipuš einerseits dieselben Wörter und Wortkombinationen mehrmals hintereinander verwendet und andererseits die gleiche Bedeutung öfters einflicht, aus der sich dann im zweiten Beispiel die logische Folgerung ergibt, dass aus der Sicht der Priester Liebe und Wahrheit untrennbar miteinander verbunden sind. Auch diese Redeweisen brauchte Lipuš nur gezielt einzusetzen, um seinen Landsleuten aufzuzeigen, dass immer noch eine andere Interpretation von Wahrheit möglich ist.

Des Weiteren strotzen alle Romane vor bäuerlicher Weisheit. Sie enthalten also jede Menge Bauernregeln, (Weisheits-)Sprüche, Sprichwörter und Brauchtumsüberlieferung. Dieses Wissen wird sehr oft in gereimte Form gebracht, wie das in der Schäfer- und Hirtendichtung üblich war. Dabei verfremdet Lipuš Redewendungen nach Belieben. Mangels an unmittelbaren Dialogen ließen sich auch durch die Entflechtung dieser Stilkomponenten einzelne Protagonisten eruieren, wobei v. a. der Unterschied zwischen Schäfer und Pfarrer, zwischen Schafe weidendem Schafhirten (= pastir) und Seelsorger (= pastor) künstlerisch/bukolisch interessant wäre. Lipuš übernimmt den tradierten Schatz an Volksweisheiten und verkehrt ihn meist ins Gegenteil, um dadurch Denkanstöße zu geben.

Bauernregeln, **(Weisheits-)Sprüche**:

[Immer, wenn ein Wind entsteht und zwischen die Häuser fährt, wenn er den Müll in den Höfen umher wirbelt, sehen die Leute einander an und erbleichen sie, denn jetzt hat der Tod wieder jemand dahingerafft. ... Und wenn jemand in Todesnähe gerät und der Wind nicht zieht und keine Mülltonnen über die Höfe wirbelt, hat es keinen Sinn, ihm hinterher zu jagen, ihn des Sterbens, des Todes anzuklagen, ihn eitel für einen Toten zu halten. (Lipuš, Odstranitev moje vasi, 1997: 144. Übs. L. M. R. – ... der Wind nicht zieht = ... nicht weht. – Vgl. Übs. Fabjan Hafner, Beseitigung meines Dorfes, 1997: 233 f.)]

[Bis Mitternacht gibt es Hoffnung, bis Mitternacht erholt sich der Mensch, ruht er aus, nach Mitternacht gibt es keine wirkliche Erholung; die Kinder wachsen bis Mitternacht, nicht danach, nach Mitternacht bleibt die Erneuerung, das Wachsen aus, nach Mitternacht wird die Verzweiflung geboren, die Leere in Angriff genommen, jeder erreicht um Mitternacht das Verzweiflungsalter, Vorsätze reifen heran oder beginnen Wellen zu schlagen, ... (Lipuš, Odstranitev moje vasi, 1997: 141. Übs. L. M. R. – Vgl. Übs. Fabjan Hafner, Beseitigung, meines Dorfes, 1997: 228.)]

Sprichwörter, **Brauchtumsüberlieferung**:

[2 Ein Sauerteig fein erreicht Weiler neun – 3 Auf einen groben Klotz gehört ein grober Keil – 4 Das Pferd zieht nicht, aber der Hafer (Lipuš, Jalov pelin, 1997: 31, 55 u. 73. Kapitelüberschriften. Übs. L. M. R. – Vgl. Übs. Fabjan Hafner, Verweigerung der Wehmut, 1997: 46, 88 u. 119.)]

[2. Was der Markt bekommen, wird ihm bald genommen. – 4. Kein Kirchlein so klein, der Teufel baut seine Kapelle hinein. – 17. Abends bis spät in die Nacht zechen, morgens sehr früh die Lage besprechen. (Lipuš, Stesnitev, 1997: 15, 27 u. 87. Kapitelüberschriften. Übs. L. M. R. [Überschrift 2 von Johann Strutz übernommen.] – Vgl. Übs. Johann Strutz, Verdächtiger Umgang mit dem Chaos, 1997: 18, 35, 124.)]

[Wenn man einen Verstorbenen aus dem Haus trägt, hebt man ihn über der Türschwelle dreimal hoch und senkt ihn gegen den Fußboden hin ab und nimmt ihm damit ein für allemal die Macht über sie, ihm selbst vor der eigenen Schwelle die Macht, [um] **seine Geltung in den Fußboden hineinzutreten,** [die] **man mit dem Kehricht zusammenkehren lässt.** (Lipuš, Odstranitev moje vasi, 1997: 140. Übs. L. M. R. – Vgl. Übs. Fabjan Hafner, Beseitigung meines Dorfes, 1997: 226.)]

Schäfer- und Hirtendichtung, **verfremdete Redewendungen**:

[Der Rauch wurde auf die Dächer vertragen, der Rauch begann über den Dächern zu klagen, im Rauch sammelte sich Feuer, das entwickelte sich zum

Ungeheuer, aus dem Rauch urinierte das Feuer Stichflammen, die als Funken ohne Ende auf die Dorfhäuser kamen. (Lipuš, Odstranitev moje vasi, 1997: 139. Übs. L. M. R. – Vgl. Übs. Fabjan Hafner, Beseitigung meines Dorfes, 1997: 225. Der Rauch wurde aufs Dach gepflanzt, damit er über die Dächer tanzt; ...)]

[Viele wollte man dort verscharren, am Rande des Friedhofs, abgesondert, an einem Ort, der kein Friedhof ist, sondern eine Wiese, vielleicht Weideland für Ziegen, im Steilhang, in jenem Teil, der noch kein Friedhof ist und erst einer sein wird, **wenn Gott das zulässt** und **wenn der Herr Bischof werden aus dem Schaff ausgeschert sein** und **ihm seine Kreuze werden beschert** und **die Erde umgewidmet haben**; an einem Ort also, der als Friedhof erst vorgesehen ist, **wenn Not herrschen wird**, und **wenn die Not herrschen wird, wird es an Zeit mangeln** und **wird eine Notzeit sein** und **wird es wegen der Not an Liegeplätzen mangeln**. Jetzt ist dort noch Ödland, eine Ziegenweide, ... (Lipuš, Odstranitev moje vasi, 1997: 36. Übs. L. M. R. – Vgl. Übs. Fabjan Hafner, Beseitigung meines Dorfes, 1997: 54 f.)]

Auch diese stilistischen Merkmale werden vom Autor gemeinsam mit anderen Besonderheiten in den Text eingebaut. Lipuš schreibt diesbezüglich so, wie die Leute denken und reden. Die Regionalität der Lipuš-Texte macht bewusst auf eine Südkärntner Erfahrungswelt aufmerksam, in der der gesamte Lebenssinn in der Tradition zu liegen scheint. Lipuš gibt seinen Texten jedoch zugleich auch eine moderne Ausrichtung, indem er Althergebrachtes gezielt verändert, wie z. B. im obigen Zitat die Prophezeiungen der Sybille (= Švile Prerokile): „Te sedmi cahen bo te, kader se bojo gore in doline poglihale; tedaj bojo ti ljudi ...“ (Lausegger, 1985: 104. Dos siemte Zeichn wead sein, wonn sich die Beag und Täla ongleichn wean, donn wean die Leit ... (Zitat im slowenischen und Übersetzung im deutschen Dialekt des Villacher Beckens.) / Das siebente Zeichen wird sein, wenn sich die Berge und Täler einebnen werden, dann werden die Leute ...) Solche Volksweisheiten besitzen als Überlieferung einen unverrückbaren, mythologisch überhöhten Stellenwert mit einer allen unerklärlichen Mächten innewohnenden Kraft zur Verdammung jedes Abweichlers, sodass sich nur ein wortgewaltiger Künstler wie Lipuš daran wagen darf, diese von der durch sie vermittelten Angst verkrusteten, auswendig gelernten Gebilde aufzubrechen und sie durch Reflexion in Schall und Rauch aufgehen zu sehen. Lipuš schöpft also aus dem mündlich überlieferten Sprachschatz, der zwar Allgemeingut darstellt, aber doch nur von Angehörigen derselben homogenen Gruppe entschlüsselt werden kann, sodass die erwähnten regionalen Stilmerkmale die Zugehörigkeit zur bäuerlich geprägten

Gesellschaft im slowenischsprachigen Südkärntner Raum um Bad Eisenkappel/Železna Kapla dokumentieren. Lipušs avantgardistischem Streben, etwas grundlegend Neues zu schaffen, ist zu verdanken, dass er die tradierten Sprachformen neu belebt und in einen modernen Kontext stellt. Damit durchbricht er die rein bäuerliche Struktur und erweitert sie zu einer globalisierten Gesellschaft, in der das Wissen vom humanistischen Geist ein neues postmodernistisches Kollektiv begründet. **Als Erweiterung der regionalen Sprachkomponenten bedient sich Lipuš also intertextueller Bestandteile**, die er aber nur ansatzweise benennt, sodass eine neue Cliquenbildung entsteht, die man als Bildungsbürgertum bezeichnen könnte. Wer also weder im bäuerlichen Milieu des slowenischsprachigen Südkärntner Raumes um Bad Eisenkappel/Železna Kapla aufgewachsen ist, noch eine humanistische Ausbildung in einem Eliteinternat genossen hat und sich zudem in der slowenischen Geschichte, Kultur und Literatur nicht exzellent auskennt, hat auch keine Chance, von sich aus den Lipušschen Sprachcode knacken zu können.

Als Übergang von der archaisch geprägten Sprachstufe zur universell ausgerichteten Kodierung kann die Verallgemeinerung mit falschem Schluss betrachtet werden. Durch allgemeine Aussagen verschwindet das dafür verantwortliche Subjekt, was einerseits zur Objektivierung der Handlung beiträgt, andererseits aber die Gerüchteküche anheizt, zumal niemand was Genaues weiß und doch überall mitreden kann, weil man nicht angeben muss, woher man sein Wissen hat. Und wenn man unsicher ist, sind falsche Schlüsse die logische Folgerung des Dabeisein-Wollens.

Verallgemeinerung **mit falschem Schluss**:

[Jeden Tag dasselbe, immer das gleiche. (Lipuš, Škorenj, Filip Murn dela težave, 1976: 204. Übs. L. M. R.)]

[Jedermann hat jedermann zur Hand. (Lipuš, Škorenj, Krinke si poiščejo obraze, 1976: 219. Übs. L. M. R.)]

[Auf dem Lande **weiß** jeder alles über jeden **und noch darüber hinaus**. (Lipuš, Odstranitev moje vasi, 1997: 23. Übs. L. M. R. – Vgl. Übs. Fabjan Hafner, Beseitigung meines Dorfes, 1997: 34. > Auf dem Land ist allen alles **und noch mehr bekannt**.)]

[Die Durchschnittlichen sind bei nichts allein und nie und niemals in der Gefahr, mit niemand und niemals im Zweifel, stark sind sie und es kann ihnen nichts passieren, solange sie in Rudeln sind, **verbindet sie doch der Herdentrieb zur Gemeinschaft, wo es zum Gefühl der Sicherheit und des Wohlbefindens genügt, dass sie sich ein bisschen gegenseitig auf die Schulter klop-**

fen. Letzten Endes aber ist es vollkommen scheißegal, ob der erste oder der letzte: wenn zwei Stallungen in einem großen zeitlichen Abstand abbrennen, einer am Beginn und am Ende der zweite, **ist das Gräuel der beiden Einzelereignisse nicht gleich jenem, das entsteht, wenn beide zugleich abbrennen**? (Lipuš, Prošnji dan, 1997: 10 f. Übs. L. M. R. Vgl. Übs. Johann Strutz, Regenprozession, 2007: 16.)]

Die Intertextualität weist bei Lipuš vielfältige Formen auf, neben Zitaten aus der Volksliteratur, wie z. B. ein Zauberspruch in Deutsch, finden wir mehrere Male den Verweis auf Cankar sowie Zitate in Latein, seien es Anspielungen auf den Lateinunterricht, die Vermengung von rituellen Texten mit sexuellen Kontexten, die Benennung von Heilpflanzen oder literarische Kompetenzbeweise, sowie Bibeltexte und Gebetsformeln, die Lipuš gezielt verfremdet, weil Seminaristen auch ein lateinisierter Jargon eigen ist und weil dem Reflektierenden jedes dogmatische Konstrukt ein Dorn im Auge ist, das ihn in seiner individuellen Entwicklung hemmt.

Zauberspruch in Deutsch:

Zerlassen Menschenfett ist gut für lahme Glieder, so man sich damit schmiert, sie werden richtig wieder. (Lipuš, Stesnitev, 1997: 101.)

Verweis auf Ivan Cankar:

[Er begann sein Recht zu suchen, klar und laut, in aller Öffentlichkeit, ohne Verstecken. Er suchte es, wie er das bei seinen Vorfahren gelernt hatte und wie dieses Suchens die slowenische Geschichte voll ist: er suchte es aus den alten, nationalkämpferischen Hermagoras-Büchern, er suchte es bei den Seinen, bei den Dorfbewohnern und den Mächtigen.

Obwohl es überflüssig ist, muss der Chronist des traurigen Lebensendes von Murn niederschreiben, dass er dieses Recht nirgends gefunden hatte. Schade, dass ihn dabei Ivan Cankar nicht gesehen hatte. Man lachte ihn aus. (Lipuš, Škorenj, Filip Murn dela težave, 1976: 206 f. Übs. L. M. R. – ... ohne Verstecken = ... ohne Verbergen.)]

Lateinisierter Seminaristenjargon, **Benennung von Heilpflanzen**:

[Zwischen den Bänken und am Gang gab es ein ziemliches Durcheinander, in welchem sein Introitus interruptus keinerlei Aufmerksamkeit erregte, nach Gewohnheit reihte er sich ein und drängte er sich unter das Vorwärtsbewegen der Kommuniongeher, während der Gesangsverein auf dem Chor das rituelle Cunnilingua gloriosa anstimmte. Pleni sunt caeli et uteri gloria tua! Er war froh, ergriffen von Glück und Freudigkeit, und der Pfarrer gestand ihm später, dass ihm die Freude noch nie vorher so aus seinem Gesicht strahlte, wie damals bei der Kommunion, ... (Lipuš, Srčne pege, 1997: 101. Übs. L. M. R. – Vgl. Übs. Johann Strutz, Herzflecken, 1999/2000: 127.)]

[Oder sie bediente sie **mit Arnica montana**, die sich hoch oben in den Bergen ausdehnt und keinen Kalk mag; ..., **die Primula elatior** und **die Matricaria chamomilla** treiben das Wasser. ..., für Gallen- und Nierensteine sowie eine langjährige Hauterkrankung ist **Solidago virga aurea**. Auch **Plantago lanceolata** heilt Wunden, Geschwüre und Ausschlag, gegen Warzen ist **Chelidonium majus**, das Schöllkraut. (Lipuš, Srčne pege, 1997: 150. Übs. L. M. R. – Vgl. Übs. Johann Strutz, Herzflecken, 1999/2000: 200 f.)]

Kompetenzbeweis:

[27 | SCAPHAM SCAPHAM DICERE*

[Vitezovićs Traktat über die Rechtsprechung in Karantanien*, erarbeitet an dem Fall der Brüder Löb, kam dann im Spiegel des Kastelec unter der Überschrift Observationes in iuris dictione apud Carinthiacos** heraus. ... *Das Boot Boot nennen, die Saubohne Saubohne **Bemerkungen zur Rechtsprechung in Karantanien (Lipuš, Stesnitev, 1997: 141. Übs. L. M. R. – Vgl. Übs. Johann Strutz, Verdächtiger Umgang mit dem Chaos, 1997: 205.)]

Verfremdung von Bibeltexten und Gebetsformeln:

[..., der Vater lud sich Tjažs Koffer auf die Schultern und **sie pflügten** einen Steig durch die Menge, gewisse [Leute] stießen mit ihrer Schulter an den beladenen Vater, aber das machte auf ihn keinen Eindruck, weder einen guten noch einen schlechten, andere rempelten ihn vorsätzlich an, sodass es ihn zur Seite trug und das Gepäck zu schwanken begann, der Vater verlor beinahe das Gleichgewicht, aber er scherte sich nicht darum, **geh hinter mir her**, befahl er, und sie gingen weiter, sie schritten schweigend durch die Stadt, **der Vater vorne**, **der Sohn hinter ihm**, **sie durchschritten** einen ziemlichen Teil der Stadt, **sie klapperten** eine Reihe von Gehsteigen **ab**, **sie rasten** vorbei an Ruinen und Bombentrichtern, das derbe bäuerliche Gewand schlackerte auf Vaters Gliedern, **Tjaž hielt sich an Vaters Fersen**, **er war dem Vater auf den Fersen**, die Leute drehten sich nach ihnen um, erstens **ihr Gang**, **so knapp einer hinter dem anderen**, zweitens der Koffer auf der Schulter, ..., immerhin hatte dem Vater einst ein Bloch den Fuß ruiniert, man hatte ihn repariert und er war gut für am Land, für die Stadt war er nicht mehr [geeignet], ..., **Tjaž schritt leer dahin**, **er pickte dem Vater auf den Fersen**, ... So **schritten sie dahin, bogen sie nach rechts und links ab**, **gingen sie hinter mir her**, besahen sie die glatten Wände, auf denen sich die Sonne wiederspiegelte, befanden sie sich vor einem hohen Tor aus Lärchenholz, entdeckten sie das Internat, die Aufschrift blitzte auf, zwei Paar Augen verfingen sich in ihr, es las der Vater und es las der Sohn**, es dämmerte dem Vater und dem Sohn und dem Heiligen Geist, wie es war im Anfang, so auch jetzt und alle Zeit, so auch diesmal,** bei jedem Lesen drehten sie ihre Köpfe von links nach rechts, ... (Lipuš, Zmote dijaka Tjaža, 1997: 142 f. Übs. L. M. R. – „Aber Jesus erwiderte: ‚Geh mit mir! Überlaß es den Toten, ihre Toten zu begraben!'" (Matthäus 8, 22.) „Im Namen des Vaters und des

Sohnes und des Heiligen Geistes. Amen.“ und „Ehre sei dem Vater und dem Sohn und dem Heiligen Geist, wie es war im Anfang, so auch jetzt und alle Zeit und in Ewigkeit. Amen.“ (Gotteslob, Nr. 2 u. 3.) ..., er pickte ... auf den Fersen = er klebte ... auf den Fersen. – Vgl. Übs. Peter Handke u. Helga Mračnikar, Zögling Tjaž, 1997: 231 ff.]

Während es sich bei den soeben zitierten Quellen um Texte handelt, die jedem gebildeten älteren Kärntner Slowenen durch die Matura am Slowenischen Gymnasium in Klagenfurt/Gimnazija za Slovence v Celovcu, durch den Besuch der lateinischen Messe vor dem II. Vatikanischen Konzil, durch Literatur slowenischer Autoren oder durch sonstige Umstände wenigstens in Ansätzen einsichtig sind, verwendet Lipuš in seiner Prosa auch Zitate von Philosophen oder weniger bekannten Autoren und er verfremdet Sachtexte ganz gezielt zu ästhetisch orientierten Texten, wobei nur Insider den jeweiligen Sinnzusammenhang erkennen können.

Friedrich Nietzsche, „Also sprach Zarathustra“:

[**Des Seiltänzers Vorstellung zog von allen Enden das Volk an sich**. Ein breiter Streifen unter dem Seil blieb frei und jedermann, der an dieser Stelle die Straße überqueren musste, starrte zuerst steil hinauf in die Höhe, **ob die Vorstellung nicht schon begonnen hatte und ob ihm der Seiltänzer nicht auf dem Kopf herumzappelte**, worauf er gekrümmt und verkleinert, **mit einem geschützten, zwischen die Schultern abgesenkten Kopf**, über die freie Fläche huschte. (Lipuš, Srčne pege, 1997: 59. Übs. L. M. R. – „Als Zarathustra in die nächste Stadt kam, die an den Wäldern liegt, fand er daselbst viel Volk versammelt auf dem Markte: denn es war verheissen worden, dass man einen Seiltänzer sehen solle. ... Inzwischen nämlich hatte der Seiltänzer sein Werk begonnen: ... Dieser aber, als er so seinen Nebenbuhler siegen sah, verlor dabei den Kopf ... (Friedrich Nietzsche, Also sprach Zarathustra, 1994: 10 u. 17. – Vgl. Übs. Johann Strutz, Herzflecken, 1999/2000: 70.)]

Hausordnung des slowenischen Studentenheimes „Korotan“ in Wien, **Zitierverweis**:

[Die Hausordnung verlangt daher sehr anschaulich, dass sich alle im Heim Wohnenden wie eine Familie fühlen müssen, **jetzt beginnen wir schon mit dem wörtlichen Zitieren**, deshalb muss jeder für gute wechselseitige Beziehungen sorgen, für solche, wie sie Gott will, von jedem Bewohner wird ein anständiges Benehmen im Heim und außerhalb desselben verlangt sowie die gewissenhafte Befolgung der Hausordnung bei allen Gelegenheiten, wie auch der allfälligen Vorschriften, jedermanns Standespflicht ist es, dass er brav lernt und dass er rechtzeitig die Prüfungen macht, außerdem aber für das Wohlergehen der Seele sorgt, eine grobe Vernachlässigung dieser Pflicht hätte zur Folge auch einen Ausschluss aus dem Heim, wegen der Gefahr der Vertrödelung von Zeit ist es nicht erlaubt, dass sich jemand im Zimmer eines anderen längere Zeit als zehn Minuten aufhält, ... (Lipuš, Zmote dijaka Tjaža, 1997: 174. Übs. L. M. R. – Vgl. Übs. Peter Handke u. Helga Mračnikar, Zögling Tjaž, 1997: 287 f.) – „HAUSORDNUNG / des Hochschülerheimes 'Korotan' / 1. ... / 2. Alle im Heim Wohnenden müssen sich für eine Familie halten. Deshalb muss jeder für gute wechselseitige Beziehungen sorgen. / 3. Von jedem Bewohner des 'Korotan' wird ein anständiges und dem akademischen Stand angemessenes Benehmen im Heim und außerhalb des Heimes verlangt, und die gewissenhafte Befolgung der Hausordnung sowie der allfälligen Vorschriften des Heimes. / 4. Die Standespflicht jedes Studenten ist es, dass er brav lernt und dass er rechtzeitig die Prüfungen ablegt. Eine grobe Vernachlässigung dieser Pflicht hätte zur Folge auch einen Ausschluss aus dem Heim. / 5. Wegen der Gefahr der Vertrödelung von Zeit ist es nicht erlaubt, dass sich jemand im Zimmer eines anderen längere Zeit als zehn Minuten aufhält, ... (Dokument X_1, mladje 7-8/1969: [o.S.]. Übs. L. M. R.)]

Lipuš beruft sich in seinen Romanen auf berühmte slowenische Dichter wie Ivan Cankar und Oton Župančič, schöpft besonders in „Srčne pege“ aus der klassischen Dichtkunst der Antike, wenn er z. B. die „Metamorphosen“ des Ovid zitiert, verwendet Latein, um in der Bibel enthaltene Aussagen sowie in der r.-k. Kirche gebräuchliche Gebets- und Messtexte zu ironisieren, untermauert seine Behauptungen durch die Einstreuung frei erfundener Aussagen in Latein, parodiert die in katholischen Heimen bestehende strenge Ordnung der Lebensabläufe und folgt Nietzsche hinsichtlich seiner Betrachtungen jenseits von Moral.

Der Mensch ist ein Seil, geknüpft zwischen Thier und Übermensch, – ein Seil über einem Abgrunde.

Ein gefährliches Hinüber, ein gefährliches Auf-dem-Wege, ein gefährliches Zurückblicken, ein gefährliches Schaudern und Stehenbleiben. (Friedrich Nietzsche, Also sprach Zarathustra, 1994: 12.)

Besonders auffallend ist außerdem, dass Lipuš in seinen Romanen zur Textgliederung weder Gedankenstriche und Anführungzeichen noch Klammerausdrücke verwendet. Daher dürften von Lipuš nicht besonders markierte Textstellen wie „..., zdaj že začenjamo z dobesednim citiranjem, ...“ (Zmote dijaka Tjaža, 1997: 174.) von Peter Handke und Helga Mračnikar in der Übersetzung auch nicht durch Gedankenstriche abgesetzt werden, weil das dem Stil des Autors wegen seiner beabsichtigten ironischen, satirischen oder sarkastischen Nuancierung eigentlich nicht entspricht.

Die Hausordnung fordert also sehr anschaulich, daß alle im Heim Wohnhaften sich wie eine Familie fühlen – und jetzt beginnen wir mit dem wörtlichen Zitieren –, daher muß jedermann sich um gute zwischenmenschliche Beziehungen kümmern, solche, wie Gott sie will, ... (Lipuš, Zögling Tjaž, 1997: 287. Übs. Peter Handke/Helga Mračnikar. – Vgl. dazu Stilmittel „Zitierverweis", auf der vorigen Seite.)

Lipuš geht also neue Wege, u. zw. spannt er von der Regionalität zur Intertextualität einen anspruchsvollen Bogen, der sich weder dem traditionell bäuerlichen Lesepublikum der Dorfgeschichten eröffnet, noch der Masse der slowenischen Kärntner Maturanten zugängig ist, weil die älteren unter ihnen möglicherweise zu konservativ oder liberal geprägt sind und die jüngeren vielleicht keinen Lateinunterricht mehr genossen haben. Lipuš verwendet also regionale Sprachformen und schriftliche Quellen, um daraus eine neuartige Gesellschaftskritik zu formulieren, die die gesamte bisherige Kärntner slowenische Literaturproduktion in den Schatten stellt, weil niemand außer Lipuš den Mut besitzt, v. a. die eigene Position unaufhörlich zu reflektieren. Grundsätzlich muss man sagen, dass Lipuš in den Skizzen seinen ureigenen Stil begründet und ihn in den Romanen perfektioniert.

4.2 Sittengemälde

Die regionalen Komponenten springen beim Lesen gleich ins Auge, intertextuelle Bestandteile muss man hingegen gezielt suchen. Während man z. B. Regionalismen in Wörterbüchern nachschlagen kann, fallen philosophische Quellen nur dem gebildeten Leser auf. Viel schwieriger gestaltet sich jedoch die Beurteilung inhaltlicher Kriterien, die eine vom Autor beabsichtigte Bedeutungsveränderung des allgemein gültigen Sittenkodex herbeiführen, wie z. B. das Elegische, das Idyllische und das Parabelhafte, das Groteske, das Subversive und das Karnevaleske, das Ironische, das Satirische und das Sarkastische. Zunächst werden im Original diese Begriffe aus dem Lateinischen und Griechischen abgeleitet, dann folgen literaturwissenschaftliche Definitionen und schließlich wird an Hand je eines Zitates das Spezifische[13] bei Lipuš herausge-

[13] Eine Untersuchung der „Einfachen Formen (1930)" nach André Jolles wäre sehr interessant, zumal in Lipušs Romanen „die Legende, die Sage, die Mythe, das Rätsel, der Spruch, der Kasus, das Memorabile, das Märchen und der Witz" als vorliterarische Form vorkommen. – Ebenso interessant wäre es, die Beziehung zur Volksliteratur zu untersuchen.

arbeitet. Hier in diesem Buch gibt die Verfasserin jedoch nur eine allgemeine Begriffsdefinition und zeigt an Hand von Beispielen das stilistisch Besondere[14].

Zunächst werden das Elegische, das Idyllische und das Parabelhafte besprochen, weil auf Grund der Inhaltsangaben zu Lipušs Romanen anzunehmen ist, dass diese inhaltlichen Elemente der besonderen Kärntner Situation entsprechen, in der die Slowenenverbände ihren Status bejammern, die Hermagoras/Mohorjeva als Metapher für das verwirklichte literarische Ideal gilt und die r.-k. Kirche die Lehrmeisterin in Sachen selbstauferlegter Berufsethik und praktizierter Moralvorstellungen darstellt. Alle drei Phänomene müssten auch der lyrischen Dichtung zuzurechnen sein, weil sich während der Klage, Schönrederei und Schulmeisterei erstens nichts Dramatisches ereignet und zweitens das Ausschmücken eines lethargischen Zustandes und das willkürliche Hüpfen von einem Gedanken zum anderen hervorragend für ein episch breit angelegtes Erzählen eignen. Dieser rhetorische Kunstgriff der Digression soll einerseits vom Thema ablenken und andererseits die Spannung erhöhen.

Der Begriff „Elegie“ ist griechisch-lateinischen Ursprungs und bedeutet „wehmütiges Gedicht, Klagelied“ und „Schwermut“; „elegisch“ bedeutet demnach „voll Wehmut, Schwermut“. Daher kann man „das Elegische“ als „das Klagende“ oder „das Schwermütige“ bezeichnen. Typisch für Lipuš ist **„das elegisch Hilflose“**, das man im Slowenischen durch „elegično nebogljeno“ bezeichnen könnte. Jedenfalls ist das klagende Element bereits in den ersten Skizzen vorhanden und es tritt in den Romanen immer dann auf, wenn etwas Unvorhersehbares passiert ist, sodass allgemeine Ratlosigkeit herrscht. Als praktisches Beispiel dient hier aus „Odstranitev moje vasi“ die allgemeine Verwirrung nach dem Unfall der Berglerin.

> Die Nachbarn kamen, liefen hin, liefen her, steckten die Köpfe zusammen und klagten, o jemine, oje! Unlängst hatte sich ein junger Mann einen Pfahl in den Bauch gepflanzt. Er wand sich auf dem Boden, der Pfahl ragte aus seinem Bauch und schlug wie der Zeiger eines empfindlichen Meßgerätes bald in diese, bald in jene Richtung aus. Man war um ihn herumgelaufen, am Unfallort herumgerannt, und konnte die Schmerzen des Mannes nicht lindern. Soll man den Pfahl herausziehen, soll man ihn im Leib stecken lassen? Soll man die Bauersfrau aufheben, soll man ihr kalte, heiße Umschläge auflegen, soll man ihr

[14] Siehe Fußnote 13.

zwei drei Dosen Tausendguldenkraut einflößen? Man hatte auch den Arzt gerufen, dem es aber an Abhilfe für sie gebrach. Der Herr Pfarrer werde sein Segnen sein lassen und sie versehen müssen, damit auch sie zu ihrer Auferstehung kommt und wie alle das Luja singen wird, er komme und sage es ihnen unverzüglich, sobald das letzte Kreuzchen über den Körben geschlagen und sobald der Weihrauch verflogen sein wird. Mit ihr gehe es zu Ende, gegen Abend werde sie das letzte Wegstück schon hinter sich haben, schwerlich werde es die Ärmste länger als bis zum Morgen machen; wartend sollten sie wachen, bis sie den Boden unter den Füßen ganz verliert. Wie eng benachbart Trauer und Freude sind, im selben Boot, im selben Wind, diesmal fehlt es dem kleinen See an beidem nicht. Die Trauer wird freilich die Freude übertünchen, die Bitternis das Zartgefühl überflügeln, die Trauer wird beide übertreffen, denn Auferstehung wird es nur eine geben, Tode hingegen zwei. (Lipuš, Beseitigung meines Dorfes, 1997: 219 f. Übs. Fabjan Hafner. > Der Herr Pfarrer sollten das Segnen sein lassen und zum Versehen herbei hasten, damit auch ihr [= die Berglerin] die Auferstehung gelingt und sie das Luja bald singt. Übs. L. M. R.)

Der Ausdruck „Idylle“ stammt ebenfalls aus dem Griechischen und kam über das Lateinische ins Italienische und ins Deutsche. Er bedeutet „kleines Gedicht, oft bukolischen Charakters“. Als „Idylle“ bezeichnet man heute die „Schilderung eines Idylls in Literatur (Vers, Prosa) und bildender Kunst“, wobei das „Idyll“ ein „Bild“ vom „Zustand eines friedlichen und einfachen Lebens in meist ländlicher Abgeschiedenheit“ zeichnet. „Das Idyllische“ ist somit das Synonym für „das Beschauliche, das Friedliche“. Während das italienische „idillio“ erstens für „Hirten- und bukolische Dichtung“, zweitens für „ein ruhiges und glückliches Leben, frei von Kummer und Leid“ und drittens für „eine zarte Liebe, eingehüllt in eine träumerische und von Sentimentalität triefende Atmosphäre“ steht, ist bei Lipuš **„das die Idylle Störende“** kennzeichnend, das man im Slowenischen mit „motenje idile“ wiedergeben könnte. Lipuš schildert in seinen Romanen immer wieder das Idyllische, das immer wieder von einem Reflektierenden gestört wird, der z. B. mit dem Thema „Tod“ vollkommen anders umgeht als die Dorfbevölkerung. Aus „Odstranitev moje vasi“, das förmlich vor lyrischen Passagen strotzt, die das friedliche Dorfleben thematisieren, folgt nun ein Zitat aus dem Kapitel VII „Ein fröhlicher Dorftag“, an dem der Primiziant von der Dorfbevölkerung erwartet wird, mit der er schließlich nach der Begrüßung die erste heilige Messe feiert.

Doch um keinen Preis gelang es, die Alte im Hintergrund zu verstecken oder ihren Buckel zu verdecken. Die Nacht hat Ohren und Augen der Tag, die Alte keinen Ort, den sie lieber mag. Die Alte sucht den Tod, den Tod will sie finden, keine Gelegenheit läßt sie sich aus den Händen entwinden. (Lipuš, Beseitigung meines Dorfes, 1997: 193. Übs. Fabjan Hafner.)

Auch die Bezeichnung „Parabel“ kommt aus dem Lateinischen und Altgriechischen und bezeichnete zunächst v. a. „Gleichnis, Denkspruch“; gemeint waren damit v. a. die Gleichnisse Jesu im Neuen Testament. Unter „Parabel“ versteht man heute „lehrhafte Dichtung, die eine allgemein gültige sittliche Wahrheit an einem Beispiel (indirekt) veranschaulicht“, des Weiteren auch „lehrhafte Erzählung, Lehrstück“. Unter „parabelhaft" werden hier durch Lipuš „innovativ veränderte Bibel-Sprüche und Zitate aus dem Neuen Testament“ zusammengefasst, die Jesu Lehre an heutige menschliche Bedürfnisse annähern oder mit ihnen vergleichen. **Das** von Lipuš dargestellte **„parabelhaft Angepasste“** könnte man im Slowenischen durch „paraboli podobnemu prilagojeno“ wiedergeben. Parabelhafte Szenen finden sich v. a. in „Odstranitev moje vasi“, wo sie in der vermeintlichen dörflichen Idylle genügend fruchtbaren Nährboden finden. Dabei ist v. a. die Vernetzung von Hirtendichtung und Pastoraltheologie aus einer ganz besonders kritischen Sicht auffallend. Hier drängt sich ein Wortspiel auf zwischen dem Hirten, der die Schafe der Bauern weidet, dem „pastir“, dem Hirten, der in Jesu Auftrag seine Schäfchen im Dorf betreut, dem „pastor“ (Priester), und der dem Volk gewidmeten Tätigkeit des Pfarrers, der „Pastoral“. Diese Wortfamilie nützt Lipuš zu zahlreichen fiktiven Geschichten um Gerüchte über die Sitten und Sehnsüchte der Bevölkerung eines beliebigen Dorfes.

Der Herr Pfarrer hatte sich schon seit jeher auf die Frauenseelsorge spezialisieren wollen; Frauenseelen, diese lichtdurchfluteten fliegenden Untertassen, würde er mit Freuden ins Himmelreich wippen, und nicht diese jämmerlichen Männerzotten, dieses männliche Den-Mäusen-Pfeifen, doch ging diese seine Spezialisierung schief, auf Grund von Eifersucht und Neid in die Binsen, und man ließ ihn die besseren Stücke vom Braten nicht abschneiden. (Lipuš, Beseitigung meines Dorfes, 1997: 211. Übs. Fabjan Hafner.)

Parabelhaftes enthalten ferner in den Romanen alle Zitate aus der materiellen und geistigen Volkskultur der Slawen und der Germanen, alle Bibelzitate, alle von Vertretern verschiedenster Institutionen getätigten Aussagen, alle Anspielungen auf Veröffentlichungen von antiken, mittelalterlichen und neuzeitlichen Schriftstellern und Philosophen. Es bietet sich die Interpretation an, dass man als Kärntner Slowene dem immerwährenden Klagen der eigenen Volksgruppenvertreter hilflos ausgeliefert ist, dass nur der sich überall ankündigende

Tod die von der Hermagoras/Mohorjeva verordnete Idylle zu stören imstande ist und dass die Lehre der r.-k. Kirche von jedem reflektierenden Schüler seinen eigenen Bedürfnissen angepasst und damit erst der Nachfolge Jesu gerecht werden kann.

Während die ersten drei besprochenen Phänomene die privilegierte Kärntner slowenische „Dreimächtigkeit" thematisieren, denn als „Dreifaltigkeit" müsste sie von Lipuš genau konträr, also weltoffen, geschildert werden, zeichnen die nächsten drei Phänomene schrullige Einzelgänger, die als Unterprivilegierte die herrschende Ordnung unterlaufen, weil sie ohnehin nichts zu verlieren haben. Diese dramatischen Elemente sind das Groteske, das Subversive und das Karnevaleske.

Das Adjektiv „grotesk" kam auch aus dem griechisch-lateinischen Sprachraum über das Vulgärlatein ins Italienische bzw. Französische und bedeutet einerseits „durch eine Übersteigerung oder Verzerrung absonderlich, phantastisch wirkend" und andererseits „absurd, lächerlich" bzw. „misstönend, widersinnig". „Die Groteske" ist daher eine „Erzählform, die Widersprüchliches verbindet", z. B. Komisches und Grauenerregendes. Sie beinhaltet „dem gesunden Menschenverstand Widersprechendes, Sinnwidriges, Abwegiges, Sinnloses". Der italienische Begriff „grottesca" für „Groteske, Groteskmalerei" stammt von den merkwürdigen Darstellungen aus den „Grotten" der „Domus Aurea" in Rom[15]. Die „Groteske" kann man auch als „derbkomische, überspannte Erzählung" bezeichnen.

Franz Krištof untersucht in seiner Diplomarbeit (1994) Aspekte des Grotesken und des Ironischen in den drei ersten Lipuš-Romanen und beschreibt als besonders groteske Szene in „Zmote dijaka Tjaža" die Weigerung des Sarges, in die Grube zu passen, und als besonders ironisches Schicksal, dass Tjaž die Geburt seiner Eltern nicht verhindern konnte. (Vgl. Franz Krištof, 1994: 58 u. 56.) Kennzeichnend für „das Groteske" bei Lipuš ist, dass er diese kryptische Rolle gesellschaftlichen Außenseitern auf den Leib schneidert, die keine Alternative zu ihren gesetzten Handlungen vorfinden. Solche Charaktere sind z. B. in „Zmote dijaka

[15] Volkstümliche Bezeichnung der Ruinen des von Kaiser Nero nach dem Brand von Rom im Jahre 64 am Esquilinus errichteten Villenviertels, das als pompöses Bauvorhaben an einem künstlich angelegten See lag. Neros Nachfolger ließen es in Nutzbauten umgestalten. Die dortigen skurrilen Malereien wurden Ende des 15. Jh. entdeckt.

Tjaža" der Mitschüler, in „Odstranitev moje vasi" der Chronist, in „Jalov pelin" der Reisende, in „Prošnji dan" der Kreuzträger, in „Srčne pege" das Kräuterweiblein Zarka, in „Stesnitev" die Brüder Löb und in „Boštjanov let" der Knecht. Im Slowenischen könnte man **„die grotesken Vorgänge"** als „groteskno dogajanje" zusammenfassen.

Der Knecht handelte ähnlich wie viele andere vor ihm und wie es in diesen Gegenden nicht ungewöhnlich war; es heißt, daß er im Sonntagsgewand und hochzeitlich geschmückt, in neuen Schuhen und mit einer Wachsblume am Rockaufschlag, sich den Strick um den Hals gelegt habe. Von weither gekommen, wollte er sich ausgerechnet hier erhängen, damit man ihn möglichst lange nicht finden sollte. Der Teufel hat ihm das Blut verwirrt, sagten die Tesener Nächsten, sagten die Grabnerinnen, die nur das Unglück anderer glücklich macht. Für so einen gäbe es in der Hölle einen Sonderverschlag, sagte Hochwürden, der Höllenkundler, zwar nicht von der Kanzel herab, doch im Gespräch vor der Kirche, also auf heiligem Boden, wo jedes Wort noch als göttlich gilt. Was ist das Volk schon anderes als viele Kinder auf einem Haufen? Der Leichnam hing seine Zeit ab, pendelte im Sturm und zog den Baum vom Felsen; angeblich baumelte er so lange, weil der Teufel ihn am Haken hielt und immer wieder am Strick rüttelte, unsicher, ob er die Schlinge fest genug angezogen und dem da verläßlich das Genick gebrochen hatte. (Lipuš, Boštjans Flug, 2005: 203 f. Übs. Johann Strutz.)

Das Substantiv „Subversion" bedeutet „gewaltsamer Umsturz der sozialen und institutionellen Ordnung". Dieser Begriff entstand aus dem Kirchenlateinischen. „Subversiv" bedeutet daher „meist im Verborgenen gesetzte Handlung, die gesellschaftliche Prinzipien radikal umstößt". **„Das subversive Handeln"** kann man im Slowenischen mit „subverzivno dejanje" bezeichnen. Franz Krištof kommt in seiner Diplomarbeit zum Schluss, dass sowohl der Autor als auch seine Helden gegen die bestehende öffentliche Ordnung rebellieren. Lipuš erfüllt das durch seine Verstöße gegen die althergebrachte Sprachanwendung. (Vgl. Franz Krištof, 1994: 67.) Im Kapitel 5 behandelt Krištof „Angelpunkte der Rebellion", wobei er in 5.1 das Machtverhältnis zwischen „Individualität" und „Kollektivität" untersucht. Darin hebt er hervor, dass „Tjaž" im Heim keinen Freiraum zur persönlichen Entwicklung vorfindet und dass die r.-k. Kirche gehorsame Mitglieder benötigt. (Vgl. ebd.: 42.)

Ohne Gleichschritt keine Ordnung, ohne Ordnung keine Andachten und Feierlichkeiten und in weiterer Folge ohne Andachten auch keine Kirche. Nur auf diese Weise kann die Kirche als Institution und als Kollektiv die Macht beanspruchen, was im Kern die Vernichtung der Individualität des Einzelnen bedeutet. (Franz Krištof, Dipl.Arb., 1994: 42.)

Abweichend von Krištof und anderen slowenischen Literaturwissenschaftern kann man im Kratzen des „Tjaž“ auch die Wirkung der Sabotage des Einzelnen gegenüber dem mächtigen Kollektiv verfolgen, denn letztlich ruiniert er durch seinen Selbstmord eigentlich das von der Heimleitung in Anspruch genommene öffentliche Ansehen. In den weiteren Romanen verstößt der Reflektierende immer wieder gegen die Tradition. Die Berglerin in „Odstranitev moje vasi“ nimmt an der Fleischweihe nicht teil und konzentriert sich im Gegenteil auf ihre eigene Gesundung. Der Reisende in „Jalov pelin“ geht nicht zum Begräbnis des Alten, womit er für sich den „Pogača-Kult“ ganz einfach außer Kraft setzt. Marjeta unterläuft in „Prošnji dan“ durch ihre Naivität und ihr unerschütterliches Gottvertrauen die „alles Andersartige ausrottende Vernichtungsmaschinerie“ der sich im Hexenwahn voll austobenden r.-k. Kirche. Franc/Franz Buterna kreuzigt in „Srčne pege“ die Sexualmoral derselben Institution. In „Stesnitev“ sorgen einerseits die Brüder Löb für ein unerhörtes Durcheinander, das die kirchliche Obrigkeit vermutlich auch zur Visitation veranlasst, andererseits kommt Pavel Ritter Vitezović als Rechtsgelehrter in geheimer Mission nach Kappel/Kapla. Boštjan lässt schließlich auf dem Weg zu seiner ganz persönlichen Sinnfindung das Subversive hinter sich. Das Subversive geht mit Gerüchten einher, teils für jedermann erkennbar, teils jedoch als längst überfällige gesellschaftliche Umwälzung, die wie eine Lawine über die Masse der Bevölkerung hereinbricht.

Die Tür des Wirtshauses Mažar war noch nicht einmal ganz offen, schon schrien und schreckten die Weiber auf. Der Inquisitor! Alles verstummte und erstarrte, alle überlief ein Frösteln. Niemand sagte ein Wort, aber jeder wußte, jeder sah. Vom Winkel her hörte jeder, wie schrecklich es im Kruzifix knirschte. ... Hinter dem Rücken des Ankömmlings drückte die Lawine in die Stube, eisig wie die Nacht schob sie den Finstermann Inquisitor vor sich her, der mit Folter und Drohung über sie kam, nach und nach schob sie ihn ganz über die Schwelle in der Stube.

Doch es war nicht der Inquisitor. In der Tür des Mažar stand, in eine Decke gehüllt, der Predigermönch Pavel Ritter Vitezović, der Gelehrte und Polyhistor aus dem Krainischen, Korrespondent des Špejgel. Wie angeschmiedet stand er in der Tür, der Neuigkeitskrämer mit dem Quersack über der Brust, bleich vom Frost und abgeritten. (Lipuš, Verdächtiger Umgang mit dem Chaos, 1997: 113 f. Übs. Johann Strutz.)

Der Ausdruck „Karneval“ für „Fastnacht(-sfest)“, österreichisch „Fasching(-sfest)“ kommt vom italienischen Kompositum „carnevale“, zusammengesetzt aus „carne“ für „Fleisch“ und „levare“ für „empor-, aufheben“, und bezeichnet sowohl die festliche Zeit vor dem Aschermittwoch als auch die gefeierten Feste. Daher bedeutet „karnevalesk“, abgeleitet aus dem italienischen „carnevalesco“, ein Verhalten „ohne Zurückhaltung und Ernst“, also „das ausgelassene Treiben der Narren, bevor die r.-k. Kirche den Genuss von Fleisch verbietet“. Beide italienischen Wörter leiten sich vom Latein her. Silvija Borovnik verwendet den Terminus „karnevaleskno dogajanje“ (karnevaleskes Geschehen) zwar nicht ausdrücklich zur Klassifizierung der „mladje“-Kurzprosa von Lipuš, sie beschreibt seine ironisch-satirisch-groteske Gesellschaftskritik aber durchaus so. Johann Strutz streicht in seiner Habilitationsschrift die „karnevaleske Vermischung“ verschiedenster Elemente besonders heraus.

> Wie der *Tjaž* sind auch die anderen Prosatexte von Lipuš sprachlich und ästhetisch mehrstimmig und tendieren zur Satire, Parodie und Groteske. Sie sind hybrid und dialogisch im Sinne Bachtins auch insofern, als in ihnen Heiliges und Profanes, Erhabenes und Lächerliches, Komisches und Tragisches, Lyrik und Prosa zur Kritik einer hierarschischen Weltanschauung karnevalistisch vermischt werden. (Johann Strutz, Habil., 2003: 124.)

Meiner Meinung nach bildet die novellenhafte Skizze „Krinke si poiščejo obraze“ (Masken suchen sich Gesichter) die Vorstudie für das „Karnevaleske“ in den Romanen, geht es hier doch v. a. um die moralische Frage, ob der Einzelne einer bestimmten Sprachgruppe, Gesellschaftsstruktur oder Minderheitenkultur nur angehört, wenn er sich in allem und jedem konform benimmt, sich also um „Rückhalt nur durch Anständigkeit“ bemüht. Lipuš hinterfragt die eigene Zugehörigkeit zur slowenischen Minderheit in Kärnten/Koroška, die moralisch von der r.-k. Kirche derart prädeterminiert ist, dass jede Abweichung vom Schema die Ausgrenzung zur Folge hat, was in den Romanen zu dem Hauptthema schlechthin wird. In den „Črtice mimogrede“ schildert der Autor das Triebhafte, das in den Romanen immer wieder instinktiv hervorbricht wie „eine Sintflut verbotener Gefühle“. Im Roman „Zmote dijaka Tjaža“ erkennt Nini schließlich doch das wahre Verlangen des Tjaž, das sie bislang unter der glorifizierenden Brille sah, die ihr den Blick auf das Elend seiner kranken Seele verstellte, das in seinem Gesicht während des Sprunges in die Tiefe zum Todesschrei erstarrte.

..., nichts Vergängliches war an seinem Körper, er hat sich nicht verändert, so wie sonst die Totenbahren [sic! > Aufgebahrten] sich verändern, er ist gerade von einer Unterhaltung zurückgekehrt, noch mit einem Lied auf den Lippen und einer fröhlichen Farbe in den Augen, einem Rest des Tanzschwungs in den Gelenken, ... (S. 257.)

Jetzt ist er tot und liegt im Kaffeehaus, er hat sich bis zum letzten Zielpunkt gekratzt, ein entstellter Mensch aus Haut und Knochen, ein Gummiaugen- und Plastikglieder-Mensch, ein breiiger Auswurf, durch den halbgeöffneten Mund ist noch der Schrei zu sehen, der erstarrte, der auf halbem Wege versagt habende, der sich verhärtet hatte, ohne etwas erreicht zu haben, ein Schrei welcher Art also?, ein kurzer, schneidender Schrei, wie ihn die Frösche ausstoßen, bevor die Sense sie entzweischneidet. Es ist ihm anzusehen, mit diesem Schrei im Mund mußte er sterben, und damit liegt er jetzt hier, man merkt ihm den Sprung in die Tiefe an, ... (Lipuš, Zögling Tjaž, 1997: 270. Übs. Peter Handke u. Helga Mračnikar.)

Eine derartige Demaskierung einer persönlichen Zweierbeziehung lässt sich in allen Romanen nachweisen, so z. B. in „Odstranitev moje vasi“ im Verhalten der Sänger untereinander, in „Jalov pelin“ im Benehmen der Trauergemeinde, in „Prošnji dan“ in der Entlarvung von Marjetas Liebesdiensten als sündhaftes Unterfangen ihrem Verlobten gegenüber, in „Srčne pege“ in Buternas unstillbarem sexuellen Begehren in Bezug auf Helenas Körper, in „Stesnitev“ in der Vorgangsweise der geistlichen Obrigkeit gegenüber den beiden Dieben, in „Boštjanov let“ in der abweisenden Haltung des Mesners gegenüber Boštjan. Der Unterschied besteht nur darin, dass die reflektierenden Helden Nini, Marjeta, Franc/Franz Buterna und Boštjan früher oder später ihren Irrtum erkennen, die traditionsverhafteten Gruppen wie die Sänger und die Trauernden wegen ihrer Naivität bzw. die geistliche Führungsschicht aus ihrem hierarchisch begründeten Machtanspruch auf die alleinseligmachende Wahrheit jedoch keinen Zweifel an der überlieferten Weltsicht aufkommen lassen. Im Slowenischen würde die Verfasserin **„das karnevaleske Entblößen“** mit „karnevaleskno razgaljenje“ wiedergeben.

Während das Groteske für die Rollenträger sozusagen eine unbewusst aufgesetzte Maske abgibt, die jeden Betrachter oder Leser erstarren lässt, erlaubt das Subversive seinen Helden die lange Zeit im Verborgenen bleibende Vorbereitung eines Umsturzes, wohingegen das Karnevaleske jede Maske vom Gesicht der Protagonisten reißt und den Blick des Betrachters oder Lesers auf die dahinterliegende Fratze lenkt.

Stellt also Lipuš als Groteskes entgegengesetzte Bilder von seelischer Beengtheit und Ausweglosigkeit auf die gleiche Stufe und erhöht er ihre Wirkung durch absurde Aussagen, so ist dem Dramaturgen der Hang einzelner Protagonisten zur subversiven Tätigkeit von Anfang an klar, nur die Umgebung kann und will die zersetzenden Impulse nicht wahrhaben. Daher demaskiert Lipuš im Karnevalesken schonungslos alle Versuche, menschliche Triebe unter dem Vorwand der Sittenwidrigkeit im Keim zu ersticken. Dabei konzentriert er sich vorwiegend auf die Fleischeslust.

Als dritter und letzter Block der ethischen Moral bzw. moralischen Ethik nach Lipuš bespricht die Verfasserin das Ironische, das Satirische und das Sarkastische, die allesamt ein breit angelegtes Sittengemälde einer bestimmten Epoche ergeben, wobei der Autor allen drei Elementen eine beliebige Färbung verleihen und nach freier Wahl ausschweifende Episoden ganz nach seinem Dafürhalten episch abschweifend auswalzen kann. Das Substantiv „Ironie“ entstand ebenfalls aus dem Lateinischen und Altgriechischen und bedeutet „Verstellung, Anschein von Unwissenheit, Schalkheit, Scheinheiligkeit, Mangel an Ernst, Leichtherzigkeit“. „Ironie“ bezeichnet also eine rhetorische Figur, die darin besteht, dass man „das Gegenteil von dem sagt, was man denkt“, u. zw. in „spöttischer, höhnischer Absicht“. Man bringt demnach entweder „durch übertriebene Zustimmung mit feinem, verstecktem Spott seine Kritik zum Ausdruck, um die Angelegenheit lächerlich zu machen“ oder es handelt sich um eine „paradoxe Konstellation, die sich als frivoles Spiel einer höheren Macht darstellt“, wenn man z. B. von „einer Ironie des Schicksals oder der Geschichte“ spricht. Lipuš fertigt v. a. in „Srčne pege“ eine großangelegte Collage aller möglichen ironischen Formen an, ist doch dem Haupthelden Franc/Franz Buterna ein Schicksal beschieden, als Pädagoge seinerseits eine völlig falsche Erziehung genossen zu haben. Auch die subjektiven Momente wie Selbstverkleinerung, Unwissenheit, Erhebung über die eigenen Schwächen, Hinterfragung der Daseinstragik, Nichtigkeit des Kosmos und falsche Motivierung kommen nicht zu kurz. **„Die ironische Verspottung“** bei Lipuš kann man im Slowenischen mit „ironično posmehovanje“ übersetzen, das eben alle möglichen Facetten der Selbstzerstörung und Verhöhnung umfasst.

Das Kinderweinen ist ein wesentlicher Teil der Morgengeräusche in diesen Gegenden [= auf den Bauernhöfen], eine Bereicherung der klanglichen Vielfalt. Die Eltern halten sich schon allein deshalb für etwas Besonderes, weil sie seinerzeit ihre Organe im Bett arbeiten ließen, weil sie ihre Haspeln in der geeigneten Stellung bewegten und einen Kaffelöffelvoll lauwarmen Sirup ausspritzten, und dafür schuldeten ihnen die Kinder nun Respekt bis ans Grab und darüber hinaus.

Sie müssen diesen Respekt erst festigen, und sie tun es, indem sie die Kinder schon im frühen Alter einschüchtern und ihnen durch die Zuchtrute die wichtigste Herrschaftsgarantie einimpfen, den Gehorsam. Die Herrschsucht setzt sich fort, dieses Zaumanlegen und Unterwerfen vollzieht sich parallel dazu in der Kirche, der Sammelstätte der Lebendigtoten aller Altersgruppen und Stände, denen durch die Gebote die Trensen angezogen werden: An Fasttagen sollst du aus eigener Schuld kein Fleisch essen, beim Essen sollst du keine verbotenen Bücher und Schriften lesen, mit vollem Mund sollst du den Namen der Heiligen nicht in den Mund nehmen, du sollst nicht unnötigerweise vögeln! Achte das Geld, auf daß du lange lebest und es dir wohl ergehe auf Erden, und wenn du deine Knollen ausgräbst, trachte nicht nach deines Nächsten Haue! Viertens ehre den Zahltag, siebtens stehle nicht, achtens decke keine Skandale auf, neuntens töte nicht, sechstens vergiß nicht ...

Diejenigen, die sich daran halten, halten sich daran in allen Geboten, nur in puncto puncti kümmern sie sich nicht darum, ähnlich, wie es niemanden gibt, der sich an das Gebot hielte, nicht zu essen, nicht zu trinken und nicht auszuscheiden. In puncto puncti bemühen sich die Päpste umsonst, ihre Handlanger stellen sich vergebens auf den Kopf, sie waschen den Schwarzen und erwarten Weiße, durch das Waschen wird die Farbe aber nur noch schwärzer. So schwer ist es, schlecht und schwach zu bleiben, wenn es Gelegenheiten zum Guten gibt, habe schon Thomas von Aquin gelehrt. (Lipuš, Herzflecken, 1997: 331 ff. Übs. Johann Strutz.)

Lipušs Ironie betrifft v. a. die Erziehungsmethoden der Bauern und Keuschler sowie die Morallehre der r.-k. Kirche, welche in den Herzen der jungen Menschen Flecken erzeugen bzw. statt einer schönen Seele den Bosheitspilz heranzüchten, damit bereits in den kleinen Kindern der eigene Wille zertrümmert wird, sodass sich ihre Persönlichkeit gar nicht erst zum Positiven entwickeln kann. Die Ironie ist bei Lipuš das Markenzeichen des Journalisten, der die Erziehung durch die Disziplinierung höhnisch belächelt und in „Zmote dijaka Tjaža“ darüber hinaus die Kriegsbegeisterung der Eltern zur Diskussion stellt.

Auch das Hauptwort „Satire“ leitet sich vom Lateinischen und Altgriechischen ab und bedeutet „höhnisch, spöttisch“. Ursprünglich verstand man unter diesem Begriff eine „Sammlung von Stegreifgedichten vermischten Inhalts in mannigfacher Versform“ oder ein „Prosastück in lockerem Gesprächsstil“. Später entwickelte sich dann das „ethischdidaktische Gedicht, das in hexametrischer Form Schwächen der Menschen und politische und gesellschaftliche Zustände geißelte". Lipušs Spezialität hinsichtlich der Satire ist nach Meinung der Verfasserin in Anlehnung an die ganz allgemeine Definition als „Opfergabe für die Götter", die bei ihm besonders in „Prošnji dan" ausgeprägte Präsentation „der weiblichen Früchte auf dem Scheiterhaufen" der r.-k. Kirche. Sie „opfert sozusagen ihr suspekte, weibliche Liebesvorzüge in Form von Hexen an den einen Gott, um diesen milde zu stimmen, damit er in der Dürrezeit Regen sende, auf dass das gläubige Volk nicht Hunger und Durst leide an Leib, Geist und Seele".

[Am Anfang ist das laute Lachen selbstverständlich auf jene beschränkt, die wirklich aus der Nähe das Walgen der Siebenschläfer zwischen den Zähnen und ihr Liebäugeln um die Lippen gesehen haben, es ist noch ein ersticktes Lachen und hinter vorgehaltenen Händen verborgen, aber durch Ausrutscher unaufhaltsam hervorbrechend zwischen den Fingern durch die Finger, solange sie nicht das offene Gelächter durch ein tosendes, immer prustenderes und langgezogeneres Gepolter davonreißt. Solch ein aufgestautes Lachen, wenn, he, du Schlaumeier, alles an ihnen lacht, sich ihm niemand entzieht, sich gezwungenermaßen die gesamte Umgebung damit ansteckt und wenn die Lachorgane eine genügend große Menge des Gelächters und eine angepasste Lautstärke erreichen, schlägt das gesamte Volk ohne Ausnahme ein von vorne von den Kinderbänken bis zurück hinauf zum Chor, verfällt in zähnefletschendes Gegrinse auch das letzte Häufchen von Leuten, was heißt Häufchen, das volle Haus bricht in einen unaufhörlichen Lärm aus, sodass sogar die einzelnen Lachwellen immer öfter unterbleiben und die Leuchter wackeln und sich die Kreuzwegtafeln auf den Wänden bewegen, sich schief und krumm auf den Weg begeben.

Ein guter Teil der Lacher und Lacherinnen erfährt erst später, weswegen sie gelacht haben, oder sie auf Teufel komm heraus lachen, ohne überhaupt jemals zu verstehen, wegen wem sie vor Lachen geplatzt sind und warum. Dabei ist der Lippenkuss nur einen halben Speichel weit entfernt vom Zwillingskuss, denn unweigerlich geht der Lippen-[kuss] von den Lippen in den Zungen-[kuss] über und vereinigt sich mit ihm. Dieses Entfesseln der Leidenschaft im Schleimigen und Warmen wirkt auf die Drüsen, die Speicheldrüsen, ein, und als Abschluss saugt jeder der beiden an und verschlingt einige Schlucke Liebesspeichel aus den Weichteilen des Mundes.

Die Moral ist die einzige Festung gegen das Küssen jeder Art schon in guten Zeiten, was erst in Zeiten der Bedrängnis. Der Zwillings-[kuss] bedeutet einen klar gesteigerten Lustgewinn, jedoch nach dem Sinn des [Lust-]Genießens fragen die ihre Brunst Verlierenden nicht, sei es wegen ihres eigenen schlechten Speichels, angereichert mit Tabak und Getränken und mit schlecht Zerkautem und unzerkleinert Hinuntergewürgtem oder vollgestopft mit inneren Erkrankungen, durch das Ausgähnen der schleimig belegten Beschichtung, sei es wegen des Erwärmens der ausgebrünsteten Knochen durch die Sittlichkeit im Alter. (Lipuš, Prošnji dan, 1997: 54 ff. Übs. L. M. R. > Übs. Johann Strutz, Regenprozession, 2007: 88 ff. – Walgen = Herumwälzen, Siebenschläfer = Bilch, Ausrutscher = Fehlverhalten/Entgleisung, Schlaumeier = schlauer Fuchs, angepasste = angemessene, Gegrinse = Grinsen, Häufchen = Grüppchen/kleine Ansammlung, Leuchter = Kristallleuchter, wackeln = schaukeln, sich schief und krumm auf den Weg begeben = sich schief und krumm lachen und waagrecht aufrichten, ein guter Teil = ein Großteil, vor Lachen geplatzt sind = sich scheckig gelacht haben, verschlingt = schluckt (hinunter)/verschluckt, einige Schlucke = kleine Mengen, Sittlichkeit = Moralität. – Zitat hier im Buch um einen Absatz gekürzt.)]

Man kann sagen, dass das Satirische ein mögliches Synonym für den Chronisten ist, der v. a. in „Prošnji dan“ die in einzelnen Jahrhunderten parallel verlaufende Kirchengeschichte als kompetenter Geschichtsschreiber bearbeitet und damit auch als kritischer Geschichtenerzähler nach anderen als den üblichen Maßstäben durchleuchtet. Dieser Chronist begleitet den Zögling Tjaž, wirkt als Verfasser der Pfarrchronik in „Odstranitev moje vasi“, zeichnet Höhen und Tiefen des Vaters in „Jalov pelin“, schildert in "Srčne pege“ das Milieu des Marktes Bad Eisenkappel/Železna Kapla in der zweiten Hälfte des zwanzigsten Jahrhunderts, verzeichnet in „Stesnitev“ die Zustände und Veränderungen in demselben Markt, nämlich in Kappel/Kapla, u. zw. in und um das Jahr 1670, und vollendet schließlich in „Boštjanov let“ die Collage über die neue Familie in Poden (= im Tal). Im Slowenischen würde ich den Ausdruck **„satirische Verhöhnung“** durch „satirično zasmehovanje“ wiedergeben.[16]

Auch der Begriff "Sarkasmus" ist griechisch-lateinischen Ursprungs. Er steht für „bissig-spöttische Äußerung/Bemerkung" und ist das Synonym für „bittere, scharfe Ironie“. „Das Sarkastische“ bezeichnet demnach „das bitter schmeckende Erleben einer zerfleischend ironischen Verachtung“. **„Die sarkastische Erniedrigung“** entspricht im Slowenischen dem „sarkastično poniževanje“. Es gilt hier als Synonym für den Philosophen, der abgehoben von jeder ethischen Wertung und konkreten

[16] Inwieweit sich Pastoraltheologie (= in der r.-k. Kirche Lehre von der Seelsorge), Dogmatik (= wissenschaftliche Darstellung der (christlichen) Glaubenslehre) und Exegese (= Wissenschaft der Erklärung und Auslegung der Bibel) einzelnen stilistischen Merkmalen wie dem Ironischen, dem Satirischen und dem Sarkastischen zuordnen lassen, kann die Verfasserin nicht beurteilen.

moralischen Handlung über die wesentlichen Dinge des Menschseins nachdenkt. Die Steigerung von der ironischen Verspottung des Tjaž über die satirische Verhöhnung der Marjeta in „Prošnji dan“ bis zur sarkastischen Erniedrigung der Mutter in „Boštjanov let“ ließe sich in Lipušs Romanen auch an anderen Protagonisten, Einzelpersonen oder Kollektiven nachvollziehen und entwickelt sich wechselseitig, d. h. dass der Autor z. B. den Spott vom Tjaž auf das Internat umlenkt, den Hohn von Marjeta auf die r.-k. Kirche abwälzt und die Erniedrigung der Mutter durch den Befehlsempfänger Ugav die gottergebene Haltung des Mesners, Linas Vater, in Stücke zerreißt.

Linas Vater hatte seinen Körper zum Tempel des göttlichen Willens gemacht, indem er von diesem weder etwas wegnahm noch hinzutat, es genügte ihm, daß er ihn verwaltete, daran teilhatte und immer und überall um ihn wußte, in einer Reihe mit ihnen stand, die davon in Ewigkeit Kenntnis haben; die Kirchenväter, von Anbeginn in seinem Besitz und alle bereits verstorben, hatten ihn, wie er war, zu Lebzeiten in seine Gemeinschaft aufgenommen. Gottes Wille klebte an ihm, und es gab keine Situation im Dorf, mochte die Sache noch so verzwickt sein, ohne daß der gute Mann überzeugt war, zu wissen, was Gott wollte, was er um nichts in der Welt wollte und nicht mochte, was er billigte und wann er mit dem Finger drohte; weder im kleinen noch im großen geriet er seinetwegen in Verlegenheit, zeckenartig hatte sich der Wille Gottes an ihn geklammert und war ihm bereits in das bloße Atmen übergegangen; wo er ging und stand, er hatte ihn stets dabei, und überall, auch beim Militär, war der Wille Gottes mit ihm. (Lipuš, Boštjans Flug, 2005: 212. Übs. Johann Strutz.)

Lipuš deckt das Ironische in „Srčne pege“ und den anderen Romanen auf, indem er sich als Journalist entpuppt, dann vertritt er in „Prošnji dan“ und der anderen Langprosa das Satirische, bekleidet dort die Rolle des Chronisten und schließlich forciert er in „Boštjanov let“ und allen anderen Romanen das Sarkastische und schwingt sich derart zum Philosophen auf. Alle drei Rollen sind episch angelegt und verhelfen dem Elitären zum Durchbruch. Alle drei Gemälde des jeweiligen Milieus können auch anders begründet werden, weil das Ironische, das Satirische und das Sarkastische so eng miteinander verflochten sind, dass sie ein Gewebe aus Feindseligkeit zwischen den gesellschaftlichen Institutionen, der breiten Masse und dem Einzelnen ergeben.

Zusammenfassung der Stilmerkmale: In diesem Kapitel wurden äußere und innere Stilmerkmale der Lipušschen Sprache hinsichtlich ihres funktionalen Wertes in den Skizzen und Romanen untersucht. Dabei stand bei der praktischen Aufarbeitung der äußeren Stilmittel die

Frage im Vordergrund: Welche Sprachnormen verändert Lipuš? und Welchen Effekt erzielt er dadurch?

Die slowenischen Literaturwissenschafter sind sich darüber einig, dass Lipuš einen ganz eigenständigen Weg in der Gestaltung seiner Texte geht und dass er alle sprachlichen Mittel ausschöpft, um in seiner Prosa ein wirklich hochstehendes Kunstwerk zu erschaffen. Johann Strutz stellt in seiner Habilitation die Dialogizität nach Bachtin in den Vordergrund, also die kulturelle Spannung zweisprachiger Autoren, die sich in ihren Texten niederschlägt. Diese Dialektik drückt sich bei Lipuš hauptsächlich in der funktional politischen Botschaft aus, die zwischen traditionell geprägter regionaler Dorfgeschichtenromantik und ästhetischer Modernität immer wieder akute Brüche setzt, sodass absichtlich polarisierte Gegensätze im gesellschaftlichen Milieu offen aufbrechen und ins Auge stechen. Die Verfasserin untersucht in Fortführung dieses Gedankens bei Johann Strutz sowohl regionale Sprachelemente als auch intertextuelle Bezüge verschiedenster Art, die Florjan Lipuš gezielt einsetzt, um in den Romanen den fehlenden Dialog auf der Figurenebene ganz geschickt durch eine unmissverständliche sprachliche Identifizierung der einzelnen Rollen zu erzielen. So zeugen Regionalismen wie Dialektismen, Germanismen und Archaismen von einer tiefen Verwurzelung im zweisprachigen Gebiet Südkärntens/južna Koroška, ironisieren Aufzählungen und Wiederholungen die von der r.-k. Kirche gepredigte reine und einzige Wahrheit, geben intertextuelle Elemente aus verschiedensten Weisheitsquellen weitere Denkanstöße zu einem eigenständigen Weltbild, das die verkrusteten Strukturen der inzwischen versunkenen bäuerlichen Arbeitswelt durch die Infragestellung der alles disziplinierenden Angst zerschellen lässt. Lipušs Code kann nur von elitär gebildeten Intellektuellen geknackt werden, die sich an der Verallgemeinerung von Aussagen ergötzen, sowohl Zitate aus der slowenischen Literatur als auch aus der Bibel jederzeit in einem verfremdeten Jargon zu interpretieren sowie philosophische Quellen jenseits von moralischer Enge zu diskutieren in der Lage sind, ohne irgendwelche kirchlichen Normenzwänge als allzeit gegebene Richtwerte anzuerkennen. Diese Spannweite zwischen Regionalität und Intertextualität schafft eine neuartige Gesellschaftskritik, die ihre beißende Wirkung keinesfalls verfehlt.

Als inhaltliche Stilelemente in den Romanen wurden schließlich Nuancen untersucht, die Bedeutungsveränderungen des allgemein gültigen Sittenkodex herbeiführen. Dazu gehören das Elegische, das

Idyllische und das Parabelhafte, das Groteske, das Subversive und das Karnevaleske, das Ironische, das Satirische und das Sarkastische. Alle diese „Maltechniken" treten bereits in den frühesten Skizzen auf und werden in den Romanen perfektioniert. Zusammenfassend kann man sagen, dass das klagende Element in den Romanen dann auftritt, wenn etwas Unvorhergesehenes passiert und allgemeine Ratlosigkeit herrscht. Das Idyllische konzentriert sich bei Lipuš auf die Idylle störende Komponenten, das Parabelhafte bedeutet, dass er die Lehre der Kirche an die Erfordernisse der Gesellschaft eigenwillig anpasst. Grotesk wirken bei Florjan Lipuš die Außenseiter, subversiv handelt der Reflektierende, karnevalesk demaskiert der Autor traditionell verhaftete Einzelpersonen und Gruppen. Das Ironische wird zum Markenzeichen des Journalisten, das Satirische zum Synonym für den Chronisten und das Sarkastische zum Inbegriff des Philosophen. **So wird vom Autor jedem Protagonisten eine nur ihm eigene Sprache zugewiesen.**

5 Identitätsfaktoren

Ursprünglich wollte die Verfasserin in diesem Kapitel die Identität der Lipuš-Helden in mehreren Schritten entwickeln, ausgehend von einer persönlichen Stellungnahme durch Kärntner slowenische Kulturschaffende sollte ein Bogen zur offiziellen slowenischen Literaturkritik gespannt werden. Die diesbezügliche Befragung über Internet ergab jedoch keine repräsentative Rückmeldung i. S. von literaturwissenschaftlichen Kriterien, außer der bereits bekannten Tatsache, **dass für Lipuš die slowenische Sprache den Identifikationsfaktor schlechthin darstellt**. Identifikation kommt von lateinisch „idem" für „dasselbe" und „facere" für „machen" und bedeutet in diesem Zusammenhang „Gleichsetzung von Handlungen". (Vgl. Wilpert: 1989: 401.)

Daher stellt die Verfasserin in diesem abschließenden Kapitel weitere mögliche Identifikationsfaktoren exemplarisch vor, also Mythen, die die individuelle Entwicklung der Hauptthelden Tjaž und Boštjan prägen, sowie zu Mythen gewordene Bewegungsmetaphern, die das Unterbewusstsein des jeweils Reflektierenden lenken, ferner mythologisierte Barrieren, die sich in den Köpfen des Kollektivs als unüberwindbare Hürden festgesetzt haben. Schließlich bespricht sie in Anknüpfung an die Unterkapitel „Raum-, Zeit- und Personen-Struktur" und „Von der Skizze zum Roman" Handlungsmuster aus allen Romanen, die das bereits oben angedeutete **Identitätenkarussell** konstituieren, in dem sich wiederkehrende Motive als kollektive Idee um ein von der Gesellschaft vorgegebenes, feststehendes und sich nicht veränderndes Zentrum drehen, wobei dem zwangsweise oder freiwillig aus diesem Milieu Ausgeschiedenen jene reflektierende Rolle zukommt, die der Autor vorwiegend als Innensicht dieses Subjekts darstellt, um dessen Entwicklung fortzuschreiben. Im Buch entfällt jedoch die Diskussion außerliteraturwissenschaftlicher Theorien zur Identitätsfindung.

Zur **Ermittlung passender Handlungsmuster** bildeten die fünf Handlungsstränge aus obiger Romanuntersuchung die Grundlage. Dann wurde zu jedem der ausgewählten Handlungsstränge eine exemplarische Handlung eines der in den Graphiken angeführten Protagonisten ermittelt und dieses Einzelereignis nach einem möglichen Motiv hinterfragt, nach einem entsprechenden Mythos gesucht und ein Logistikproblem ins Auge gefasst. Für diese praktische Untersuchung war also folgender Fragenkatalog maßgebend: Wer setzt welche aktive Handlung? Warum tut er das? Welche Wirkung will er damit erzielen? Welche Mittel setzt er dafür ein? Es bewahrheitete sich die ursprüngliche Annahme, **dass jeder Roman einen literarisch verfremdeten Sachtext als Kerntext aufweist**, der sich durch seine andersartige Gestaltung von den kollektiven Motiven der stereotyp handelnden Masse im Gegensatz zum reflektierenden Einzelnen deutlich abhebt.

Auf Grund von aus den Romanen herausgefilterten Handlungsmustern sollen also Identifikationsfaktoren erarbeitet werden, die ein möglichst vielfältiges Puzzle der Lipušschen Helden ergeben. Jedem der sieben Lipuš-Romane wurde daher im Original ein Unterkapitel gewidmet, in dem für das jeweilige Milieu typische Mythen, Metaphern und Barrieren ausgesucht wurden, die im Kerntext und den darum rotierenden Motiven einerseits den alles bestimmenden Machtanspruch und andererseits den alle erfassenden Zeitgeist widerspiegeln. In diesem Buch werden daraus drei gekürzte Unterkapitel gestaltet. Mit Hilfe von verschiedensten Identitätstheorien soll das Verhältnis zwischen dem Zentrum und dem Kollektiv bzw. die Kritik des Reflektierenden am bestehenden System untersucht werden. Dabei kommt der von Jurij M. Lotman in „Die Struktur literarischer Texte" (1972) entwickelten Raumsemantik besondere Bedeutung zu, wobei die in den Unterkapiteln 3.1.1 bis 3.1.7 analysierten Gemeinplätze hinsichtlich der räumlichen, zeitlichen bzw. charakterlichen Prägung bei Florjan Lipuš die Grundlage der speziellen Topoi-Besprechung bilden, in der es nicht um die gängigen hierarchischen Gegensätze auf der Vertikalen zwischen „Oben“ und „Unten“, sondern um die Beziehung zwischen „Zentrum“ und „Masse“ sowie um die Auseinandersetzung zwischen „Außen oder Tradition“ und „Innen oder Reflexion“ geht.

5.1 „Internat“, „Dorf“ und „Tod“

Aus dem Roman **„Zmote dijaka Tjaža“** wurden folgende Sachverhalte ausgewählt: Tjaž fällt im Schülerheim nicht auf. Tjaž verkehrt mit Nini sexuell. Tjaž kratzt im Seminar an verschiedenen Oberflächen. Tjaž stürzt sich in die Tiefe. Tjaž wird begraben. Als aktive Handlungen boten sich für die weitere Untersuchung die Punkte zwei und drei an. Als Motive kamen die „tjažbildende“ sexuelle Erregung und die Auflehnung gegen den Vater in Betracht. Als Mythen wurden der Ekel bei der sexuellen Befriedigung und die Bloßstellung des Priesters bei der Messe bzw. die Entmythologisierung der Heiligen am Hochaltar ausgesucht. Logistische Probleme ergeben sich beim Erschlagen der Raben, bei der Rückkehr des Tjaž ins Heim sowie beim Zerlegen der Schuhe und beim Zerkratzen der Fensterscheiben.

Aus der praktischen Analyse in 3.1.1 und dem eben Gesagten lassen sich wichtige Anknüpfungspunkte für das entsprechende Identitätsprofil zusammenfassen. Es handelt sich dabei um einen teilweise autobiografischen Bildungsroman, der im Südkärntner Nachkriegsambiente spielt, in dem wie sonstwo im ländlichen Raum der Klerus nach wie vor die Bildungselite darstellt, die im Internat Tanzenberg/Plešivec herangezogen wird und sich vorwiegend aus streng gläubigem Proletariat speist. In erwähnter Bildungseinrichtung entsteht mit fortschreitender Ausbildung der ausschließlich männlichen Gymnasiasten bei sensiblen Zöglingen ein unbändiger Drang nach Aufklärung der durch die Wissensvermittlung entstandenen Schere zwischen dem durch das Elternhaus vermittelten naiven Volksglauben und dem von der r.-k. Kirche wissenschaftlich untermauerten Glaubenskodex. Beiden gemein ist die Unverrückbarkeit des Glaubensinhaltes, sodass sich Tjaž in seiner beginnenden Pubertät mit seinen Lebensfragen allein herumquält, was in ihm Ekel vor der sexuellen Begegnung mit seiner Freundin Nini hervorruft, ihn zum Kratzen bewegt, um hinter der Fassade der goldfarbenen Heiligen und festlich gekleideten Priester für sich einen tragenden Kern zu entdecken. Sein Wunsch nach dem Fliegen vergrößert sich immer mehr, bis er diese **Grenzerfahrung** schließlich in den wenigen Augenblicken während des Fluges von der Hochhausterrasse in die Tiefe in vollen Zügen auskostet und so freiwillig die Grenze zwischen Leben und Tod überschreitet, um seinen Vater für die züchtigende Erziehung zu bestrafen. Tjaž erreicht jedoch auch durch diese Entscheidung keine Kurskorrektur durch die Heimleitung, für die die Heimordnung ein von Gott installiertes Konstrukt darstellt, dessen Anweisungen unter allen Umständen einzuhalten sind. Daraus erwächst nun das Dilemma für erwachsenwerdende Zöglinge, keinen Freiraum für die eigene Menschwerdung vorzufinden. Daher zieht sich Tjaž jede freie Minute in sein geheimes Refugium zurück, um seine Bedrängnisse seiner Schreibmaschine anzuvertrauen und so seine Lebensgeschichte ein Stück weit aufzuarbeiten. Nach seinem Selbstmord schlüpft er in die Rolle eines Journalisten, der die Wirkung der Erziehung im Elternhaus und im Internat überdenkt. Beim eigenen Begräbnis bedient er sich der Innensicht eines Mitschülers, um den Standpunkt der r.-k. Kirche gegenüber Selbstmördern eindeutig klarzustellen. Als geradezu großherzig kann man ihre Geste verstehen, Tjaž doch ein christliches Begräbnis zu gewähren und ihn nicht einfach vor der Friedhofsmauer verscharren zu lassen.

Als Kerntext im „Tjaž“ ergab sich die Heimordnung, die als Sachtext einen Verwaltungstext mit didaktischen Konsequenzen darstellt, den Lipuš literarisch verfremdet, indem er die göttliche und weltliche Ordnung vermengt, belehrende Inhalte mit einer eindeutigen Wertung versieht und Schlangensätze wie etwa Thomas Bernhard formt. Die von Lipuš ästhetisch verfremdete Hausordnung des Studentenheimes Korotan in Wien bildet also die feststehende Achse in diesem Identitätenkarussell. (Siehe oben „Intertextuelle Komponenten“.) Alle Zöglinge, außer Tjaž, fügen sich in das Kollektiv problemlos ein, indem sie ihre Sexualität unter sich erproben, den vorgegebenen Sittenkodex nicht persönlich hinterfragen und sich als zukünftige Priester der Tragweite kirchlicher Lehrinhalte für die Gläubigen nicht bewusst werden, weshalb sie in dieser Eliteschmiede ein und derselben ideologischen Ausrichtung willig folgen.

Wenn man nun **„das Problem des künstlerischen Raums“ nach Jurij M. Lotman** auf die Erkenntnisse in 3.1.1 anwendet, dann kann man sagen, dass sowohl die öffentlichen Räume „Heim und Seminar“

sowie der private Raum „Elternhaus“ geschlossene Räume sind, die streng hierarchisch und damit vertikal ausgerichtet sind und keinerlei Veränderung zulassen. Nur Tjaž überschreitet die konventionell vorgegebenen Grenzen und bezahlt seine „Höhenflüge“ mit dem freien Fall in die Tiefe, in den körperlichen Tod. Dadurch befreit er sich vom engen Weltbild der Kirche und des Elternhauses und schafft sich durch die Ironisierung des eigenen Werdeganges schriftstellerische Freiräume, die von der Heimleitung schlichtweg als „äußerst verwerflich“ abqualifiziert werden. Als Journalist entwickelt er sich zum Satiriker und durch die neuerliche Grenzüberschreitung, nämlich durch die Identifikation mit dem Mitschüler, reift sein spöttisches Nachdenken zum puren Sarkasmus heran. Diese Qualitäten ziehen sich dann durch alle weiteren Romane, sie leuchten immer in männlichen Charakteren auf und schaffen geistige Innenräume, die nur Grübler und Freidenker betreten können. Einfältigen Lesern bietet der Autor ein buntes Alltagsbild von Mythen, Bewegungsmetaphern und idyllisch anheimelnden Lokalitäten an, die aber jedem schöpferisch Begabten noch weitere Einblicke in die Bildungslandschaft gewähren. In diesem Roman begegnen wir auch dem Mythos von der Rangordnung der „Stühle“, die Tjaž äußerlich in eine chronotopische Ordnung zu bringen versucht. Wir erschauern angesichts der Metapher des Schlachtviehtransportes und wundern uns darüber, dass die Priester als Nachfolger Christi solche Ungerechtigkeiten nicht verhindern. **Identifikationsfaktor Nummer zwei ist also die neu gewonnene Freiheit des „Denkens, Fühlens und Handelns“**, die den Einzelnen zwar vom Zentrum der Macht und von der heimeligen Zugehörigkeit zum Kollektiv ausschließt, die aber gesellschaftliche Entwicklungen ins Rollen bringt.

[Die neu gewonnene Freiheit muss durch eigene Ideen und Handlungen erfüllt werden. Das wird die Identität der Kärntner Slowenen wesentlich verändern, die sich bisher im Wesentlichen durch drei Faktoren konstituierte: 1. durch den Widerstand gegen die Unterdrückung der slowenischen Sprache, 2. durch die Stigmatisierung allen Wollens und 3. in ihrer Verzweiflung durch das andauernde Erregen öffentlichen Ärgernisses. Wie Zecken klammern sie sich [im Zentralverband der Kärntner Slowenen] noch an das alte Muster, das sie zu armen Opfern stempelt, zu Opfern, die einerseits rechtlich geschützt sind und sich andererseits harmonisch in die Gesamtgesellschaft einfügen. In dieser paradoxen Situation gibt es keinen Platz für die neue Freiheit. (Vgl. Marko Gabriel, Novice, 13.4.2007: 2 f. Zusammenfassung u. Übs. L. M. R.)]

Aus **„Odstranitev moje vasi“** wurden die nachstehenden Aktionen ausgesucht: Der Pfarrer lenkt die Gläubigen. Die Berglerin fühlt einen Schmerz im Unterleib und gibt ihr ungeborenes Kind auf. Die Sänger proben vor dem Wochenende. Die Begräbnisleute warten vergeblich auf einen Toten. Der Primiziant hebt bei der Wandlung die Hostie. Als aktive Handlungen werden hier die Punkte eins und fünf weiter behandelt. Der Pfarrer im Dorf lenkt demnach die Gläubigen, um deren innere Erbauung vorzutäuschen, den Mythos der Mitgestaltungsmöglichkeit in ihnen zu nähren und die Jungfrauen in Schach zu halten.

Die in 3.1.2 erzielten konkreten Untersuchungsergebnisse lassen daher folgende Interpretation zu: Es handelt sich um einen identitätsverleugnenden Dorfroman, in dem keine expliziten Identitätsmerkmale wie Eigennamen vorkommen. Dennoch handelt es sich räumlich gesehen um ein Südkärntner Dorf in der Nähe eines Marktes, wovon beide in der engeren Heimat des Autors angesiedelt sind. Daher kleben viele Interpreten an den realen Gegebenheiten in der Nachkriegszeit, bevor das II. Vatikanische Konzil eine neue Öffnung in die r.-k. Kirche brachte. Wie bereits oben erwähnt, kann man aus gewissen Brauchtumsindikatoren auf ein slowenischsprachiges Südkärntner Ambiente schließen. Im Großen und Ganzen aber bildet besagtes Dorf einen homogenen Korpus, der vom Pfarrer gelenkt und vom Bischof manipuliert wird, sodass außer dem nicht-Primizianten niemand auf die Idee kommt, mit dem Glauben verwobenes Brauchtum zu hinterfragen und ein eventuell entstehendes Interpretationsvakuum mit eigenen Erkenntnissen zu füllen.

Wenn man **die literaturwissenschaftlichen Ausführungen von Franz K. Stanzel zur Typisierung des Romans nach Wolfgang Kayser** auf die Lipuš-Romane umlegt, kann man bei „Stesnitev. Neogibni, a sumljivi opravki z zmedo“ von einem Geschehens-/Handlungs-Roman, bei „Zmote dijaka Tjaža“, „Srčne pege“ und „Boštjanov let“ von Figuren-Romanen und bei „Odstranitev moje vasi“, „Jalov pelin“ und „Prošnji dan“ von Raum-Romanen i. S. von Wolfgang Kayser sprechen. (Vgl. Franz K. Stanzel, 1981: 63 ff.)

Noch bedeutsamer wird **die Funktion des Identifikationsfaktors Raum** durch die entsprechende Semantik **bei Jurij M. Lotman**. In diesem Unterabschnitt wird daher vor allem die Funktion des Dorfes als geschlossener Raum für die Feier der in einem Kirchenjahr stattfindenden Feste betrachtet. Aus der Raum-, Zeit- und Personen-Struktur-Analyse in 3.1.2 geht hervor, dass sich besagtes Dorf im Zentrum des

Geschehens befindet, in dem als öffentliche Räume die Pfarrkirche mit dem Hauptaltar sowie der Dorfplatz mit dem Wirtshaus und der Dorflinde von besonderem Interesse sind. Im zentralen Blickpunkt dieses Dorfes steht der Pfarrer als kirchliche Autorität, der die zyklischen Rituale leitet, in die der Kirchenchor eingebunden ist. Nur bei besonderen Ereignissen wie dem Unfall der Berglerin fällt der Pfarrer auch ungewöhnliche Entscheidungen, die vom gewöhnlichen Zeremoniell zeitlich abweichen. Mythologisches Neuland wie etwa der Fund eines angeschwemmten Kreuzes in den Flussauen bedingt jedoch die Rücksprache des Pfarrers beim Bischof, damit sich die örtlich anberaumte logistische Anstrengung auch in einer dementsprechend gottgefälligen Gegenreaktion auswirkt, womit sich die Manipulation des Glaubenskollektivs am Ort durch den Oberhirten geschickt verwischen lässt. Hier gewinnt **die Funktion des Chronisten** besondere Bedeutung, der die regionale Sprache belächelt, die Unbekümmertheit des Pfarrers im Bezug auf die Bedeutung des sprachlichen Niveaus anprangert und die Sittenlosigkeit sowohl der etablierten als auch der zukünftigen geistlichen Elite bzw. des tonangebenden Kollektivs im Dorf demaskiert. Jungfrauen und Ochsen werden zu Bedeutungsträgern besonderer Reinheit im moralischen Sexualkodex der r.-k. Kirche hochstilisiert, was ihre sexuelle Unbefangenheit bzw. ihre unerschütterliche Ausdauer im Ziehen von unglaublichen Lasten pervertiert. Außerdem überhöhen die Aussagen vom Studium der Dächer durch den Bischof am Beginn jeder Visitation sowie die Feier „des Festes Mariae Crus" die vom Autor immer wieder ad absurdum geführte Hyperbel jeder einzelnen zu Ende gedachten Idee.

Der im Dorf als privater Raum zentral positionierte Pfarrhof bildet zugleich auch **die starre Antriebsachse des Kerntextes in Form eines Ferngesprächs** (Slowenisch, „Pogovor", 1997: 67 ff.; Deutsch, „Das Ferngespräch", 1997: 103 ff.), das in Anlehnung an das Telefonat mit dem unsichtbaren Kapellan in Franz Kafkas Roman „Das Schloß" die Furcht des Pfarrers vor einer möglichen Lauscherin außerhalb des geschützten Monolograumes im Pfarrhof thematisiert. Diesen Kerntext entwickelte Lipuš aus einem Sachtext allgemein verständlicher Art, möglicherweise aus einem Gebet. Auch diesmal verfremdete er den Ausgangstext, indem er kurze zustimmende oder nachfragende Aussagen des Ich durch fundamentaltheologisches Zerpflücken der unsichtbaren Beziehung zwischen Ferne und Nähe zu einem komplizierten Gewebe aus existenzbedrohender Furcht und planloser Unsicherheit verknüpfte. Die

Vorstellungskraft des mit sich selbst Diskutierenden erreicht ein unheimlich anmutendes Ausmaß an Verlassenheit und Hilfsbedürftigkeit. Auf diese Weise schafft Lipuš einen elliptischen Raum mit zwei Brennpunkten. In einem befindet sich das sprechende Ich, im anderen das angesprochene Du. Lipuš legt das Du sowohl als Frau als auch als Gott an. Er ästhetisiert diese Beziehung durch die philosophische Trennung des Ich in ein Ich-Ich und ein Ich-Du, wobei der Sprechende sich auch die Trennung des Du in ein Du-Du und ein Du-Ich wünscht, wodurch die körperliche Anwesenheit des Du beim Ich durch die logistische Überbrückung der Entfernung erleichtert würde. Beide Personen sind also gleichzeitig in ihrem Raum anwesend und doch zum Anderen hin unterwegs. Diese Überlappung der verschiedenen Persönlichkeitsstufen und Anwesenheitsgrade wirkt äußerst grotesk. Zudem verwendet der Autor hier ein Standard-Slowenisch ohne Kärntner Prägung, das vor allem für die fundamentaltheologische Auseinandersetzung in Frage kommt.

Aus dem dörflichen Kollektiv ragt sehr sporadisch der nicht-Primiziant heraus, der z. B. sinnentleerte Symbole wie das Kreuzzeichen oder die Wandlung während der Primizfeier mit neuen Inhalten füllt, die Lipušs grotesker Satire entsprechen und dann und wann sarkastische Ausmaße annehmen, wie z. B. im Entwurf des alten Weibleins, das sich unerschütterlich in der vordersten Reihe der Gläubigen festkrallt. Rund um die Achse des durch den Pfarrer verkörperten Glaubens im Dorf sowie der durch den Bischof vertretenen Theologie rotieren festliche Motive aus dem Kirchenjahr, die der nicht-Primiziant kritisch durchleuchtet. Der Pfarrer versinnbildlicht die geistliche Elite im Dorf, der Kirchenchor und die Gläubigen stehen für die überwachte, wenn notwendig auch remythologisierte und heidnisch besetzte Glaubenspraxis durch das dörfliche Kollektiv, der nicht-Primiziant für das damals vereinzelt aufflackernde Hinterfragen von jahrhundertealten Gewohnheitsritualen. Damit stört er die dörfliche Idylle immer wieder und vergiftet so das ungebrochene Verhalten der Herde gegenüber ihrem mittel- und unmittelbaren Hirten. Während in diesem Roman das vergebliche kollektive Warten auf einen Toten im Dorf die Antriebslosigkeit der Sänger und die Funktionslosigkeit der Trauergemeinde begründet, weil das Sterben aus dem Dorf in die Stadt ausgelagert wird, was zur Tabuisierung der kollektiven Todeserfahrung beiträgt, steht im Roman „Jalov pelin“ das traditionelle Trauerritual im Mittelpunkt des kollektiven Interesses. Obige Auslagerung macht einerseits Krankentransporte vom nahegelegenen Markt in die Stadt bzw. andererseits Urnentransporte von nicht näher genannten Einäscherungsstätten in besagten Markt notwendig. Herkömmlicher Todesbote war der Wind. Infolge der Tabuisierung des Sterbens durch das Kollektiv vermag allerdings selbst „die Tödin" die mythologisierte Barriere der Dorfgrenze nicht mehr zu durchbrechen.

„Das Dorf" als geschlossener Raum kommt in allen Romanen vor. (Vgl. Franz Krištof, Dipl.Arb., 1994: 42 ff. u. Johann Strutz, Habil., 2003: 285 ff.) In „Zmote dijaka Tjaža" zerteilt Tjaž durch sein Weggehen das Nachbardorf in zwei Hälften, in eine rechte, die seine Rückkehr als geistlicher Herr erwartet, und in eine linke. In „Odstranitev moje vasi" entsorgt das Heimatdorf des Tjaž den nicht-Primizianten wegen der Nichterfüllung der Erwartungshaltung, sodass er aus dem schützenden Raum herausfällt, was für ihn gleichzeitig die Beseitigung seines Dorfes bedeutet. In „Jalov pelin" zelebriert das Heimatdorf des Reisenden den Tod des Alten, in „Prošnji dan" konkurrieren ein Bergdorf und ein Dorf im Tal um die Gunst Gottes, in „Srčne pege" wird das Heimatdorf des Franc/Franz Buterna zum Schauplatz seiner Liebesspiele mit Helena, in „Stesnitev" bilden die einzelnen Zünfte das Abbild von „gleichgearteten Dörfern" im Markt und in „Boštjanov let" verliert der Hauptheld durch das Verlassen seines Elternhauses seine Heimat.

Das Kreuzzeichen ist das raumteilende und raumverbindende Symbol des Christentums schlechthin, dessen Sinngehalt diese monotheistische Religion vom Judentum und vom Islam unterscheidet. Es verbindet alle vier Himmelsrichtungen und bündelt in seinem Mittelpunkt die Naturgewalt der vier Elemente Feuer, Wasser, Erde und Luft. Es vermittelt Jesus Christus, sein Leiden und seinen Tod am Kreuz, aber auch seine Auferstehung von den Toten. Viele Gläubige vollziehen dieses Symbol schlampig, sind sich seiner Symbolik nicht mehr bewusst und erfahren daher auch weder seine rettende Kraft noch seine heilende Macht.

> Das Volk schlägt bimmel bammel Haken auf dem Körper, pocht bammel bimmel Mea culpa auf die Brust und zeichnet sich Krakel ins Gesicht. (Lipuš, Beseitigung meines Dorfes, 1997: 203. Übs. Fabjan Hafner.)

In einem „derart homogenisierten Dorf" erlangen vollkommen unbedeutende Vorkommnisse auf Grund der sich schneckenhausartig ständig verjüngenden Ausformung des kollektiven Bewusstseins scheinbar immense Bedeutung, in Wirklichkeit aber beseitigt sich eine solche

Gesellschaftsstruktur durch das Fehlen von Gegensätzen selbst. **Identifikationsfaktoren** in diesem Roman **sind daher** nicht in erster Linie das bäuerlich geprägte Ambiente, sondern **sowohl vom Pfarrer als auch vom Kollektiv verdrängte Folgen der nationalsozialistischen Schreckensherrschaft**.

Erzählt wird aus der Innensicht des Chronisten, dessen Formulierungen durch das Weltbild des Pfarrers gleichgerichtet werden. Es fehlt die „Vielfalt in der Einheit", statt der die „Einfalt in der Vielheit" um sich greift. Daher kann man nach der **Raumsemantik nach Jurij M. Lotman** auch die These aufstellen, dass sich der Chronist durch seine kunstvolle Sprache zwar Freiräume schafft, dass diese vom Pfarrer aber wieder nivelliert werden. Für den Pfarrer sind nämlich Gott, Glaube, Theologie und Kirchenjahr identische Begriffe, der Kirchenchor und die Pfarrgemeinde identifizieren sich mit allen vom Pfarrer und Bischof vorgegebenen Glaubensvollzügen, nur der nicht-Primiziant schafft durch die groteske Verzerrung der Dorfidylle fiktive Glaubens-Räume. **Somit ist der Chronist das Bauernopfer schlechthin**, weil seine Freude am Formulieren durch die Korrektursucht des Pfarrers zunichte gemacht wird. Lediglich der nicht-Primiziant verschafft sich also Zutritt zu jenen „elliptischen" Interpretationsräumen, die die in sich geschlossene Umlaufbahn der kirchlichen Feste überschreiten. Demnach kann man **„das Dorf als Kircheneintopf"** wahrnehmen.

Aus dem Roman **„Jalov pelin"** wurden folgende Begebenheiten herausgefiltert: Die Großmutter erntet und stirbt. Der Reisende vergleicht seine Eindrücke mit der Erinnerung. Die Trauergemeinde trauert. Der Vater ist tot. Die Mutter beauftragt die Kinder, das Feuer im Herd nicht ausgehen zu lassen. Daraus wurden die Punkte eins, drei und fünf als aktive Handlungen ausgewählt. Großmutters Leben war gekennzeichnet durch die Sorge für ihre Familie, durch ihre Arbeit am Feld. Ihr Tod erinnert daher an den Mythos von „der letzten Garbe", was wiederum in der logistischen Überspitzung der Einbringung der Garben mittels Seilbahn gipfelt. Vaters Tod bedingt die Trauer des Kollektivs, das sich durch den Pogača-Kult identifiziert, während des Wachens so langweilt, dass es in allen Körperfalten irgendwelches Ungeziefer zu verspüren meint und das Schlachten des Ochsen als notwendiges Übel in Kauf nimmt.

Fortführend zu dem in 3.1.3 Gesagten, wird zunächst wiederholt, dass es dabei um einen beziehungsverachtenden Entwicklungsroman geht, in dem sich ein Mann auf die Reise in seine eigene Kindheit begibt. Daher bestimmt seine Innenperspektive das Geschehen in seinem Heimatdorf. **Im Zentrum des trauernden Kollektivs stehen das Trauerhaus und der Stall** als öffentliche Räume, während die Holzknechthütte des Vaters und der Schutthaufen des ehemaligen Vaterhauses vom Sohn voller Wehmut betrachtet werden. Während sich also das Geschehen im Dorf auf die Tradition im Todesfalle beschränkt, erweitert sich der Horizont des Einzelgängers um die Aufarbeitung seiner Kindheits- und Jugenderlebnisse. Die Innensicht des Reisenden erweitert daher den traditionsgebundenen Vollzug durch das „Dorf".

Der Autor bewirkt somit eine Amplifikation des vom jeweiligen Zentrum vorgegebenen Milieus. Der von Lipuš verwendete **Kerntext** ist wahrscheinlich in den von Valentin Vodnik im Jahre 1799 herausgegebenen **„Kuharske bukve"** (Kochbücher) zu suchen. In Frage kommt ein Kochrezept als Metapher für das traditionelle Handeln überhaupt. Das Zentrum bildet in diesem Roman das Trauerhaus, das dem trauernden Kollektiv jede Einzelheit zur Bewältigung von Trauer vorschreibt. Nur der reflektierende Sohn erkennt hingegen, dass die Tradition allein überhaupt keine Aufarbeitung der mehr oder weniger geglückten oder missglückten Beziehung zwischen dem Verstorbenen und dem Überlebenden bewirkt, weshalb sich der Sohn auch zum Verlassen der traditionell ausgetretenen Pfade entschließt. Dies bedingt und bewirkt die beiderseitige „Verweigerung der Wehmut".

Ein möglicher Identifikationsfaktor in „Jalov pelin" ist daher die Befolgung von herkömmlichen Rezepten in allen Lebenslagen, **die von den Einheimischen total festgeschriebene Tradition. Ein weiterer Identifikationsfaktor ist der Umgang mit der Todeserfahrung.** Während das jeweilige Zentrum den Tod verdammt, ausschließt, ritualisiert, zelebriert, tabuisiert, manipuliert und instrumentalisiert, fügt sich das Kollektiv in die göttliche Vorsehung, befolgt es stumm die vorgesehenen Rituale, plappert es traditionelle Gebete nach, entzündet es sich an außergewöhnlichen Exekutionen, vergisst es historische Gräueltaten sofort und kümmert es sich nicht um eventuelle Abschiedsschmerzen eines Einzelnen. Nur der Reflektierende findet ganz eigene Todeszugänge. Er schildert den Selbstmord des Tjaž z. B. als Ninis Selbstfindung, er erinnert an den Schlachtviehtransport in der Rindermuttersprache, er denkt bei der Ankunft der Urne der Eingeäscherten am Marktplatz über psychische Vorgänge nach, er lässt ein Neugeborenes am Ostermorgen sterben, er arbeitet besonders hart an der Beziehung zu seinem verstorbenen Vater, er bedauert die Verbrennung von Marjeta, er erkennt die Sinnlosigkeit des Bittganges um Regen, er sieht Helenas Herztod voraus, er untersucht den Hungertod der Brüder Löb, er vergleicht das Sterben seiner Mutter mit dem der Großmutter, u. zw. sowohl explizit als auch implizit.

In „Jalov pelin“ begegnen wir den Grundelementen Feuer und Wasser, der Bewegungsmetapher des Zuges als Transportmittel bzw. als Kollektiv von Trauernden und dem Symbol der Spinne, die in „Zmote dijaka Tjaža“ ihr Netz über dem aufgebahrten Toten ausbreitet, in dem sich alte und neue Mythen verfangen. Als Kerntext kommt aber auch die Nachricht vom Ableben des Vaters in Frage. Der ausgesparte Text in Form einer vermutlich sehr knapp gehaltenen Mitteilung löst im Adressaten eine Lawine von Erinnerungsströmen aus.

5.2 „Hexenprozess“, „Liebesrausch“ und „Markt“

Aus **„Prošnji dan“** wurden nachstehende Aktionen entnommen: Marjeta liebt selbstlos und hilft der Familie ihres Verlobten. Der Pfarrer trennt die Männer und die Frauen. Der Kreuzträger sieht hell und ahnt das Unglück. Die Kirche befiehlt die Hexenverfolgung. Ein Wolkenbruch stoppt die Prozession. Daraus wurden die Punkte eins, vier und fünf als interessante Handlungen weiter verfolgt. Marjeta handelt aus christlicher Nächstenliebe und verursacht daher den Mythos von der Hexe, was ihre Folterung, zahlreiche scheiternde Unschuldsbeweise und ihre Hinrichtung nach sich zieht.

In Anbetracht des in 3.1.4 Erarbeiteten wird hier festgehalten, dass es sich bei „Prošnji dan“ um einen pathologischen Familienroman handelt, in dem Lipuš zwei parallele Handlungsstränge thematisiert: Erstens die länger zurückliegende Verhaftung, das Verhör, die Folterung und Verbrennung von Marjeta am Scheiterhaufen, zweitens die in der jüngeren Vergangenheit stattgefundene Bittprozession um Regen. Verursachte seinerzeit Marjeta eine große Dürre, so waren später die Gläubigen daran schuld, was den Pfarrer zur Fußwallfahrt um das erfrischende Nass veranlasste.

Laut Graphik im Anhang befinden sich die wichtigsten öffentlichen Räume im unteren Spektrum der Lipušschen Werteskala. Dabei handelt es sich um die Propstei und den Standort des Scheiterhaufens in der älteren und den Sammelplatz für die Prozession in der jüngeren Geschichte. Von zentraler Bedeutung ist die Hexenverbrennung. Den **Kerntext** bildete entweder **eine Lipuš bekannte Anklageschrift** oder die in 3.2 (Von der Skizze zum Roman) behandelte Skizze „čarovnice“, die ihrerseits auf eine Einladung in die Hermagoras/Mohorjeva oder auf die Einladung zur 1972 in Klagenfurt/Celovec stattgefundenen Synode zurückgehen könnte. Jedenfalls scharte der Autor im Roman zahlreiche Motive zum Thema Hexenprozesse u. a. unbewältigte Kirchengeschichte um den ästhetisch veränderten Sachtext. Die Anklageschrift ist meines Erachtens im Roman (1997) z. B. auf Seite 26 ff. in jenen Formulierungen ansatz- oder auszugsweise ersichtlich, die mit "da je, da sta, da bo, da dajejo" (Konjunktivkonstruktionen im Präsens zur Äußerung von Vermutungen) beginnen. Dann wäre der literarische Text eine sehr geschickte Verflechtung der Behauptungen der Dorfbewohner mit der amtlichen Formulierung und Marjetas Aussagen. Der Roman entwickelt sich jedoch weder chronologisch noch topologisch, sondern konzentrisch um emotional besetzte Erinnerungselemente eines nicht näher benannten Erzählers. Auf der horizontalen Zeitachse werden die Parallelbezüge zwischen Vorvergangenheit und Vergangenheit kontinuierlich erweitert, die Gegenwartsbezüge muss der Leser selbst herstellen. Von entscheidender Bedeutung ist „der Prozessionsweg“ als Metapher für alle Epochen der Kirchengeschichte. Das kirchliche Machtzentrum bleibt jedenfalls für beide vergangenen Handlungsstränge unbestritten, das Kollektiv folgt den kirchlichen Anweisungen punktgenau, u. zw. ergötzt es sich mangels Aufklärung an der Hinrichtung der Hexe Marjeta und nimmt selbstverständlich an der verordneten Bittprozession um Vergebung der eigenen Schuld teil. Die r.-k. Kirche ist frei von jeglicher Verfehlung und in ihrer Hierarchie streng nach Gottes Vorstellungen von Oben nach Unten gegliedert. Dogmen bestimmen den Lebensablauf bis ins kleinste Detail. Nur der Kreuzträger sieht am Morgen vor seinem Aufbruch zur Prozession das kommende Unheil voraus, während die Masse längst jedes natürliche Empfinden verloren hat. Der unbekannte Erzähler veranlasst jeden kritischen Leser zur Stellungnahme über die eigene Geschichte.

Ähnlich verhält es sich mit den Romanen und der Literaturkritik, in die die eigene Identität des Autors und der Wissenschafter einfließt, sodass **nationale Bezüge** zum Vorschein kommen, die je nach Sozialisierung der einzelnen Personengruppen bewertet werden können. So veröffentlichte Johann Strutz seine nationalbewusste Literaturkritik zu Lipušs Werk vor allem in „Profile der neueren slowenischen Literatur in Kärnten“, wo er feststellt, dass Lipuš politisch funktional kodiert, was Janko Messner intentional formuliert. (Vgl. Johann Strutz, 1998: 79 ff.). Abweichend von Johann Strutz ist die Verfasserin der Überzeugung, dass Florjan Lipuš den slowenischsprachigen Südkärntner Raum als Topos absichtlich immer wieder ins Gespräch bringt, um dem Vergessen zuvorzukommen. Solche Metaphern sind der Schlachtviehtransport in der Rindermuttersprache, der Urnentransport in „Odstranitev moje vasi“, der Abtransport der Mutter, der Pogača-Kult in „Jalov pelin“, die Verbrechen der Nationalsozialisten und das fehlende Denkmal für die Opfer in „Prošnji dan“, das Judentum des Franc/Franz Buterna, die Untersuchung des Pavel Ritter Vitezović über die Rechtsprechung in Karantanien und die Vergasung der Mutter in „Boštjanov let“. In Lipušs politischem Romankonzept ist aber auf keinen Fall Platz für die Verherrlichung des Krieges, u. zw. weder durch Tito-Partisanen noch durch Hitler-Fans. Es kommt darin auch zu keiner Eskalation von Gewalt, weder politisch noch kriminell gesehen. Es ergeben sich aber in seinen Romanen **nationale Spannungen innerhalb und außerhalb des geschilderten Milieus**, die anderswo zu dieser Zeit nicht möglich gewesen wären. So war etwa das Verhältnis zwischen dem r.-k. geführten Internat und den Zöglingen im Allgemeinen sowie Tjaž im Besonderen weder in Triest/Trst/Trieste noch in Stična (= Martin Sittich) oder anderswo in Jugoslawien oder im jugoslawisch-ungarischen oder slowenisch–kroatischen Grenzgebiet gegeben. Den jugoslawischen Kommunisten kam aber Lipušs Kritik an der r.-k. Kirche sehr gelegen. Jedenfalls ist es sehr bemerkenswert, dass gerade ein „über der Grenze Lebender“ grenzüberschreitende Texte verfasste, die sich an Selbstkritik fortlaufend überboten. Gerade dadurch schuf der Autor literarische Freiräume, obwohl die r.-k. Kirche gerade die Hexenprozesse seinerzeit hauptsächlich als Profilierungsschiene benutzte.

Aus **"Srčne pege"** wurden diese Ereignisse übernommen: Franc /Franz Buterna leitet das Heimatmuseum. Er liebt Helena öfters ausgiebig. Der Seiltänzer geht über das Seil. Der Heimatdichter wird begraben. Zarka kann nicht mehr heilen. Daraus wurden die Punkte zwei und fünf als aktive Handlungen herausgeschält. Aus Punkt zwei ergibt sich, dass Buterna Versäumtes nachholt, dass ihm bestimmte Allheilmittel vorschweben und dass er als besondere Herausforderung seine

Helena in der Bergkapelle auf dem liegenden Kreuz ausgiebig sexuell betreut. Das Unterkapitel 3.1.5 zusammenfassend kann man sagen, dass es sich bei „Srčne pege“ entgegen der Kategorisierung von Johann Strutz als Entwicklungsroman um einen die Erotik verherrlichenden Erziehungsroman handelt, weil die falsche Erziehung die Herzflecken verursachte. Franc/Franz Buterna erinnert sich an seine Jugend im Dorf und an sein Studium bzw. an sein Leben als Latein- und Griechischprofessor an einem Gymnasium in der Stadt sowie an seine Ehejahre mit Hanna. Nach seiner Pensionierung kehrt er in sein Heimatdorf zurück und betreut im angrenzenden Markt das Heimatmuseum, wo er eines Tages während einer Führung seine Jugendliebe Helena entdeckt. Er findet sie schließlich doch noch und liebt sie ausgiebig. Im Zentrum des Geschehens steht Buternas Haus in seinem Heimatdorf. Von dort begibt er sich regelmäßig ins Museum. Am Marktplatz beobachtet er z. B. den Seiltänzer. Geschlossene Räume nach Jurij M. Lotman sind das Heimatmuseum im Markt, Buternas Haus in seinem Heimatdorf und die Kapelle, in der sich Buterna und Helena auch körperlich lieben. Diese Räume versinnbildlichen ein verstaubtes, eingeschränktes Denken, moralisch unvertretbares Handeln und sinnliches Nichtbefolgen vorgegebener Normen. Als offener Raum präsentiert sich der Marktplatz, wobei aber die Seiltanzkunst als Schaueffekt für die Masse verstanden wird. Der Platz vor dem Friedhof nimmt eine neutrale Stellung ein, weil sich dem Tod eben auch ein Heimatdichter nicht entziehen kann.

Nimmt man nun **als Kerntext lateinische und griechische Schultexte** an, wie sie im Lehrplan eines humanistischen Gymnasiums in Österreich knapp nach dem 2. Weltkrieg vorgesehen waren, so wird Franc/Franz Buterna als Vertreter der kollektiven Masse dargestellt, der einerseits Schüler und Maturant eines solchen Gymnasiums war und andererseits diese Lehrinhalte selbst an Schüler weitergegeben hatte. So gesehen verfolgt Lipuš hier die Abbildung eines gesellschaftlich vorgegebenen Zustandes. Dann meldet sich der Dramaturg zu Wort, der den Erzähler dazu veranlasst, obige Schultexte mit lateinischen Messtexten zu vermengen sowie das gesamte humanistische Weltbild subversiv zu unterminieren. Dies erreicht er, indem er beschließt, die Moral abzuschaffen, ethische Überlegungen außer Acht zu lassen, um so einen neuartigen Kosmos zu erschaffen, in dem sich Philosophen künstlerisch mitteilen und Künstler philosophische Inhalte vermitteln. Die von Franc/Franz Buterna an sich selbst festgestellten Herzflecken und die von ihm an seiner geliebten Helena entdeckten äußerlichen Flecken stehen für ein elitäres Schulsystem, das die bedauerliche Erstsozialisierung in der Familie nicht mehr rückgängig machen kann. Gerade weil der Roman auktorial angelegt ist, verweben sich Außen- und Innensicht des Romanhelden zu einem einmaligen Geflecht, in dem die erlebte Rede in Franc/Franz Buterna viel zu spät berechtigte Zweifel an seinem Handeln gegenüber Helena aufkommen lässt. Außerdem kann man als Kerntext auch eine wissenschaftlich fundierte Anleitung zum Gebrauch von Heilkräutern annehmen, die stilistisch sehr knapp gehalten ist, weshalb sich in ihr dieselben Formulierungen oder Kernaussagen oftmals wiederholen. Das Gesagte untermauert die These, dass die Zweitsozialisierung in Latein die Mängel des Hineingeboren-Seins in eine gesellschaftliche Randschicht nicht wettmachen kann.

Ein weiterer Identifikationsfaktor ergibt sich daher aus der nie endenden Interpretationsmöglichkeit der lateinischen Schriften bzw. römischen und griechischen Texte, **aus der gemeinsamen antiken Kulturgeschichte**, die die gesamten Natur- und Geisteswissenschaften sowie die Künste nach wie vor nachhaltig prägt. Diese Tradition wurde in den kommunistischen Ländern durch die Einführung der Gesamtschule ein für allemal erfolgreich unterbrochen. Einen ebenso historischen Identifikationsfaktor stellt **die Opferrolle der Slowenen und der Juden** dar, die sonst eigentlich für jede Personengruppe getrennt abgehandelt wird. Andreas Leben veröffentlichte anlässlich eines Bojetu-Symposiums an der Wiener Slawistik eine interessante Vergleichsstudie über Berta Bojetu Boetas und Florjan Lipušs Romane, in der Leben die Identität des Individuums im Verhältnis zur Gesellschaft untersucht. Lipušs männliche Helden wachsen im dörflichen Umfeld auf, sind durch Kindheitserlebnisse, Armut, eine herzlose und konservative Erziehung traumatisiert und suchen ständig ihre individuelle Identität. Es gelingt ihnen aber meistens doch nicht, die negativ besetzte Vergangenheit hinter sich zu lassen. Meistens führt ihre Resignation zu Aggressivität und Widerstand, den sie nicht selten mit Hilfe von Frauen ausführen. Männer und Frauen werden zum gegenseitigen Lustobjekt, ganz besonders dann, wenn der Autor die dörflichen Verhältnisse ironisiert. Individualisierte weibliche Protagonisten sind aber auch jene, die ihre Sexualität nicht verleugnen wie eben Helena. (Vgl. Berta Bojetu Boeta, 2005: 130 f.)

Außerdem identifizieren sich Lipušs Helden immer wieder mit konkreten Beispielen aus der slowenischen Literatur, und seien sie auch nur dem slowenischen Schrifttum zuzurechnen, wie hier erneut Valentin Vodniks Kochbüchlein. Literarische Erzeugnisse aller Art übernehmen also mangels eines eigenen unabhängigen und auf allen gesellschaftlichen Ebenen gleichermaßen wirkenden Staates die Funktion nationaler Zusammengehörigkeit. Dieser Roman zeigt sehr eindrucksvoll, wie sich die Identität sowohl des Hauptbelden als auch der von ihm ins Visier genommenen Charaktere Hanna und Helena sowie jene des Gendarmen Haart, immer wieder verändert, sodass sich eine **metamorphe Persönlichkeit** ergibt, die sich z. B. durch die in diesem Falle kraftlosen Heilpflanzen, durch die wörtlich verstandene Kreuzsymbolik und durch das nur im Traum zu realisierende logistische Problem des Fliegens wesentlich verändert.

Aus **„Stesnitev. Neogibni, a sumljivi opravki z zmedo“** wurden die fünf folgenden Hauptvorkommnisse extrahiert: Der Visitator wird erwartet. Pavel Ritter Vitezović kommt in geheimer Mission nach Kappel/Kapla. Jergen und Mathis Löb stehlen in St. Paul im Lavanttal/Šentpavel v Labotu einem Gerber einige Häute. Črnokruhova liebt Vitezović. Zaboden sieht die Zukunft voraus. Auch hier wurden daraus interessante Aktivitäten ausgewählt, u. zw. die Punkte eins, zwei und drei. Die Bevölkerung will auf den Visitator einen guten Eindruck machen. Der Mythos von der Ordnung und von der Beseitigung der Missstände entsteht in ihren Köpfen. Logistische Herausforderungen sind die Reihung der wartenden Honoratioren, der Gewerbetreibenden und der Randschichten sowie der Schlitten des Visitators. Vitezović will andererseits eine juristische Untersuchung anstellen, wobei das Volk jedoch in Unkenntnis dessen das Gerücht von der Inquisition lostritt. In diesem Falle ist der Ritt über den Seebergsattel mitten im Jänner die logistische Herausforderung. Im dritten näher untersuchten Handlungsstrang handeln die beiden Diebe aus dem Überlebensdrang heraus oder weil sich ihnen eben eine einmalige Gelegenheit zur Entwendung geboten hatte. Sie träumen von Gerechtigkeit, beteuern ihre Unschuld und wollen wenigstens zur Unterschicht dazugehören und keine Außenseiter sein, weil ihnen sonst eine harte Strafe droht. Besondere logistische Anforderungen stellen die Flucht mit dem Eisentransport sowie der Schauprozess dar. Bei „Stesnitev“ handelt es sich um einen soziale Enge beschwörenden historischen Roman. (Siehe 3.1.6.)

In diesem kleinbürgerlichen Milieu spielen weltliche und kirchliche Ordnung die alles entscheidende Rolle. Daher kann man auf Grund der historischen Ausführungen von Helfried Valentinitsch im Sammelband Alpen-Adria über die sozialen Verhältnisse in Kärnten in der Mitte des 17. Jahrhunderts (vgl. 2001: 284.) als **Kerntext** eine entsprechende **kaiserliche Verordnung gegen das Bettlerunwesen** annehmen. Rund um das mittelalterliche Rechtssystem ranken sich Motive über Handel und Verkehr. Der Einfluss der Klöster schwindet allmählich, ebenso verlagern sich weltliche Interessen zu Gunsten neuer Handelswege. In diese Aufbruchstimmung zur Neuzeit fallen nicht nur bahnbrechende Entdeckungen und Erfindungen, sondern auch eine Welle der enzyklopädischen Erfassung des angehäuften Weltwissens. In diese Welt voller Gerüchte und Mythen, Aberglauben und Weissagungen, Machtspielchen und Intrigen dringt der Rechtsgelehrte Pavel Ritter Vitezović ein, um einen Traktat über die Rechtsprechung in Karantanien zu verfassen. Diese vom Autor geschickt erfundene wissenschaftliche Abhandlung ist neben dem vermuteten Kerntext eine zweite Unbekannte. In diesem Roman ergibt sich durch die besprochene Gesellschaftsstruktur auch eine streng hierarchisch gegliederte Berufswelt, deren Vertreter bei der Ankunft des Visitators umfassend aufgelistet und deren Verhalten ausgiebig geschildert werden. Welches neu aufgefundene Dokument der Autor meint, konnte allerdings nicht zweifelsfrei festgestellt werden.

Die Graphik im Anhang rückt den Markt Kappel/Kapla in den Mittelpunkt des geistlichen und rechtlichen Interesses bzw. bildet obiger Markt zugleich Ausgangs- und Endpunkt zahlreicher Handelsbeziehungen und Reisebewegungen. Die klösterliche Obrigkeit befindet sich jedoch in St. Paul im Lavanttal/Šentpavel v Labotu, das zum Ausgangspunkt für den Schauprozess gegen Jergen Löb wird. Die öffentlichen Räume sind durch das mittelalterlich strafende Weltbild der r.-k. Kirche geprägt, die die totale Einengung des einzelnen von ihr abhängigen Individuums praktiziert, sodass überhaupt keine persönliche Entfaltung möglich ist. Vermutungen von Einzelpersonen werden weiter erzählt und verbreiten sich zum Teil so rasant wie ein Großfeuer oder sie platzen so ins Geschehen hinein wie eine Lawine oder überschwemmen ganze Gegenden und bringen viel Geröll mit. Die Hure und der Hellseher vervollständigen die Unzahl handwerklicher Berufsbezeichnungen im Markt. Alles was im Dorf selbstverständlich unter dem bäuerlichen Liebesbegriff abgehandelt wird, **wird im „Markt“ zur ausgesprochenen Handelsware**. Eigentlich unlogische Transaktionen werden zur logistisch gemeisterten Herausforderung, wie etwa die auf den Pferdeschlitten montierte Equipage des Visitators oder der winterliche Ritt von Pavel Ritter Vitezović über den Seebergsattel.

Das Identitätskriterium für die im Roman erwähnte oberste Schicht leitet sich von deren Macht und Amtsbefugnis ab, die Mittelschicht der Handwerker wird durch die gemeinsam gefeierten Feste der einzelnen Zünfte geprägt, die bäuerliche Schicht konzentriert sich voll auf die erforderliche und erfolgreiche Fortpflanzung ihrer Zuchttiere, die Keuschler und Besitzlosen orientieren sich an den Festtagen am eventuell erschwinglichen Alkoholpegel, die unterste Schicht schließlich lebt nur vom Aufschneiden. Weil man davon aber nicht satt werden kann, ersinnt sie so manche List, wie man die anderen gesellschaftlichen Schichten um das eine oder andere Hab und Gut erleichtern kann. Dann muss sie umso mehr kuschen und sich verstecken. **Der wichtigste Identitätsfaktor in diesem Roman ist also das sich-Einordnen in die von Gott genau so gewollte mittelalterliche Ordnung**, die sich aber durch die Weiterentwicklung des Plots aufzulösen beginnt, denn eigentlich ist dort das Chaos die Regel und die Ordnung die Ausnahme.

In diesem historischen Roman begegnen wir bereits der Wurzel allen Übels, nämlich der vom Staat gezielt durchgeführten Ausrottung allen Andersseins, dem sich die Masse immer willig anschließt, um nicht von vornherein von der politischen Entscheidungsfindung ausgeschlossen zu sein. In „Stesnitev“ werden die Landstreicher und Bettler verfolgt und unter dem Beifall der Massen hingerichtet, in „Prošnji dan“ wird Marjeta am Scheiterhaufen verbrannt, was die Dorfbevölkerung noch nach vier Generationen billigt, und in „Boštjanov let“ werden Sloweninnen im Konzentrationslager vergast, ohne dass die Masse der Heimatbevölkerung das überhaupt zur Kenntnis nimmt. Pavel Ritter Vitezović überschreitet als kritisch argumentierender Wissenschafter das eng begrenzte Weltbild des Mittelalters. Andererseits schaffen die Erzählungen der untersten Randgruppen durch ihre verschobene Wertung der Phänomene einen unbegrenzbaren Gegenentwurf zur mittelalterlich geordneten Weltsicht durch Kirche und Staat.

5.3 Der „Weg“ als Reifungsprozess

Während in „Zmote dijaka Tjaža“ das „Internat als Eliteschmiede“ für die Geistlichkeit dient, funktioniert in „Odstranitev moje vasi“ das gesamte „Dorf als Kircheneintopf“ und gilt v. a. in „Jalov pelin“ der

„Tod als Inbegriff der Tradition“. Wird in „Prošnji dan“ von der r.-k. Kirche der „Hexenprozess als Profilierungsschiene“ benutzt, so dient dem Altphilologen Franc/Franz Buterna in „Srčne pege“ der „Liebesrausch als Motivierungsstachel“, wohingegen in „Stesnitev“ der „Markt als Zufluchtsort“ für alle Bevölkerungsgruppen gilt. Aus der Entwicklung und Verzahnung des Reflektierenden mit der manipulierten Masse ergibt sich die Folgerung, dass sich „Boštjans Weg als Reifungsprozess“ entpuppt.

Im Roman **"Boštjanov let"** schließlich ergab die Untersuchung folgende Haupthandlungsmuster: Boštjan trifft Lina im Ort Tesen. Lina besucht die Kirche in Šmarjeta. Der Vater putzt seine Pfeife. Die Großmutter verscheucht mit ihrem Stock eine Schlange. Die Mutter hält die Nachricht von ihrem Tod zurück. Hier erwiesen sich alle fünf Handlungsstränge als wesentliche Aktionen eines aktiv Handelnden. Stellvertretend für den genau ausgearbeiteten Raster sei hier erwähnt, dass der Vater seine Pfeife am Vorabend seiner Hochzeit ausputzt, die aber Boštjans uneheliche Geburt auch nicht berichtigen kann und daher im Haupthelden den Mythos beschwört, dass seine Mutter das sehr wohl korrigiert hätte. Besonders breiten Erzählraum nehmen die Hochzeitsfeierlichkeiten ein, die in ein allgemeines "Brunzen und Speiben" (Pissen und Erbrechen) ausarten.

In Anlehnung an das Unterkapitel 3.1.7 wird ganz kurz wiederholt, dass es sich bei "Boštjanov let" um einen autobiografisch-mythologischen Heimatroman handelt, in dem der Hauptheld als in Lina verliebter Mann noch einmal seine Kindheit und Jugendzeit in Tesen und in der näheren Umgebung dieses Südkärntner Ortes Revue passieren lässt, um den Unterschied zwischen seiner angestammten engeren Heimat und des ihm aufoktroyierten neuen Heimes seiner neuen Familie herauszuarbeiten. Mit der Enge in der alten Heimat kann der Bub Boštjan leben, mit den Gefahren im neuen Heim kommt er nicht zu Recht, weil er sich vom Vater allein gelassen fühlt, zumal ihn die Mutter verlassen musste, um nie zurückzukehren, und die Großmutter starb, bevor der Krieg aus war, bevor also der Vater heim kam, um eine andere Frau zu heiraten. In dieser Verlassenheit wächst Lina als Geliebte allmählich in die Rolle der Mutter hinein, die sich ihrem Buben mitteilt, sodass er bewusst mit der Aufarbeitung seiner Todeserfahrungen beginnen kann.

Als überaus sachlichen **Kerntext** kann man **die Nachricht vom Tod der Mutter** annehmen, die von den Nationalsozialisten in der KZ-Verwaltung in Form eines Formulars mit fingierter Todesursache und vorgetäuschter Anteilnahme abgefasst war und in der Regel der zuständigen Gemeindeverwaltung noch vor dem Eintreffen der Urne mit der Asche übermittelt wurde. In diesem Falle ist es auch möglich, dass die schriftliche Nachricht lange Jahre zurückgehalten oder überhaupt nicht abgesandt wurde. Die vertikale Achse bildet also der nationalsozialistische Machtapparat, um den rechtsdrehende Vernichtungsmotive verschiedenster Art kreisen. Die Gewohnheiten des Vaters ändern sich zwar in der neuen Umgebung, er fügt sich aber doch in ein traditionell bestimmtes Kollektiv ein, das im Alltag aufgeht und eben ab und zu ein außergewöhnliches Fest feiert. Im Prinzip lebt aber Linas Vater als Mesner der dörflichen Bevölkerung eine konservativ starre Haltung vor, aus der es normalerweise kein Entrinnen gibt. – Ein weiterer möglicher Kerntext ist eine volkskundliche Abhandlung über das bäuerliche Leben, also über die Gräben, die Häuser, die Mühlen, die Arbeitsweise u. ä.

Boštjan kippt dieses Gesellschaftsbild um neunzig Grad, sodass sich die räumliche und seelische Enge, die ihn als Buben formt, als horizontale Achse durch den gesamten Roman zieht. Von dieser Konstante geht der Knabe als Heranwachsender immer wieder aus, indem er aus der Vergangenheit in die Zukunft blickt, um dann die gegenwärtige Situation als vergangenen Ausgangspunkt für die nächste Anekdote zu benutzen. Da Boštjans Umgebung zur Kommunikation mit ihm meistens unfähig ist und er sehr oft nicht verstanden wird, entschließt er sich, alle seine Hoffnungen in die Beziehung zu Lina zu investieren. Er entwickelt sich weiter und vergrößert seinen Horizont ständig, bis er schließlich das unfassbare Elend seiner Kindheit philosophisch spielerisch ein für alle Mal so in Worte fassen kann, dass es ihn nicht mehr belastet. Dadurch gelingt ihm die persönliche Emanzipation aus der topographischen und psychischen Enge, sodass er schließlich als erwachsener Mann an der Seite seiner geliebten Lina das Leben wagt und zu fliegen beginnt.

Jedenfalls stattet der Autor den Buben Boštjan mit übersinnlichen Fähigkeiten aus, sodass er diese Todesnachricht eines Morgens durch Gedankenübertragung direkt von der soeben unter dem Gas ausgehauchten Seele seiner Mutter empfängt, obwohl es sich konkret um die Zeitverschiebung von einigen Jahren handeln muss. Lipuš ästhetisiert diese Art von intuitiver Wahrheitsfindung durch verschiedene thematische Zugänge, durch stilistische Faktoren wie etwa durch die Verwendung einer überaus sarkastischen Ausdrucksweise und durch die überspitzt formulierte Begründung der Gedankenübertragung nach der Sprachphilosophie Ludwig Wittgensteins. Boštjans Befreiung gelingt schließlich durch die Überwindung der sprachlichen Einengung. Boštjans Innensicht prägt den gesamten Roman. Sie korrigiert nicht nur die Identität der nationalsozialistischen Amtsträger und des konservativistischen Mesners, sondern sie verändert Boštjans Mitteilungsbedürfnis und seine Ausdrucksfähigkeit.

Die meisten Bewohner empfinden die Grenze ihres Dorfes als unüberbrückbare Barriere. Wenn eine Familie aus der Enge der Bergwelt ins Tal hinunter zieht, dann nimmt sie die alten Mythen mit, die sich in der ungewohnten Weite noch verstärken, weil die ursprünglich sozialisierte Enge eine gewisse Sicherheit gab. Daher nimmt der „škopnik“ als Unheilsbote im neuen Ambiente besonders gefährliche Gestalt an, weil sich Boštjan entsetzlich verlassen fühlt. Nur seinem Drang nach Reflexion ist es zu verdanken, dass diese geheimnisvollen Mächte ihm gegenüber an Kraft und Einfluss verlieren. Der Weg durch den Ort Tesen spiegelt sich in der Metapher für die seelische Enge. Diese Wegmetapher durchzieht den gesamten Roman als horizontale Achse, von der aus Boštjan unaufhörlich an seiner eigenen Menschwerdung arbeitet. Die unfassbare Tragik des Todes der Mutter gipfelt in der grotesken Schilderung der Öffnung der Türe zur Gaskammer, bevor sich die Todesnachricht ihren eigenen Weg zum Herzen des Buben sucht. Lipuš vermeidet die Schilderung der Eskalation, er geht in die Tiefe und vermittelt Grenzüberschreitung als Möglichkeit zur Selbstfindung. Während sich der Knecht erhängt, findet Boštjan heraus aus der Enge. Durch Überschneidung der paradigmatischen und der syntagmatischen Beziehungen löst Lipuš die Zentrifugalkraft auf.

In allen Romanen spielen **die zurückgelegten Wege** eine große Rolle. Hinsichtlich der Nachfolge Christi versinnbildlicht das Hinterhergehen des Sohnes hinter dem Vater in „Zmote dijaka Tjaža“ die jugendliche Unvereinbarkeit von äußerlicher Eingeschränktheit mit innerlichen Idealvorstellungen, in „Odstranitev moje vasi“ spiegelt das dörfliche Kollektiv die traditionell verinnerlichten nachbarschaftlichen Handreichungen, in „Jalov pelin“ bedeuten die Wege des Reisenden Erinnerungs-, Nachdenk- und Überwindungsphasen, in „Prošnji dan“ bildet der Prozessionsweg die Kirchengeschichte ab, in „Srčne pege“ dienen sie bloß dem Erreichen des lokalen Zieles, in „Stesnitev“ sind sie inszenierte Reisebeschreibungen, die ihren absoluten Höhepunkt im „letzten Weg“

des Mathis Löb erreichen, in „Boštjanov let“ schließlich trägt der konkrete Weg durch den Ort „Tesen“ auch die psychische Konnotation der „Enge“, sodass das äußere Fortbewegen zur inneren Wanderung wird. Hier gewinnt die Raumsemantik nach Jurij M. Lotman eine zusätzliche Raumdimension, nämlich jene des zwischen zwei Extremen vermittelnden Weges, der jedoch für die zentralen Machthaber nicht existiert und vom Kollektiv einfach nur als an bestimmte Traditionen gebundene Wegstrecke wahrgenommen wird. In „Boštjanov let“ befindet sich die Idee von der Todesnachricht der Mutter im Mittelpunkt des Geschehens, die Gegensätze lösen sich auf, lokale Fixpunkte verlieren ihre Bedeutung, wichtig ist das physische, psychische und intellektuelle Unterwegssein, das keinen Stillstand kennt. (Siehe Graphik im Anhang.) **Wichtige Identifikationsfaktoren** in diesem letzten Roman **sind also das Verschweigen von Problemen, das Hinnehmen der göttlichen Fügung, die problemlose Integration in eine neue Umgebung.**

Lipuš verbindet **alle drei Mimesis-Stufen nach Paul Ricœur** sehr geschickt miteinander, indem er die Erfahrungen seiner Helden in die Erzählungen derselben einbringt und als dritte Stufe die Rezeption des Erzählten durch das Kollektiv oder Einzelpersonen vornehmen lässt. Durch alle Romane lassen sich diese Abbildungs- und Spiegelungstechniken verfolgen. (Vgl. Paul Ricœur, Zeit und Erzählung, Bd. I, 1988: 87 ff.) In „Zmote dijaka Tjaža“ erlebt der Bub die Züchtigung durch den Vater, was ihn zur Erzählung über seine Kindheitserfahrung veranlasst, wozu aber Nini, der Journalist, das Heim, der Mitschüler und der Pfarrer verschiedene „Kratzer“-Thesen entwickeln. In „Odstranitev moje vasi“ erfährt der Chronist vom angeschwemmten Kreuz, er berichtet darüber in der Pfarrchronik und wird vom Pfarrherrn korrigiert. In „Jalov pelin“ weiß der Reisende von Vaters Arbeitsunfall, er erinnert sich daran und träumt von der Zerstückelung des Vaters. In „Prošnji dan“ erträgt das Dorf die Hitze. Der Pfarrer verbindet sie mit Marjetas schuldhaftem Handeln und die Gläubigen schließen sich der Bittprozession willig an. In „Srčne pege“ reflektiert Franc/Franz Buterna als pensionierter Latein- und Griechischprofessor über die ihm in der Kindheit zugefügten Verletzungen, die er als Herzflecken wahrnimmt. In „Stesnitev“ erzählt Jergen Löb die Begebenheit über die Heilsalbe aus Menschenfett. Schließlich kommentiert Boštjan das Leben der heiligen Margaretha, deren Legende sich aus einer wahren Begebenheit und erfundenem Beiwerk zusammensetzt. In diesem Zusammenhang sind die erwähnten

Metaphern und Mythen von besonderer Bedeutung, das heißt dass sich z. B. die Todeserfahrung durch alle Romane zieht, dass die Erzählungen darüber aber durchaus voneinander abweichen und dass die Sinnfindung durch einen unwiderbringlichen Verlust an menschlichem Leben sehr vielfältig ausgeformt ist. Einige Facetten der narrativen Identität wurden hier z. B. durch die exemplarische Beantwortung der Fragen: Wie sehe ich mich? Wie siehst du mich? Wie sehen die anderen mich? im Hinblick auf die im Roman geschilderte Persönlichkeit des Tjaž angerissen. Eine Abhandlung über weitere literarphilosophische Nuancierungen der narrativen Identität nach Paul Ricœur und Norbert Meuter ist für das Verständnis des Identitätenkarussells bei Florjan Lipuš keinesfalls erforderlich, weshalb hier nur auf zwei dementsprechende Werke hingewiesen wird: „Das Selbst als ein Anderer" von Paul Ricœur (1996) bzw. „Narrative Identität" von Norbert Meuter (1993).

Zusammenfassend wird festgehalten, dass Florjan Lipuš keine globalisierte, von den USA dominierte Sandwichkultur schildert, sondern Konfliktsituationen in der Mittel- und Südkärntner bäuerlich geprägten Gesellschaft, in der die r.-k. Kirche ihr Machtpotential behauptet. Diese Einschätzung ergibt sich aus der Innensicht des in jedem Roman aus dem Kollektiv mehr oder weniger freiwillig Ausgeschiedenen, der nicht nur den Einfluss der zentralen Machthaber auf die abhängige Masse, sondern auch sich selbst kritisiert. Gerade dadurch entwickelt er sich weiter, was jedoch der vereinheitlichten, institutionalisierten Masse verborgen bleibt, deren Zugehörigkeit zur jeweiligen Gruppe nur von der Befolgung des Traditionellen abhängig ist, sodass der reflektierende Einzelne als Held aus dem Sichtwinkel der breiten Masse immer in die Katastrophe schlittert und scheitert.

In diesem Kapitel wurde also exemplarisch nach Identitätsfaktoren gesucht, die das Verhältnis zwischen den alles bestimmenden Machthabern bzw. dem willig folgenden Kollektiv einerseits und dem Reflektierenden bzw. dem jeweiligen Milieu andererseits charakterisieren. Es konnte nachgewiesen werden, **dass Lipuš um einen ästhetisch verfremdeten Kerntext das Kollektiv bewegende Motive zu Eros, Pathos und Thanatos kreisen lässt**, wobei das alles bestimmende Zentrum sowohl Konventionen als auch Normen in diesem Identitätenkarussell vorgibt und deren Nichteinhaltung strengstens sanktioniert.

Die Identität des individuellen Subjekts zeichnet sich aus durch eine überspitzte Sprache, die die Freiheit des Denkens, Fühlens und

Handelns thematisiert, sodass sich aus geschicktem Auslassen und mythisierendem Erweitern, also aus Ellipse und Amplifikation, ein Wechselspiel von Freiräumen ergibt, in denen Platz ist für kreative Todeserfahrungen, die die dem Volke unübertretbar scheinende Grenze aller Tradition bei weitem überschreiten. Daher kommt es zu nationalen Spannungen in der Kirchengeschichte und in der jüngsten Vergangenheit, weil z. B. sowohl Marjeta als auch Franc/Franz Buterna zu wenig Selbstbewusstsein besitzen, um der Opferrolle der Kärntner Slowenen und auch der der Juden zu entkommen. Die antike Literatur ermöglicht jedoch metamorphe Persönlichkeitsbetrachtungen, die im krassen Gegensatz zur mittelalterlichen Rechtsauffassung der r.-k. Kirche stehen. Tabubruch, Problembesprechung und Subversion verhelfen schließlich Boštjan zum Durchbruch.

Durchgehend angewandt wurde die Raumsemantik nach Jurij M. Lotman in „Die Struktur literarischer Texte“ (1972), die für Lipušs Romane die bereits anfänglich angenommene und in Kapitel vier durch zahlreiche Zitate belegte Werteumkehr bestätigte, sodass der vom Reflektierenden abseits von Konventionen zurückgelegte Weg als Mittel zur Selbstfindung dient. Besonders betrachtet wurden die in 3.1 dargestellten geschlossenen und offenen Räume als Möglichkeit für den jeweiligen Reflektierenden, die Grenzen des traditionellen Zusammenlebens im Dorf zu überschreiten und sich einen künstlerischen Freiraum zu erschaffen. (Siehe Graphiken im Anhang, Kapitel 7.)

Hier im Buch entfallen die Gesamtzusammenfassung, das erstmals erstellte chronologische Desiderat der slowenischen Sekundärtexte und der deutschsprachigen Literaturkritiken aus Periodika, die Auflistung der Lipuš-Neuausgaben seit Mai 2007, Bildmaterial zum Autor und zu seinen Romanen, literaturwissenschaftliche Beiträge der Kärntner Slowenen Janko Zerzer und Adrian Kert bezüglich der Vergabe des Kärntner Kulturpreises bzw. der Identitätsdebatte. Es entfallen auch die slowenischen Originalzitate. Die Verfasserin beschäftigt sich auch weiterhin mit Lipušs literarischem Wirken und beabsichtigt deshalb, die slowenischen und deutschsprachigen Literaturkritiken in einem eigenen Buch herauszugeben, was dann eine wesentliche Erweiterung der Ausführungen in ihrer Dissertation darstellen wird. Da ausschließlich slowenische Texte als Basis für die Doktorarbeit und für dieses Buch herangezogen wurden, ergab sich auch keine Diskrepanz in der Interpretation der Lipuš-Werke, denn deutsche Literaturkritiker, die

Florjan Lipušs Prosa im Original nicht lesen können und daher auf die Übersetzungen angewiesen sind, verfolgen mitunter ganz andere Themenkreise als jene, die von der slowenischen Literaturkritik besprochen werden.

6 Literaturverzeichnis

6.1 Primärliteratur

In Monografien und Anthologien:

Bernhard, Thomas: Auslöschung. Ein Zerfall. Frankfurt a. M.: Suhrkamp, 1986.

Cankar, Ivan: Podobe iz življenja in sanj. V Ljubljani: Mladinska knjiga, 1989. > Zaklenjena kamrica.

Cankar, Ivan: Traumbilder. Klagenfurt/Celovec: Drava, 1998. Übs. Erwin Köstler.

Cankar, Ivan: Zbrano delo. (Ur. France Bernik in drugi.) 30 zvezkov. V Ljubljani: Državna založba Slovenije. > 6. Knjiga, 1967: Zbolela je na smrt! Spomini na mojo mater. > 7. knjiga, 1969: Vinjete. > 11. knjiga, 1972: Mimo življenja. > 21. knjiga, 1974/75: Moja njiva. > Skodelica kave. Sveto obhajilo. > 22. knjiga, 1975: Moje življenje. > 23. knjiga, 1975: Podobe iz sanj. > Gospod stotnik. Strah. Sence. Zaklenjena kamrica. Kralj Matjaž. Nedelja. Konec. Očiščenje.

De Coster, Charles: Tyll Ulenspiegel und Lamm Goedzak. Legende von ihren heroischen, lustigen und ruhmreichen Abenteuern im Lande Flandern und andern Orts. Gütersloh: Bertelsmann, [o.J.]. Übs. Friedrich von Oppeln-Bronikowski.

Januš, Gustav: Gedichte. Frankfurt am Main: Suhrkamp, 1983. Übs. Peter Handke. > Unser Dorf. S. 30 f.

Januš, Gustav: P(e)s(m)i. Ljubljana: Državna založba Slovenije, 1978. > Naša vas. S. 8 f.

Jung, Jochen (Hrsg.): Über das Glück. Literaturalmanach 1983. Salzburg u. Wien: Residenz, 1983. > Florjan Lipuš: Über das Glück. S. 82-88. > Franz Weinzettl: Das Glück zwischendurch. S. 133-135.

Kafka, Franz: Gesammelte Werke. Das Schloß. Frankfurt am Main: S. Fischer, 1951.

Kostanek, Boro: Črtice mimogrede. Ljubljana: Državna založba Slovenije, 1964.

Lipuš, Florjan: Boštjans Flug. Klagenfurt/Celovec: Wieser, 2005. Übs. Johann Strutz.

Lipuš, Florjan: Boštjanov let. Maribor: Litera, 2003.

Lipuš, Florjan: Dela I-VIII. [I: Črtice mimogrede. II: Zmote dijaka Tjaža. III: Odstranitev moje vasi. IV: Jalov pelin. V: Srčne pege. VI: Prošnji dan. VII: Stesnitev. VIII: Sršeni.] Celovec/Klagenfurt: Wieser, 1997.

Lipuš, Florjan: Freude und Wehmut/Veselje in otožnost. Klagenfurt/Celovec: Wieser, 2004. Übs. der Rede ins Deutsche Johann Strutz.

Lipuš, Florjan: Herzflecken. Klagenfurt/Celovec: Wieser, 1999/2000. Übs. Johann Strutz.

Lipuš, Florjan: Škornji. In: Škorenj. Ljubljana: Mladinska knjiga, 1976, S. 195-203. (Im Kapitel: Zgodbe o čuših. S. 195-242. > Zimska igra s sončnicami.)

Lipuš, Florjan: Werke I-IV. [I: Der Zögling Tjaž. Übs. Peter Handke u. Helga Mračnikar. II: Die Beseitigung meines Dorfes. Übs. Fabjan Hafner. III: Die Verweigerung der Wehmut. Übs. Fabjan Hafner. IV: Verdächtiger Umgang mit dem Chaos. Übs. Johann Strutz.] Klagenfurt/Celovec – Salzburg: Wieser, 1997.

Lipuš, Florjan: Zgodbe o čuših. In: Škorenj. Ljubljana: Mladinska knjiga, 1976, S. 204-239. > Filip Murn dela težave. > Krinke si poiščejo obraze.

Nietzsche, Friedrich: Also sprach Zarathustra. Ein Buch für Alle und Keinen. Stuttgart, Reclam, 1994.

Pavese, Cesare: Paesi tuoi. 13a ristampa. Torino: Einaudi, 1996.

Vodnik, Valentin: Kuharske bukve. Lublana: Kleinmajer, 1799.

In Zeitungen und Zeitschriften:

Kostanek, Boro: Bila je **mrtva**. In: Vera in dom, XII (1960) [o. Nr.], S. 122.

KOSTANEK, BORO: Božič dveh. In: Vera in dom, XIII (1961) [o. Nr.], S. 2-3.

kostanek, boro: črnokruhovi. In: mladje, II (1961) 2, S. 12-13.

KOSTANEK, BORO: črtica o kozolcu. In: Vera in dom, XIII (1961) 7, S. 106.

kostanek, boro: drobni utrinki. In: mladje, I (1960) 1, S. 7-9.

kostanek, boro: komaj zgodba. In: mladje, II (1961) 3, S. 22-23.

kostanek, boro: ljudje iz vlaka. In: mladje, II (1961) 3, S. 31-32.

kostanek, boro: MATI ZEMLJA. In: Vera in dom, XII (1960) [o. Nr.], S. 97.

kostanek, boro: mrtvo oznanilo. In. mladje, IV (1963) 5, S. 6-24.

kostanek, boro: ne oziraj se, lili. In: mladje, III (1962) 4, S. 53-57.

kostanek, boro: perspektive z ljudmi. In: mladje, III (1962) 4, S. 4-5.

kostanek, boro: prazne roke. In: mladje, II (1961) 3, S. 15-19.

kostanek, boro: prva ljubezen. In: mladje, I (1960), S. 15-17.

KOSTANEK, BORO: SPOMINI. In: Vera in dom, XII (1960) [o. Nr.], S. 77.

kostanek, boro: veronika. In: mladje, I (1960) 1, S. 37-38.

KOSTANEK, BORO: Zelena prst. In: Vera in dom, XIII (1961) [o. Nr.], S. 66.

lipusch, florian: čarovnice. In: mladje, VIII (1972) 12, S. 16-26.

lipusch, florian: škornji. In: mladje, VIII (1972) 11, S. 10-16.

L[ipuš], F[lorijan]: DOGODEK NA MOSTU. In: Vera in dom, XI (1959) [o. Nr.], S. 22.

Lipuš, Florijan: Krvava zarja. In: Vera in dom, X (1958) [o. Nr.], S. 149-150.

Lipuš, Florijan: PREPOZNO. In: Vera in dom, X (1958) [o. Nr.], S. 131-132.

Lipuš, Florijan: V burji. In: Vera in dom, XI (1959) 3, S. 34.

Lipuš, Florijan: Zadnje srečanje. In: Vera in dom, X (1958) [o. Nr.], S. 123-124.
Lipuš, Florjan: Pomladne skrbi z drnuljami. In: Primorska srečanja, [o. Jg.] (2004) 277/278, S. 1.
lipuš, florjan u. janko messner: ekstremist matija gubec. dramatični prizori za politično vzgojo. agitka. In: mladje, X (1974) 15, S. 68-94.
slovenec, slavko: dve pesti spominov. In: mladje, I (1960) 1, S. 28-29.

In sonstigen Quellen:

kostanek, boro: mimohod. In: Mohorjev koledar, 1963, S. 98-99.

6.2 Sekundärliteratur

Wissenschaftliche und populärwissenschaftliche Texte:

Amann, Klaus u. Johann Strutz (Hrsg.): Lipuš lesen. Texte und Materialien zu Florjan Lipuš. Klagenfurt/Celovec: Wieser, 2000.
Blajs, Josef: Lipuševa literarna pot do leta 1972 s posebnim ozirom na nastajanje romana ‚Zmote dijaka Tjaža'. Dipl.Arb., Univ. Klagenfurt/Celovec, 1982.
Busch, Brigitte: Lepena. Ein Dorf macht Schule. Eine Mikrountersuchung sozialer und kultureller Gegensätze. (Hrsg.: Slowenisches Institut zur Alpen-Adria-Forschung.) Klagenfurt/Celovec: Drava, 1996. > Innenwelt und Außenwelt. Kulturelle Selbstbehauptung.
Cankar, Ivan: Zbrano delo. 24. knjiga. Ljubljana: Državna založba Slovenije, 1975. > Skizzen.
Frenzel, Elisabeth: Motive der Weltliteratur. Ein Lexikon dichtungsgeschichtlicher Längsschnitte. 5., überarbeitete und ergänzte Auflage. Stuttgart: Kröner, 1999.
Glušič, Helga: Slovenski sodobni roman zunaj matične Slovenije. In: SSJLK (27) 1991. Zbornik predavanj. S. 115-122.
Halapier, Stefan: Auf der Spur des Zöglings Tjaž. Dipl. Arb., Univ. Klagenfurt/Celovec, 2005.
Jelen, Jana: mladje. Die Literatur- und Kulturzeitschrift der Slowenen Kärntens. Dipl.Arb., Univ. Klagenfurt/Celovec, 2001.
Kmecl, Matjaž: Mala literarna teorija. 4., popravljena in dopolnjena izdaja. Ljubljana: Mihelač in Nesović, 1995.
Kos, Janko: Očrt literarne teorije. Ljubljana: Državna založba Slovenije, 1996.
Krištof, Franz: Die ästhetische Subversion als Prozeß subjektiver Loslösung von soziokulturellen Normenzwängen. Dipl.Arb., Univ. Klagenfurt/Celovec, 1994.
Leben, Andrej: Kolektiv, posameznik, spol. Nekaj misli k prozi Berte Bojetu in Florjana Lipuša. In: Berta Bojetu Boeta: Prvi mednarodni simpozij. Zbornik

predavanj. Celovec/Klagenfurt: Mohorjeva/Hermagoras, 2005. (Uredila Katja Sturm-Schnabl.)

Lotman, Jurij M.: Die Struktur literarischer Texte. (Übs. Rolf-Dietrich Keil.) München: Fink, 1972.

Meuter, Norbert: Narrative Identität. Das Problem der personalen Identität im Anschluß an Ernst Tugendhat, Niklas Luhmann und Paul Ricœur. Diss., 1993. Düsseldorf: M & P Verlag für Wissenschaft und Forschung, 1995.

Moritsch, Andreas (Hrsg.): Alpen-Adria. Zur Geschichte einer Region. Klagenfurt/Celovec–Ljubljana/Laibach–Wien/Dunaj: Hermagoras/Mohorjeva, 2001. > Helfried Valentinitsch: Niedergang, Stagnation und Aufschwung. Der Alpen-Adria-Raum 1619 bis 1750.

Mratschnigger, Helga M.: Die Kärntner-slowenische Literatur- und Kulturzeitschrift "mladje-literatura in kritika". Diss., Univ. Salzburg, 1981.

Novak Kajzer, Marjeta: Kako pišejo ... Ljubljana: Mihelač, 1993.

Paternu, Boris: Esej o Lipušu. In: Škorenj. Ljubljana: Mladinska knjiga, 1976, S. 251-282.

Perſonalſtand der Säkular= und Regular=Geiſtlichkeit der Diözeſe Gurk in Kärnten für 1917&1918. Klagenfurt/Celovec: Fürſtbiſchöfliche Ordinariats-Kanzlei.

Ricœur, Paul: Das Selbst als ein Anderer. (Aus dem Französischen von Jean Greich ...) München: Wilhelm Fink, 1996.

Ricœur, Paul: Zeit und Erzählung. Band I: Zeit und historische Erzählung. (Aus dem Französischen von Rainer Rochlitz.) München: Wilhelm Fink, 1988.

Ruhdorfer, Luise Maria: Das Passionsspiel „Terplenje in smrt Jezusa Kristusa“, St. Stefan bei Finkenstein, 1931. Klagenfurt/Celovec: Hermagoras/Mohorjeva, 2007.

Singer, Stephan: III. Band. Kultur- und Kirchengeschichte des Jauntales. Dekanat Eberndorf. Kappel/Kapla: Selbstverlag, 1938.

Singer, Stephan: Band V. Kultur- und Kirchengeschichte des Dekanates Tainach. Klagenfurt/Celovec–Ljubljana–Wien/Dunaj: Hermagoras/Mohorjeva, 1995.

Stanzel, Franz Karl: Theorie des Erzählens. 6., unveränderte Auflage. Göttingen: Vandenhoeck & Ruprecht, 1995.

Stanzel, Franz Karl: Typische Formen des Romans. 10., durchgesehene Auflage. Göttingen: Vandenhoeck und Ruprecht, 1981.

Stejskal, Herbert: Kärnten. Geschichte und Kultur in Bildern und Dokumenten. Von der Urzeit bis zur Gegenwart. Überarbeitete Neuauflage. Klagenfurt/Celovec: Carinthia, 1999.

Strutz, Johann (Hrsg.) u.a.: Profile der neueren slowenischen Literatur in Kärnten. 2., erweiterte Auflage. Klagenfurt/Celovec–Wien/Dunaj–Ljubljana

/Laibach: Hermagoras/Mohorjeva, 1998. > Florjan Lipuš. S 79-109. > Johann Strutz: Eine "kleine Literatur".

Strutz, Johann: Regionalität und Interkulturalität. Prolegomena zu einer literarischen Komparatistik der Alpen-Adria-Region. Habil., Univ. Klagenfurt /Celovec, 2003.

Šavli, Joško: Slovenska znamenja. Gorica – Bilje: Hunzar, 1994.

Švile prerokile. Koroška različica Sibilinih prerokb. (Urednik Herta Lausegger.) Celovec/Klagenfurt: Mohorjeva, 1985.

Valvasor, Johann Weichard Freiherr von: Die Ehre des Hertzogthums Crain, Das iſt, wahre, gründliche, und recht eigendliche Gelegen= und Beſchaffenheit dieſes, in manchen alten und neuen Geſchicht=Büchern ... beſchriebenen Römisch=Keiſerlichen herrlichen Erblandes, Anjetzo ... Hiſtorisch= Topographiſche Beſchreibung, ...". Nürnberg, 1689. [Neuauflage: "Die Ehre des Herzogthums Crain", 1877.]

Wilpert, Gero von: Sachwörterbuch der Literatur. 7., verbesserte und erweiterte Auflage. Stuttgart: Kröner, 1989.

Zadravec, Franc: Slovenski roman dvajsetega stoletja. Prvi analitični del. Murska Sobota: Pomurska, Ljubljana: Znanstveni inštitut Filozofske fakultete, 1997.

Zadravec, Franc: Slovenski roman dvajsetega stoletja. Drugi analitični del in nekaj sintez. Murska Sobota: Pomurska, Ljubljana: Slovenska akademija znanosti in umetnosti; Znanstveni inštitut Filozofske fakultete, 2002.

In Zeitungen und Zeitschriften:

adke: Človek človeku volk. Teatr Trotamora navdušil ob 10-letnici z gledališko igro "Goreča vas". In: Družina in dom, marec/april 2003, S. 9. > Lope de Vega, [Ereignisse in Fuente Ovejuna.]

Borovnik, Silvija: Lipuševa mladjevska kratka proza. In: Naši razgledi, 8.4.1988, S. 212-213.

Butala, Gregor: Slovenščina izzove prezir in tišino. In: Dnevnik, 3.1.2004, S. 20-21.

F. Lipuš Prešernov nagrajenec 2004. In: Nedelja, 14.12.2003, S. 5.

Florjan Lipuš dobi Prešernovo nagrado. Prvič v zgodovini prejme koroški Slovenec najvišje kulturno priznanje. In: Novice, 5.12.2003, S. 1.

Gabriel, Marko: O človeku, svobodi, jeziku, Johanu Galtungu in Šimeju Martinjaku. In: Novice, 13.4.2007, S. 2 f.

Hafner, Fabjan: Florjan Lipuš v [sic!] slovenskem vrhu. In: Novice, 6.2.2004, S. 11.

lipusch, florian: diskusijska podlaga za literarni koncept koroških slovencev. In: mladje, VIII (1972) 11, S. 1-2.

Lipuš, Florjan: Kar ne gori, ne gasi. In: sodobnost, XLIV (1996) [o. Nr.], S. 765-766.

Lipuš, Florjan: Z jezikom smo ali nismo, z jezikom bomo ali ne bomo. Prešernov nagrajenec 2004. In: Nedelja, 15.2.2004, S. 8.

Prunč, Erich: HANDKEJEV PREVOD LIPUŠEVEGA ROMANA "ZMOTE DIJAKA TJAŽA". In: XXVII. Seminar slovenskega jezika, literature in kulture. 24. 6. – 13. 7. 1991. Zbornik predavanj. Ljubljana, 1991, S. 149-168.

Smolić, Marija: Zgodba jalovosti: analiza upovedovalnega značina s posebnim ozirom na metaforični postopek. In: Wiener Slawistischer Almanach, Band 22, 1988, S. 189-197.

Šrimpf, Franc: "Moje – in najbrž vsako – pisanje je politično dejanje". In: Večer, 18.4.1981, S. 8.

Wakounig, Franc: Odrajtal sem svoj dolg. In: Večer, 7.2.2004, S. 36-37.

Zajc, Neva: Pišem iz čistega veselja do slovenske besede. In: Primorski dnevnik, 31.5.1985, [o. S.]

Sonstige Texte:

Die Bibel in heutigem Deutsch mit Erklärungen und Bildern. Die Gute Nachricht des Alten und Neuen Testaments ohne die Spätschriften des Alten Testaments. Stuttgart: Deutsche Bibelgesellschaft, 2., durchgesehene Aufl., 1983.

Gotteslob. Katholisches Gebet- und Gesangbuch Diözese Gurk-Klagenfurt. (Hrsg.) Bischöfe Deutschlands und Österreichs und der Bistümer Bozen-Brixen und Lüttich, 1975, Österreich-Ausgabe.

HIŠNI RED visokošolskega doma "Korotan". Dokument X_1. In: mladje, VI (1969) 7-8, [o.S.]

Kattnig, Franc/Miha Kulnik/Janko Zerzer: Dvojezična Koroška. Seznam dvojezičnih krajevnih imen južne Koroške. (Urednik Miha Kulnik.) 2., popolnoma preurejena in dopolnjena izdaja. Celovec/Klagenfurt: Mohorjeva /Hermagoras, 2004. [Zweisprachige Landkarte.]

Pohl, Heinz Dieter: Kärnten – deutſche und ſloweniſche Namen./Koroška – slovenska in nemška imena. Kommentiertes zweisprachiges Verzeichnis der Siedlungs-, Berg- und Gewässernamen. Wien: Praesens u. Klagenfurt/Celovec – Ljubljana/Laibach – Wien/Dunaj: Hermagoras/Mohorjeva, 2000.

Slavimo Gospoda. Bogoslužna pesmarica in molitvenik. Celovec/Klagenfurt: Dušnopastirski urad/Slowenisches Seelsorgeamt, 1988.

Sveto pismo stare in nove zaveze. Ekumenska izdaja z novim prevodom nove zaveze. Ljubljana: Združene biblične družbe, 1991.

7 Graphiken, Kärnten-Skizze und Kärnten-Karte

„Zmote dijaka Tjaža“/„Der Zögling Tjaž“

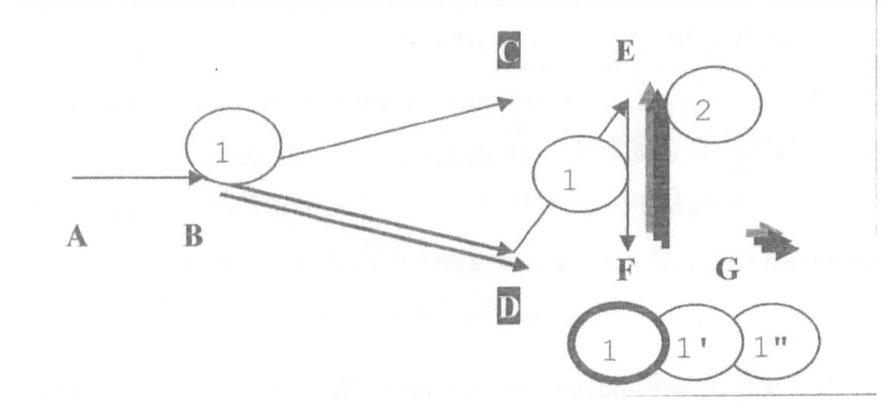

© L. M. R. Sept. 2006.

A = Heimatdorf, B = Nachbardorf, **C** = Internat Tanzenberg/Plešivec, **D** = Priesterseminar Klagenfurt/Celovec, E = Hochhauscafé, F = Gehsteig, G = Friedhof. – 1 = Tjaž, 2 = Nini, 1‘ = Journalist, 1“ = Mitschüler.

„Odstranitev moje vasi“/„Die Beseitigung meines Dorfes“

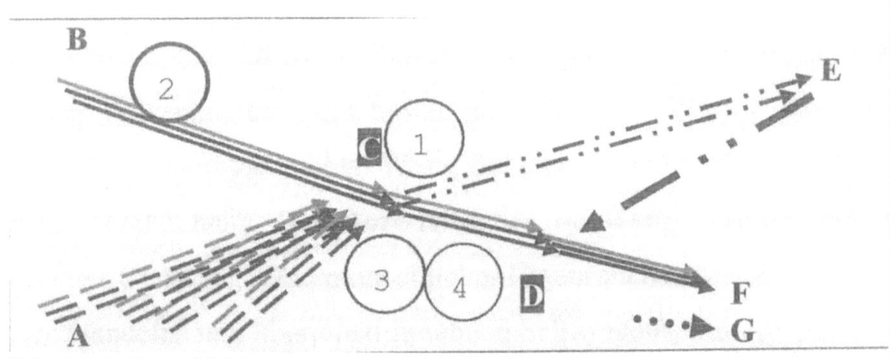

© L. M. R. Sept. 2006.

A = Kreuz in den Flussauen, B = Unfallort der Berglerin, **C** = „das Dorf“, **D** = Markt, E = Einäscherungsort, F = Stadt, G = Krankenhaus. – 1 = Pfarrer, 2 = Berglerin, 3 = Primiziant, 4 = abgesprungener Primiziant/Chronist.

Zeichenerklärung: ein Pfeil = eine Person, zwei Pfeile = zwei Personen, drei Pfeile = die Masse; dünner Pfeil = aktive Person, dicker Pfeil = passive Person, ganz dicker Pfeil = tote Person.

„Jalov pelin"/„Die Verweigerung der Wehmut"

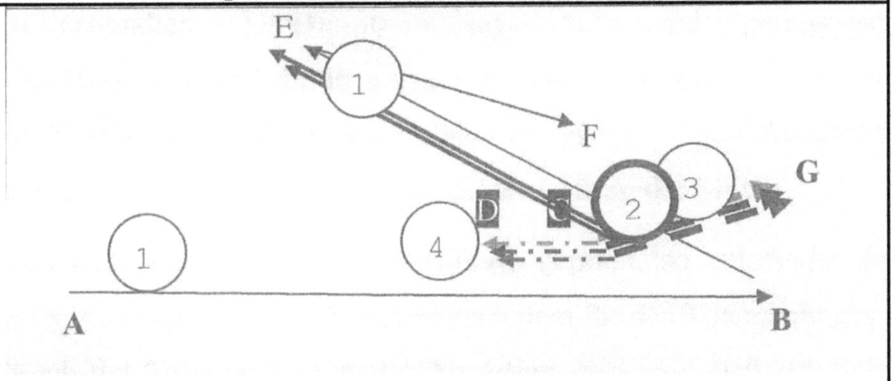

© L. M. R. Sept. 2006.

A = Stadt, B = Wirtshaus im Heimatdorf, **C** = Trauerhaus, **D** = Stall, E = Holzfällerhütte, F = Trümmerhaufen des Vaterhauses, G Friedhof. – 1 = der Sohn /Reisende, 2 = der „Alte"/Vater, 3 = die Trauernden, 4 = der Ochse.

„Prošnji dan"/„Die Regenprozession"

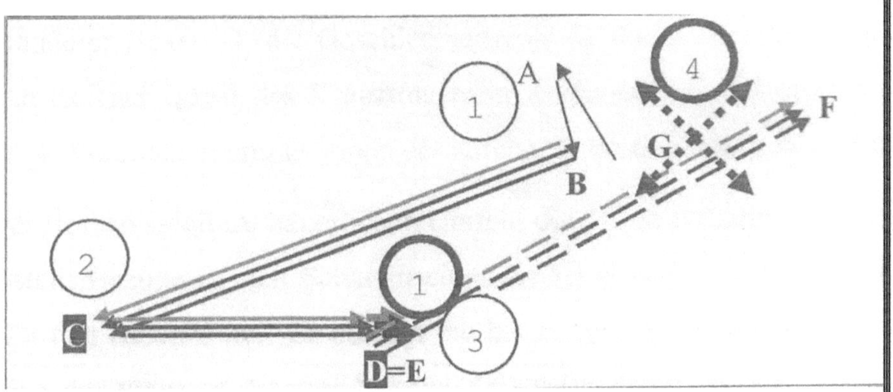

© L. M. R. Sept. 2006.

A = Bauernhof des Verlobten, B = Holunderstrauch, **C** = Propstei, **D** = Scheiterhaufen, E = Sammelplatz für die Prozession, F = Almwiese, G = Blitzschlag. – 1 = Marjeta, 2 = Propst, 3 = Kreuzträger, 4 = vier Holzknechte.

„Srčne pege“/„Herzflecken“

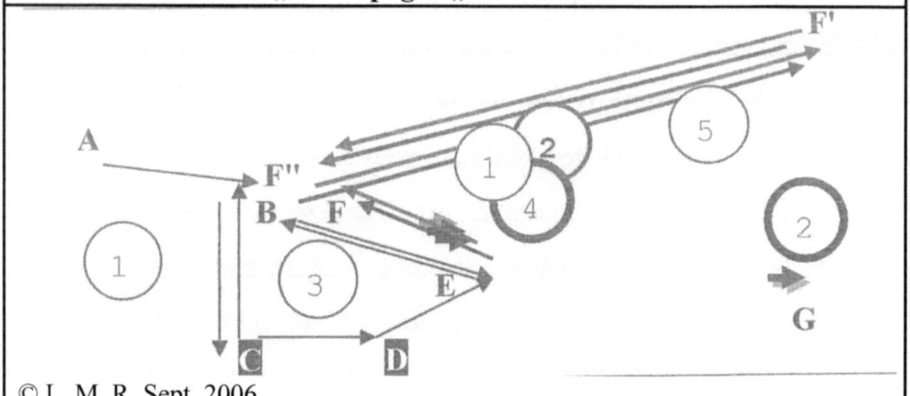

© L. M. R. Sept. 2006.

A = Stadt, B = Heimatdorf, **C** = Markt, **D** = Marktplatz, E = Friedhof, F = Heuharfe, F‘ = Kapelle, F“ = Gästebett, G = Aufbahrungshalle. – 1 = Franc /Franz Buterna, 2 = Helena, 3 = Seiltänzer, 4 = Heimatdichter, 5 = das Kräuterweiblein Zarka.

„Stesnitev. Neogibni, a sumljivi opravki z zmedo.“/
„Verdächtiger Umgang mit dem Chaos“

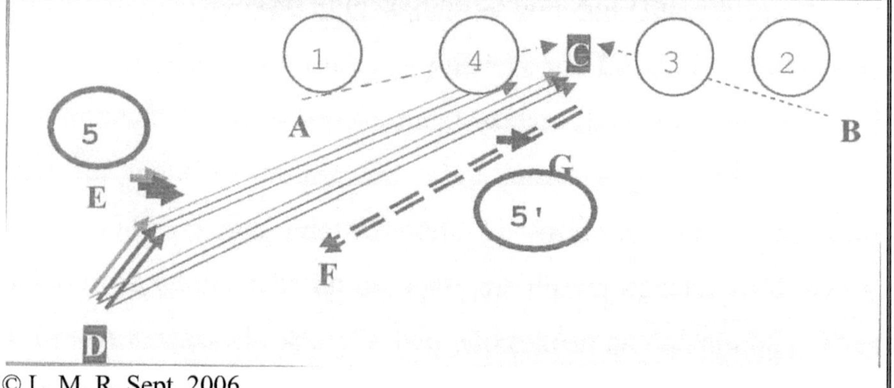

© L. M. R. Sept. 2006.

A = die Propstei Eberndorf/Dobrla vas oder Tainach/Tinje, B = Laibach/Ljubljana u. Krainburg/Kranj, **C** = der Markt Kappel/Kapla bzw. Bad Eisenkappel /Železna Kapla, **D** = der Markt St. Paul i. Lav./Šentpavel v Labotu, E = Grutschen/Gruča, F = Klagenfurt/Celovec, G = Hungerturm. – 1 = der Visitator Adam Glabotschnig, 2 = Pavel Ritter Vitezović, 3 = die Markthure Črnokruhova, 4 = der Seher Zaboden, 5 = Jergen Löb, 5‘ = Mathis Löb.

„Boštjanov let“/„Boštjans Flug“

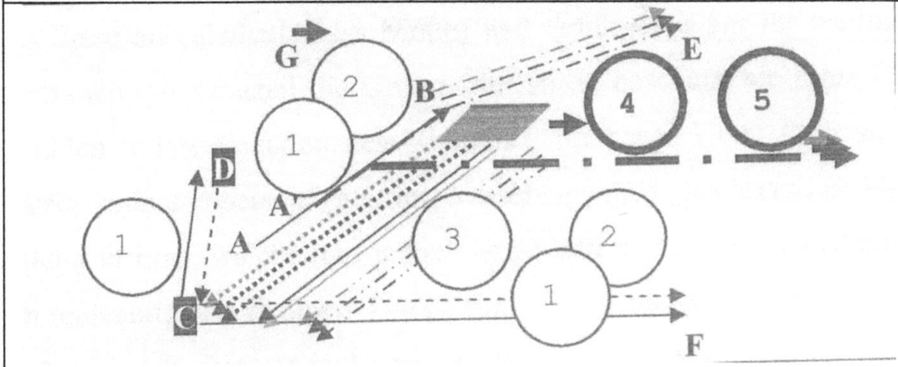

© L. M. R. Sept. 2006.

A = Beginn Grummetsteig/“Otavarjeva steza“, A‘ = der Ort Tesen, B = Boštjans Elternhaus „Cimper“, **C** = der Ort Poden, **D** = Linas Elternhaus, E = Kirchlein des hl. Leonhard/Lenart, F = Kirche in St. Margarethen/Šmarjeta, G = Felsen /Baum. – 1 = Boštjan, 2 = Lina, 3 = Vater, 4 = Großmutter, 5 = Mutter. – Fläche = Anwesenheit der Großmutter, _ . _ Linie = Idee vom Tod der Mutter.

Kärnten-Skizze

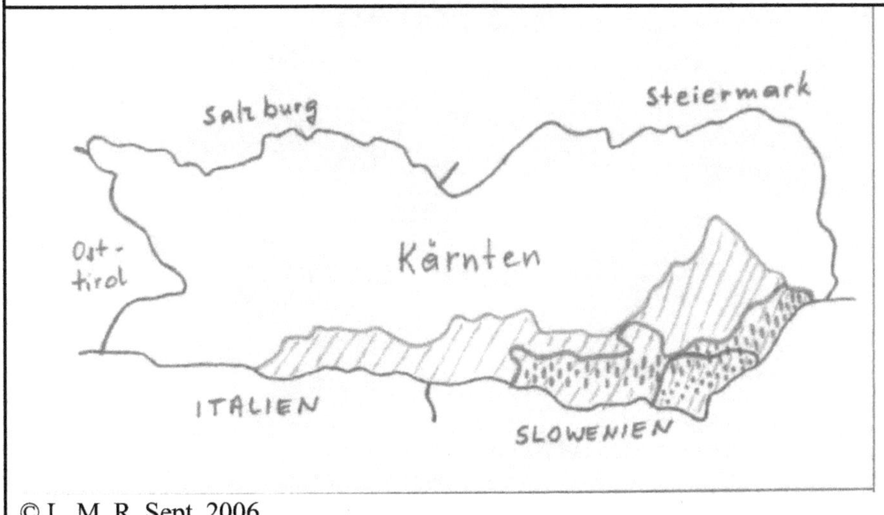

© L. M. R. Sept. 2006.

Schraffiert/grün = zweisprachiges Gebiet, strichliert/rot = Slowenisch als Amtssprache, gepunktelt/blau = Gemeinde Bad Eisenkappel/Železna Kapla.

Karte von Südkärnten/južna Koroška

Quelle: Franz Kattnig, Michael Kulnik, Janko Zerzer, Dvojezična Koroška/2-sprachiges Kärnten. Celovec/Klagenfurt, Mohorjeva/Hermagoras, 2004/05.